FallSkript
Grundrechte
Staatsorganisationsrecht

2012

Ralf Altevers
Rechtsanwalt und Repetitor in Münster

Hans-Gerd Pieper
Rechtsanwalt in Münster
Lehrbeauftragter an der FHöV

ALPMANN UND SCHMIDT Juristische Lehrgänge Verlagsges. mbH & Co. KG
48149 Münster, Annette-Allee 35, 48001 Postfach 1169, Telefon (0251) 98109-33
AS-Online: www.alpmann-schmidt.de

Liebe Leserin, lieber Leser,

wir sind stets bemüht, unsere Produkte zu verbessern. Fehler lassen sich aber nie ganz ausschließen. Sie helfen uns, wenn Sie uns über Druckfehler in diesem Skript oder anderen Printprodukten unseres Hauses informieren.

E-Mail genügt an „druckfehlerteufel@alpmann-schmidt.de"

Danke
Ihr AS-Autorenteam

Altevers, Ralf
Pieper, Hans-Gerd
FallSkript
Grundrechte
Staatsorganisationsrecht
6., völlig neu überarbeitete Auflage 2012
ISBN: 978-3-86752-265-6

Verlag Alpmann und Schmidt Juristische Lehrgänge
Verlagsgesellschaft mbH & Co. KG, Münster

Benutzerhinweise

Die FallSkripten sollen den Einstieg bzw. die Wiederholung des jeweiligen Rechtsgebiets anhand von Klausurfällen ermöglichen. Denn unser Gehirn kann besser konkrete Sachverhalte speichern als abstrakte Formeln. **Zudem bestehen Prüfungsaufgaben i.d.R. in dem Lösen von konkreten Fällen**. Hier muss dann der Kandidat beweisen, dass er das Erlernte auf den konkreten Fall anwenden kann und die spezifischen Probleme des Falles entdeckt. Ferner muss er zeigen, dass er den Gutachtenstil beherrscht und an den Problemstellen überzeugend argumentieren kann. Während des Studiums besteht die Gefahr, dass man zu abstrakt lernt, sich verzettelt und letztlich den Überblick über das wirklich Wichtige verliert.

Nutzen Sie die jahrzehntelange Erfahrung unseres Repetitoriums. Seit über 50 Jahren bilden wir Juristen anhand der Fallmethode aus. Schließlich sollen Sie keine Aufsätze oder Dissertationen schreiben, sondern eine überzeugende Lösung des konkret gestellten Falles abgeben. Da wir nicht nur Skripten herausgeben, sondern in mündlichen Kursen Studenten ausbilden, wissen wir aus der täglichen Praxis, „wo der Schuh drückt".

Seit Jahrzehnten führt Alpmann Schmidt bundesweit einen Fernklausurenlehrgang durch. Hier hat die **Analyse von Tausenden abgegebener Klausurlösungen** gezeigt, welche typischen Fehlerquellen bestehen. Gerade dieser Umstand hat uns bewogen, unsere große Erfahrung umzusetzen und die vorliegende Skriptenreihe herauszugeben.

Die FallSkripten enthalten eine **Fallsammlung typischer Klausurprobleme**. Die Lösung ist jeweils kompakt und vermeidet – so wie es in einer Klausurlösung auch sein soll – überflüssigen, dogmatischen „Ballast". Die Lösungen sind, wie es gute Klausurlösungen erfordern, komplett durchgegliedert. Sie sind im Gutachtenstil ausformuliert, wobei die unproblematischen Stellen entsprechend kurz ausfallen und ggf. nicht ausformuliert bzw. kursiv gedruckt sind. Gleichwohl müssen diese Stellen in einer Klausurlösung ausformuliert werden!

Sie erhalten jeweils Zusatzhinweise zum Standort des Fallproblems sowie zu Quervernetzungen. Ferner haben Sie zu jedem Rechtsgebiet die wichtigsten Aufbauschemata, welche gewährleisten, dass der Fall strukturiert gelöst und kein Problem übersehen wird. Die Aufbauschemata dienen auch dem besseren Abspeichern und Übertragen auf andere Fälle. Das Systemverständnis wird durch ergänzende Übersichten sowie Randtexte mit Tipps und Warnhinweisen gefördert und vertieft.

Zur **Optimierung des Lernerfolgs** mit diesem Skript empfehlen wir Ihnen, zunächst nur den Falltext der Klausur zu lesen und dann erst selbst eine Lösung zu finden. Wenn Sie im Anschluss die Lösung im Skript lesen, adaptieren Sie besser die Problemschwerpunkte des Falls.

Die einprägsamen Aufbauschemata ermöglichen es Ihnen dabei, jeweils die gesamte Materie zu erfassen und auf andere Fälle zu übertragen.

Achten Sie auf die Randbemerkungen, welche Ihnen Klausurtipps nicht nur in juristischer, sondern auch in taktischer Hinsicht geben.

Bitte beachten Sie, dass wir hier Klausuranwendung vermitteln. Die Skriptenreihe zu den AS-Klausuren **ersetzt** daher **nicht die Erarbeitung der gesamten Materie** sowie der Struktur des gesamten Rechtsgebiets. Übergreifende Aufbauschemata für das gesamte Öffentliche Recht finden Sie in unserer Skriptenreihe „Aufbauschemata Öffentliches Recht".

Zur flächendeckenden, anspruchsvollen Vertiefung empfehlen wir unsere bewährten AS-Skripten zu dem jeweiligen Rechtsgebiet.

Klausurtechnik und -taktik

A. Oberste Klausurregel

„Ruhe bewahren – andere kochen auch nur mit Wasser."

B. Technischer Ablauf:

Der technische Ablauf einer Klausur stellt prinzipiell einen „Vierakter" dar; optimal mit folgendem Ablauf:

1. Akt:	Vollständiges Erfassen des Sachverhalts
2. Akt:	Erstellen einer vollständigen Lösungsskizze (Gliederung)
3. Akt:	Niederschrift des Gutachtens
4. Akt:	Durchlesen der eigenen Lösung und „Feilen" an Lösung

C. Die sieben Regeln für eine erfolgreiche Klausurbearbeitung:

I. Sachverhaltsaufbereitung

- Den Sachverhalt sorgfältig mind. **zwei- bis dreimal vollständig lesen**.
- **Sachverhaltsskizze und/oder Zeitstrahl** erstellen.
- Dabei auf gesondertem Blatt die ersten Ideen („Art. ... , Verfahren vor dem BVerfG" etc.) notieren.

⇨ **Klausurtipp:** Die ersten Ideen sind häufig die besten!

II. Fragestellung erarbeiten

Fragestellung genau herausarbeiten und auch beachten; dabei

- Prozessuale Fragestellungen beachten (Ist z.B. nach dem Erfolg einer Verfassungsbeschwerde gefragt oder aber noch unklar, welches Verfahren einschlägig ist?)
- Aufgliederung nach Sachverhaltsteilen, Personen und erfragten Rechtsfolgen.
- Sind nach der Fragestellung oder einem Bearbeitervermerk bereits einzelne Grundrechte nicht zu prüfen?

III. Rechtliches Durchdringen des Falles

Die rechtliche Durchdringung des Falles und die Erstellung der Lösungsskizze vollziehen sich in **zwei Phasen:**

1. **Brainstorming (Kreative Phase):**
   - Auffinden und Ordnen der fallverdächtigen Rechtsnormen
   - Alle Gesetze – auch wenn hinlänglich bekannt – lesen, um nichts zu vergessen.

⇨ **Klausurtipp: Auch immer „zwei Art. bzw. §§ davor u. zwei dahinter prüfen"!!!**

2. **Disziplinierte Prüfung (Arbeitsphase)**
   - Akribische Prüfung der für lösungsrelevant erkannten Rechtsnormen

IV. Der Sachverhalt ist mitteilsam und heilig!!!

1. Eine Klausurlösung muss sich ergeben wie eine **„Klickerbahn“:** Ein Teil muss sich aus dem anderen ergeben; wenn es bei der Lösung nicht richtig weitergeht, darf nicht der Sachverhalt dem gewollten Ergebnis angepasst werden, sondern der eigene Lösungsansatz muss überprüft werden.

2. **Ausnahmen:**
   - Im Sachverhalt **nicht genannte Formalien** dürfen als gegeben angenommen werden (z.B. formgerechte Klageerhebung).
   - Bei Lücken im Sachverhalt immer **lebensnahe Auslegung**; aber nur, wenn sie für die Lösung auch wirklich erforderlich ist.
   - An **Rechtsansichten der Beteiligten** ist man nicht gebunden, vielmehr können sie ein Tipp des Klausurstellers, aber auch eine Falle sein!

V. Schwerpunktbildung

1. Bereits bei der Erstellung der Gliederung problemorientiert prüfen, **Schwerpunkte bilden** und in der Lösungsskizze kennzeichnen (z.B. durch eine andere Farbe oder mit einem „P“).
2. Als abwegig Erkanntes aussortieren!

Merke: Immer kritikfähig in Bezug auf die eigene Lösung bleiben!!!

VI. Prüfungsreihenfolge vom Speziellen zum Besonderen

1. **Spezialnormen vor Generalnormen (Art. 12 GG vor Art. 2 Abs. 1 GG)**

2. **Logische Vorränge beachten**
   - Verfahrensrechtliche Vorränge beachten (Zulässigkeit vor Begründetheit einer Klage).
   - Spezielle Freiheitsrechte vor allgemeiner Handlungsfreiheit

3. **Konkrete Prüfungsaufhänger** suchen

   Keine abstrakten Erörterungen, sondern Probleme stets konkret am Tatbestandsmerkmal erörtern.

VII. Handwerkliches Können bei der Erstellung der Lösung

1. Bei der **Subsumtion** immer den Pendelblick bewahren zwischen der zu prüfenden Norm, der Fragestellung, dem Sachverhalt und dem Gesetzestext.

2. **Gesetzesnorm genau bezeichnen** (nicht „Art. 5 GG“, sondern Art. 5 Abs. 1 S. 1 GG) und vollständig prüfen.

3. **Reihenfolge:** Definition, dann Subsumtion, dann (Zwischen-)Ergebnis („Somit ...“)

   Nicht Ergebnis voranstellen, da Urteilsstil („Art. 12 GG ist verletzt, weil ...“)!

4. **Klare und geraffte Argumentationen** („dafür/dagegen; zu folgen ist“)

5. **Meinungsstreite** nur nach vorheriger Herleitung und nur, wenn es für die Falllösung darauf ankommt. Nach der Darstellung der einzelnen Meinung Ergebnis zum konkreten Fall. Bei verschiedenen Ergebnissen: Stellungnahme nicht vergessen!
6. **Tatbestandsmerkmale können offen gelassen werden, wenn** ihr Vorliegen problematisch ist und die Norm wegen eines anderen, gleichrangigen Tatbestandsmerkmals nicht vorliegt.
7. Wichtig: **Gliederungspunkte verwenden**, da nur so dem Prüfer klar wird, dass man die Systematik (z.B. Obervoraussetzung, Untervoraussetzung; Anwendbarkeit – Voraussetzungsseite – Rechtsfolge) beherrscht. Also nicht in „einer Soße" runterschreiben! Hingegen sind Überschriften, z.B. „Verhältnismäßigkeit", „Bestimmtheit" entbehrlich.
8. Bilden Sie **Schwerpunkte**. D.h. ausführliche Argumentation an den „Knackpunkten" des Falles, hingegen Unproblematisches kurz erörtern. (Ausführlich zum Gutachtenstil s. AS-Skript „Methodik der Fallbearbeitung".)

INHALTSVERZEICHNIS

1. Teil: Grundrechte

1. Freiheitsgrundrechte

Aufbauschema zu Freiheitsgrundrechten

I. Schutzbereich betroffen
   1. Leitbegriff (z.B. Art. 8 Abs. 1 GG – Versammlung)
   2. Sachliche Schutzbereichsbegrenzungen (friedlich)
   3. Persönliche Schutzbereichsbegrenzung (Deutsche)

II. Eingriff
   1. im klassischen Sinne
   2. im neueren, weiteren Sinne

III. Verfassungsrechtliche Rechtfertigung
   1. Einschränkungsmöglichkeiten (Schranken)
      a) Verfassungsunmittelbare Schranken
      b) Gesetzesvorbehalt
         aa) einfacher
         bb) qualifizierter
      c) Verfassungsimmanente Schranken
         aa) Grundrechte Dritter
         bb) Andere Werte von Verfassungsrang
   2. Ist der Eingriff eine verfassungsgemäße Konkretisierung der Einschränkungsmöglichkeit? (Schranken-Schranken)
      z.B.
      a) Grundsatz der Verhältnismäßigkeit
      b) Bestimmtheit
      c) Zitiergebot, Art. 19 Abs. 1 S. 2 GG

Fall 1: Art. 1 GG – Menschenwürde
(nach BayVGH, Beschl. v. 21.02.2003, Az. 4 CS 03.462)

Professor P zeigt in seiner Ausstellung „Körperwelten" als Ausstellungsobjekte tote Menschen. Diese wurden durch Plastination konserviert. Während einige Exponate wissenschaftlich neutral gezeigt werden, werden andere Körper „künstlerisch verfremdet" dargestellt. Insbesondere werden diese Exponate in „normalen" Lebenssituationen gezeigt.

Die Körper wurden P von den Betroffenen schon zu Lebzeiten im Wege einer „Körperspende" zur Verfügung gestellt. Verletzt die Ausstellung die Menschenwürde?

Das Zurschaustellen der plastinierten Körper könnte die durch Art. 1 Abs. 1 GG geschützte Menschenwürde verletzen. Dann müsste ein Eingriff in den Schutzbereich des Art. 1 GG vorliegen, der verfassungsrechtlich nicht gerechtfertigt ist.

I. Eingriff in den Schutzbereich

Es muss zunächst ein Eingriff in den Schutzbereich des Art. 1 Abs. 1 GG gegeben sein. Nach Art. 1 Abs. 1 GG ist die Würde des Menschen unantastbar.

Vgl. zur Grundrechtsfähigkeit Verstorbener auch Fall 26 „Mephisto"

1. Dabei ist zunächst fraglich, ob den Toten überhaupt noch das Grundrecht der Menschenwürde zusteht. Grundsätzlich ist nur der lebende Mensch grundrechtsfähig. Allerdings würde es mit dem Gebot der Unverletzlichkeit der Menschenwürde unvereinbar sein, wenn der „Mensch, dem Würde kraft seines Personseins zukommt, in diesem allgemeinen Achtungsanspruch nach seinem Tode herabgewürdigt und erniedrigt werden dürfte".[1] Das heißt, dass der Mensch auch nach dem Tode nicht zum bloßen Anschauungsobjekt gemacht oder einer Behandlung ausgesetzt werden darf, die seine Subjektsqualität prinzipiell infrage stellt.[2]

Insofern steht auch dem Verstorbenen das Grundrecht der Würde des Menschen zu.

2. Die Darstellung der plastinierten Körper müsste aber auch die Würde antasten.

Beachte: Während ein Eingriff in die anderen Grundrechte nicht automatisch eine Verletzung des Grundrechtes darstellt, darf die Menschenwürde nicht **angetastet** werden, sodass jeder Eingriff zugleich eine Verletzung bedeutet.

a) Der Begriff der Menschenwürde ist vom BVerfG in früheren Entscheidungen nach der sog. **Objektformel** beurteilt worden. Danach widerspricht es der Würde des Menschen, wenn er zum bloßen Objekt staatlichen Handelns gemacht wird.

In neuerer Zeit hat das BVerfG die Auslegung des Begriffs Menschenwürde allein anhand der Objektformel aufgegeben und mehr auf die Umstände des Einzelfalles und auf bestimmte Fallgruppen abgestellt. Danach ist Voraussetzung für eine Würdeverletzung, dass der Betroffene einer Behandlung ausgesetzt wird, die seine Subjektqualität prinzipiell infrage stellt, oder dass in der Behandlung im konkreten Fall eine willkürliche Missachtung der Würde des Menschen liegt. Die Behandlung des Menschen muss also, wenn sie die Menschenwürde berühren soll, Ausdruck der Verachtung

---

1 BVerfGE 30, 173 (Mephisto).
2 BVerfGE 27, 1; 50, 166.

des Wertes, der dem Menschen kraft seines Personseins zukommt, also eine in diesem Sinne verächtliche Behandlung sein.

b) Hinsichtlich der wissenschaftlich neutralen, anatomischen Darstellung ist zu bedenken, dass die anatomische Darstellung lebloser menschlicher Körper eine gängige Umgangsform darstellt. Durch die anonymisierte Form der Darstellung wird das Andenken an eine bestimmte Person nur am Rande betroffen. Vielmehr sollen durch die Präsentation des Körpers der Körperaufbau, die Funktionen des Körpers und die Lage der menschlichen Organe verdeutlicht werden. Damit wird durch die anatomische Art der Anschauung eine klare Trennung zwischen dem Körper und der Persönlichkeit des Toten vollzogen. Demzufolge sind die Toten in ihrem Achtungsanspruch insoweit nicht betroffen.

c) Etwas anderes könnte bezüglich der künstlerisch verfremdeten Präsentation der Körper in „normalen" Lebenssituationen gelten. Insofern dient die Darstellung nicht mehr reinen Lehrzwecken, sondern wird eher provokativ verstanden. Dabei ist aber zu berücksichtigen, dass die Betroffenen noch zu Lebzeiten einer solchen Verwendung ihres Körpers zugestimmt haben. Gerade dieser geäußerte Wunsch ist Ausdruck der Person als Subjekt. Soweit sich die Darstellung im Rahmen dieses Wunsches hält und nicht aus anderen Gründen als herabwürdigend einzuordnen ist, ist der Achtungsanspruch der Verstorbenen auch nicht verletzt.

II. Die Ausstellung der leblosen Körper stellt demzufolge nicht eine Antastung der Menschenwürde im Sinne des Art. 1 Abs. 1 GG dar. Art. 1 GG ist folglich nicht verletzt.

Fall 2: Art. 2 Abs. 1 GG – Elfes
(nach BVerfGE 6, 32)

Herr E, der seit längerer Zeit als Kommunal- und Landespolitiker tätig war, äußerte sich als führendes Mitglied der Partei „Bund der Deutschen" Anfang der 1950er Jahre mehrfach im In- und Ausland. Er und seine Partei traten vehement gegen die deutsche Wiedervereinigungs- und Wehrpolitik ein.

Als E die Verlängerung seines Reisepasses beantragte, wurde dies mit der Begründung abgelehnt, der E gefährde durch sein Auftreten im Ausland erhebliche Belange der Bundesrepublik Deutschland. Gestützt wurde dies auf § 7 Abs. 1 Nr. 1 PaßG.

Ist E in seinen Grundrechten verletzt?

§ 7 Abs. 1 Nr. 1 PaßG: „Der Paß ist zu versagen, wenn Tatsachen die Annahme rechtfertigen, dass der Paßbewerber die innere und äußere Sicherheit oder sonstige erhebliche Belange der BRD gefährdet, ..."
§ 7 Abs. 2 PaßG: „Von der Paßversagung ist abzusehen, wenn sie unverhältnismäßig ist, ..."

A. *Art. 11 GG (–), betrifft nur die Freizügigkeit „im Bundesgebiet", keine Ausreise „aus dem Bundesgebiet".*

B. *Verletzung des Art. 2 Abs. 1 GG*

I. *Schutzbereich betroffen*

Dann müsste der Schutzbereich des Art. 2 Abs. 1 GG betroffen sein. Nach Art. 2 Abs. 1 GG hat jeder das Recht auf die freie Entfaltung seiner Persönlichkeit. Darunter ist eine allgemeine Handlungsfreiheit zu verstehen, d.h. die Freiheit, zu tun oder zu unterlassen, was man will.[3]

E möchte aus der Bundesrepublik Deutschland ausreisen. Dies wird ihm wegen der Versagung des Passes verwehrt, sodass E nicht mehr tun kann, was er will.

Der Schutzbereich des Art. 2 Abs. 1 GG ist damit betroffen.

II. *Eingriff (+)*

III. *Verfassungsrechtliche Rechtfertigung*

1. Einschränkungsmöglichkeit (Schranke)

sog. Schrankentrias

Die allgemeine Handlungsfreiheit wird gemäß Art. 2 Abs. 1 GG durch die Rechte anderer, die verfassungsmäßige Ordnung und durch das Sittengesetz eingeschränkt. Dabei erfasst die verfassungsmäßige Ordnung nach h.M. die gesamte verfassungsmäßige Rechtsordnung, also alle verfassungsgemäßen Normen. Die Einschränkungsmöglichkeit ist demnach als einfacher Gesetzesvorbehalt zu verstehen.

Die Versagung des Passes beruht auf § 7 PaßG, einem Parlamentsgesetz.

2. *Fraglich ist, ob der Eingriff durch die Passversagung, gestützt auf § 7 PaßG, eine verfassungsgemäße Konkretisierung der Schranke ist.*

A.A. war das BVerfG im Originalfall. Dabei sind allerdings die Besonderheiten des Zeitpunktes der Originalentscheidung im Jahre 1957 zu berücksichtigen.

a) *formelle, materielle Verfassungsmäßigkeit des § 7 PaßG (+)*

b) Verfassungsmäßigkeit der Passversagung

Fraglich ist, ob die tatbestandlichen Voraussetzungen der Passversagung vorliegen. Ein Pass darf gemäß § 7 Abs. 1 Nr. 1 PaßG versagt werden, wenn

3 H.M., seit BVerfGE 6, 32 (Elfes).

eine Gefährdung erheblicher Belange der BRD gegeben ist. Eine solche liegt vor, wenn wesentliche staatliche Interessen gefährdet werden. Der Vergleich mit dem Merkmal der inneren und äußeren Sicherheit macht deutlich, dass die gefährdeten Belange eine sehr hohe Qualität aufweisen müssen.

Mit anderer Begründung hätte das Tbm auch bejaht werden können. Dann wäre die Passversagung allerdings als unverhältnismäßig i.S.v. § 7 Abs. 2 PaßG anzusehen.

E vertritt sehr kritische Positionen bezüglich zweier wichtiger politischer Fragen in der BRD. Dabei ist jedoch zu berücksichtigen, dass in einer Demokratie gerade hinsichtlich wichtiger politischer Fragen unterschiedliche Ansichten vertretbar sind und auch vertreten werden müssen. Zwar mag es der Bundesregierung unliebsam sein, dass E im In- und Ausland solch gegenläufige Interessen vertritt. Dies gefährdet aber noch nicht erhebliche Belange der BRD.

Daher ist die Passversagung verfassungsrechtlich nicht gerechtfertigt. Sie verletzt E in seinem Grundrecht aus Art. 2 Abs. 1 GG.

Fall 3: Art. 2 Abs. 1, Art. 1 Abs. 1 GG – Allgemeines Persönlichkeitsrecht
(nach BVerfGE 101, 361 [Caroline])

In der Presse wird immer wieder über Prinzessin Caroline von Monaco (C) berichtet. Auch die B-GmbH hat in der Vergangenheit mehrfach unter Beifügung von Fotos über C Berichte veröffentlicht. Unter anderem wurden Urlaubsfotos der C mit ihren beiden minderjährigen Kindern während eines Urlaubes an einem eigens abgesperrten Strandabschnitt gezeigt.

Eine zivilgerichtliche Unterlassungsklage der C gegen die B-GmbH war letztinstanzlich erfolglos. Während C der Meinung ist, auch sie habe zumindest in ihrer privaten Umgebung das Recht, „in Ruhe gelassen zu werden", vor allem, wenn ihre Kinder anwesend sind, führte der BGH als letztinstanzliches Gericht aus, sie sei eine Person der Zeitgeschichte und müsse solche Einschränkungen hinnehmen.

Ist C durch das letztinstanzliche Urteil in ihrem Allgemeinen Persönlichkeitsrecht verletzt?

Die C könnte durch das letztinstanzliche Urteil in ihrem Allgemeinen Persönlichkeitsrecht (APR) aus Art. 2 Abs. 1 i.V.m. Art. 1 Abs. 1 GG verletzt sein. Dies ist der Fall, wenn das letztinstanzliche Urteil in den Schutzbereich des Grundrechtes in einer verfassungsrechtlich nicht gerechtfertigten Weise eingreift.

I. *Schutzbereich betroffen*

Fraglich ist, ob der Schutzbereich des APR berührt ist. Als besondere Ausformung der allgemeinen Handlungsfreiheit wird das APR aus Art. 2 Abs. 1 GG unter Rückgriff auf Art. 1 Abs. 1 GG abgeleitet. Es wird durch verschiedene Fallgruppen ausgestaltet und konkretisiert. Dazu gehört auch das **Recht am eigenen Bild**, wonach das Verfügungsrecht des Einzelnen über öffentliche Darstellungen der eigenen Person gewährleistet ist.

Die B-GmbH veröffentlichte Urlaubsfotos der C mit ihren Kindern ohne Einwilligung der C. Das Recht der C am eigenen Bild ist daher berührt.

II. *Eingriff (+), finale unmittelbare Beschränkung durch Urteil*

III. *Verfassungsrechtliche Rechtfertigung*

1. Einschränkungsmöglichkeit (Schranke)

Dann müsste zunächst eine Einschränkungsmöglichkeit bestehen. Das APR wird aus Art. 2 Abs. 1 GG hergeleitet. Dieser ist über die gesamte verfassungsmäßige Ordnung einschränkbar. Wegen des Rückgriffes auf Art. 1 Abs. 1 GG ist das APR allerdings lediglich durch **Parlamentsgesetze** einschränkbar. Daneben gelten die verfassungsimmanenten Schranken.

Hinweis: Nach § 23 KUG dürfen Bilder von Personen der Zeitgeschichte ohne Einwilligung veröffentlicht werden, wenn nicht ein berechtigtes Interesse entgegensteht.

Das Urteil wird auf § 23 KUG gestützt. Das KUG stellt als Parlamentsgesetz eine zulässige Schranke des APR dar.

2. *Fraglich ist, ob der Eingriff durch das letztinstanzliche Urteil, welches auf § 23 KUG beruht, eine verfassungsgemäße Konkretisierung der Einschränkungsmöglichkeit darstellt.*

***a)** formelle, materielle Verfassungsmäßigkeit des § 23 KUG (+)*

b) Gemäß § 23 KUG dürfen Bilder von Personen der Zeitgeschichte auch ohne Einwilligung veröffentlicht werden, wenn nicht ein berechtigtes Interesse entgegensteht. Die Prinzessin C steht als Person des öffentlichen Lebens unabhängig von einem konkreten Anlass im Blickpunkt der Öffentlichkeit und ist daher eine Person der Zeitgeschichte. Insofern gilt es, das „berechtigte Interesse" der C an einer Unterbindung der Veröffentlichung sowie das in § 23 KUG zum Ausdruck kommende Informationsinteresse der Allgemeinheit und die Pressefreiheit der B-GmbH aus Art. 19 Abs. 3, 5 Abs. 1 S. 2 GG gegeneinander abzuwägen.

Das APR entwickelt insbesondere wegen seiner Bezüge zur Menschenwürde eine hohe Schutzwirkung. Dabei ist vorliegend zu berücksichtigen, dass nicht nur das Recht am eigenen Bild, sondern auch die Privatsphäre der C geschützt werden soll. Zwar müssen Personen der Zeitgeschichte weitergehende Angriffe auf ihre Persönlichkeitsrechte hinnehmen als andere. Die Bilder stammen aber von einem eigens für C abgesperrten Strandabschnitt, wodurch deutlich wird, dass sich die C hier mit ihrer Familie „unbeobachtet" von der Öffentlichkeit bewegen wollte. In die Abwägung ist des Weiteren der familiäre Bezug zu den minderjährigen Kindern einzustellen. Der Schutzgehalt des APR von Eltern wird durch Art. 6 Abs. 1 und 2 GG verstärkt, soweit es um die Veröffentlichung von Abbildungen geht, die die spezifisch elterliche Hinwendung zu den Kindern zum Gegenstand haben.[4] So verstärkt Art. 6 Abs. 1, 2 GG noch die starke Geltung des APR im konkreten Fall.

Demgegenüber ist das Interesse der Allgemeinheit an Informationen zu sehen. Die Veröffentlichung auch von Bildberichten über gesellschaftlich hochgestellte Persönlichkeiten dient der Meinungsbildung. Insoweit muss C selbst Einschränkungen ihrer Privatsphäre hinnehmen, soweit noch eine ernsthafte und sachbezogene Information der Öffentlichkeit gegeben ist und nicht lediglich die Neugier befriedigt wird. Durch die Verstärkung des Grundrechtsschutzes über Art. 6 GG wegen der ebenfalls abgebildeten Kinder kann dies so aber nicht mehr gelten. Diese stehen nicht ebenfalls und im gleichen Umfang als Personen der Zeitgeschichte im Blickpunkt der Öffentlichkeit, sodass im vorliegenden Fall die Abwägung zugunsten des APR ausgeht.

Dementsprechend überwiegt das APR der C. Der Veröffentlichung der Bilder steht ein berechtigtes Interesse der C gegenüber. Der Eingriff durch das Urteil erfolgte nicht in verfassungsgemäßer Weise; der Eingriff ist verfassungsrechtlich nicht gerechtfertigt.

C ist in ihrem Allgemeinen Persönlichkeitsrecht aus Art. 2 Abs. 1 GG i.V.m. Art. 1 Abs. 1 GG verletzt.

---

4 Vgl. BVerfGE 101, 361.

Fall 4: Art. 2 Abs. 1, 1 Abs. 1 GG – Allgemeines Persönlichkeitsrecht (GR) auf Gewährleistung der Vertraulichkeit und Integrität informationstechnischer Systeme
(nach BVerfG, Urt. v. 27.02.2008 – 1 BvR 370/07 u. 595/07)

Das Land L hat sein Verfassungsschutzgesetz (VSG) formell ordnungsgemäß um eine Regelung erweitert. Gemäß § 5 Abs. 2 Nr. 11 VSG darf die zuständige Behörde heimlich auf informationstechnische Systeme (z.B. Computer, Laptops, PDA's oder Mobiltelefone) zugreifen, wenn tatsächliche Anhaltspunkte dafür vorliegen, dass dadurch Erkenntnisse über verfassungsfeindliche Bestrebungen gewonnen werden können. Unter einem heimlichen Zugriff ist die heimliche Infiltration (z.B. durch einen Trojaner) zu verstehen, die es ermöglicht, die Nutzung zu überwachen und den Inhalt der Speichermedien zu durchsuchen (sog. Online-Durchsuchung).

Sind Art. 10, 13 GG oder das allgemeine Persönlichkeitsrecht verletzt?

A. Art. 10 GG (–), schützt nur den **Kommunikationsvorgang**, also die Frage, wer mit wem zu welchem Zeitpunkt kommuniziert. Durch die Online-Durchsuchung wird aber das System insgesamt ausgespäht, also auch einzelne auf einem Rechner gespeicherte Dateien usw., sodass der Schutz des Art. 10 GG nicht ausreicht.

B. Art. 13 GG (–), betrifft nur den Schutz der Wohnung und bietet ebenfalls keinen ausreichenden Schutz vor einer Online-Durchsuchung. Insbesondere bei Laptops oder Handys geschieht der Eingriff unabhängig vom Standort des Systems.

C. Art. 2 Abs. 1, 1 Abs. 1 GG – Recht auf informationelle Selbstbestimmung (–), betrifft nur die Erhebung einzelner personenbezogener Daten, aus denen mittels elektronischer Datenverarbeitung weitere Informationen erzeugt und Schlüsse gezogen werden können. Der Zugriff durch die Online-Durchsuchung auf das **gesamte** System geht weit über die Erhebung einzelner Daten hinaus.

Beachte: Das GR auf Gewährleistung der Vertraulichkeit und Integrität informationstechnischer Systeme ist **nachrangig**. Nur wenn die bestehenden Grundrechte zu einem Schutz nicht ausreichen, kommt ein Schutz über das neue „Online-Grundrecht" in Betracht.

D. In Betracht kommt eine Verletzung des Grundrechtes auf Gewährleistung der Vertraulichkeit und Integrität informationstechnischer Systeme gemäß Art. 2 Abs. 1, 1 Abs. 1 GG.

I. Dann müsste ein Eingriff in den Schutzbereich gegeben sein.

1. Das allgemeine Persönlichkeitsrecht schützt Elemente der Persönlichkeit, die zwar durch die besonderen Freiheitsgarantien nicht geschützt sind, diesen in ihrer konstituierenden Bedeutung für die Persönlichkeit aber gleichstehen. Die Nutzung informationstechnischer Systeme, durch die eine Vielzahl neuer Gefahren für die Persönlichkeit auftreten kann, ist heute von zentraler Bedeutung für die Entfaltung der Persönlichkeit der Menschen. Durch eine Auswertung der vielfältigen Daten, die auf solchen Systemen gespeichert sind, kann ein Profil der Persönlichkeit des Betroffenen erstellt werden. Daraus resultiert ein grundrechtlich erhebliches Schutzbedürfnis, welches von seiner Bedeutung denen anderer Freiheitsgarantien entspricht.

Damit schützt das Grundrecht auf Gewährleistung der Vertraulichkeit und Integrität informationstechnischer Systeme gemäß Art. 2 Abs. 1, 1 Abs. 1 GG das Interesse daran, dass die vom System erzeugten und gespeicherten Daten vertraulich bleiben. Dieser Schutzbereich ist durch die Online-Durchsuchung betroffen.

2. § 5 Abs. 2 Nr. 11 VSG ermöglich der zuständigen Behörde den heimlichen Zugriff auf informationstechnische Systeme und stellt damit einen Eingriff in den Schutzbereich dar.

II. Verfassungsrechtliche Rechtfertigung

Das Grundrecht auf Gewährleistung der Vertraulichkeit und Integrität informationstechnischer Systeme, hergeleitet aus Art. 2 Abs. 1, 1 Abs. 1 GG, unterliegt den Beschränkungen des Art. 2 Abs. 1 GG, der sog. **Schrankentrias**. Fraglich ist demnach, ob § 5 Abs. 2 Nr. 11 VSG Ausdruck der verfassungsmäßigen Ordnung, also formell und materiell verfassungsmäßig ist.

1. Formelle Verfassungsmäßigkeit (+)

2. Materielle Verfassungsmäßigkeit

§ 5 Abs. 2 Nr. 11 VSG muss verhältnismäßig sein.

a) Legitimer Zweck (+), Gefahrenabwehr, Terrorismusbekämpfung

b) Geeignetheit (+), fördert die Zweckerreichung

c) Erforderlichkeit (+), weniger belastende, gleich wirksame Mittel nicht gegeben

d) Angemessenheit

Des Weiteren müsste § 5 Abs. 2 Nr. 11 VSG auch angemessen sein. Dann dürfte der zu erreichende Zweck nicht erkennbar außer Verhältnis stehen zu dem eingesetzten Mittel.

aa) Die Online-Durchsuchung ermöglicht es der Behörde, auf den gesamten Datenbestand des Betroffenen zuzugreifen. Dabei werden der Behörde detaillierte Informationen zugänglich, mit denen ein genaues Persönlichkeitsabbild des Betroffenen hergestellt werden kann. Auch intimste Daten werden der Behörde zugänglich gemacht. Dabei ist erschwerend zu berücksichtigen, dass eine heimliche Infiltration vorliegt, gegen die sich der Betroffene nicht zur Wehr setzen kann. Insofern handelt es sich um einen **besonders schwerwiegenden Eingriff**.

bb) Ein solch schwerwiegender Eingriff kann nur angemessen sein, wenn dadurch ein **überragend wichtiges Rechtsgut** geschützt werden soll. Dazu zählen neben Leib, Leben und Freiheit einer Person solche Güter der Allgemeinheit, deren Bedrohung die Existenz des Staates oder die Grundlagen der Existenz des Menschen betrifft.

Die Online-Durchsuchung ist nur angemessen, wenn ein überragend wichtiges Rechtsgut betroffen ist, tatsächliche Anhaltspunkte für eine konkrete Gefahr vorliegen und eine vorbeugende Kontrolle durch eine unabhängige Instanz stattfindet.

Zudem müssen **tatsächliche Anhaltspunkte** für das Vorliegen einer **konkreten Gefahr** gegeben sein. Eine bloße Vermutung der Behörde reicht für einen solch gravierenden Eingriff nicht aus.

Letztlich ist bei heimlichen, schwerwiegenden Eingriffen in die Grundrechte der Bürger eine **vorbeugende Kontrolle durch eine unabhängige Instanz** geboten. D.h., dass vor Durchführung der Maßnahme ein unabhängiger Richter über die Zulässigkeit der Maßnahme zu entscheiden hat.

cc) Fraglich ist, ob § 5 Abs. 2 Nr. 11 VSG diesen Anforderungen gerecht wird.

Die zuständigen Behörden können nach § 5 Abs. 2 Nr. 11 VSG heimlich informationstechnische Systeme infiltrieren, wenn tatsächliche Anhaltspunkte dafür vorliegen, dass dadurch Erkenntnisse über verfassungsfeindliche Bestrebungen gewonnen werden können. Damit wird die Maßnahme zwar von dem Vorliegen tatsächlicher Anhaltspunkte abhängig gemacht. Eine konkrete Gefahrensituation ist für den Eingriff jedoch nicht erforderlich.

Zudem wird die Online-Durchsuchung gemäß § 5 Abs. 2 Nr. 11 VSG nicht von der vorherigen Entscheidung und Kontrolle einer unabhängigen Instanz, wie z.B. eines Richters, abhängig gemacht. Damit widerspricht § 5 Abs. 2 Nr. 11 VSG den Anforderungen, die die Angemessenheit an einen solch schwerwiegenden Eingriff in das Grundrecht auf Gewährleistung der Vertraulichkeit und Integrität informationstechnischer Systeme stellt. § 5 Abs. 2 Nr. 11 VSG ist nicht verhältnismäßig. Der Eingriff in Art. 2 Abs. 1, 1 Abs. 1 GG ist verfassungsrechtlich nicht gerechtfertigt.

Das allgemeine Persönlichkeitsrecht ist verletzt.

Fall 5: Art. 4 GG – Glaubens-/Religionsfreiheit
(nach BVerwGE 94, 82)

Die 13-jährige A ist Schülerin auf dem städtischen Gymnasium. Sie ist Muslimin und sehr gläubig. Dementsprechend hält sie sich auch an die Lehren des Koran. Aus einer Sure des Koran geht hervor, dass Frauen ihre Reize nicht zur Schau stellen dürfen und ihre Körperkonturen nicht zeigen dürfen. Aus diesem Grunde beantragt der Vater V der S beim Schulleiter die Befreiung vom Sportunterricht.

Der Schulleiter verweigert dies, gestützt auf eine verfassungsgemäße Ermächtigungsgrundlage. Wenn A in Deutschland lebe, müsse sie sich auch an die hier herrschenden Moralvorstellungen, Sitten und Gebräuche halten. Zudem gehöre es zum Erziehungsauftrag der Schule, die Schüler zu selbstständigem Denken und Handeln zu erziehen. Die A müsse erkennen, dass das Gebot des Koran sie als Frau „diskriminiere“.

Ist Art. 4 GG verletzt?

***I.** Schutzbereich betroffen*

Es müsste zunächst der Schutzbereich des Art. 4 GG betroffen sein. Nach Art. 4 Abs. 1 GG sind die Freiheit des Glaubens, des Gewissens und die Freiheit des religiösen und weltanschaulichen Bekenntnisses unverletzlich. Gemäß Art. 4 Abs. 2 GG wird die ungestörte Religionsausübung gewährleistet. Art. 4 Abs. 1 und 2 GG stellen ein einheitliches Grundrecht der genannten Freiheiten dar.

1. Dann müsste der islamische Glaube zunächst eine Religion i.S.d. Art. 4 Abs. 1, 2 GG darstellen. Art. 4 GG schützt jede spezifische Äußerung des religiösen oder weltanschaulichen Lebens. Es werden auch Überzeugungen geschützt, die anderen Kulturkreisen entstammen. Folglich ist auch der islamische Glaube Religion i.S.d. Art. 4 GG.

2. Fraglich ist jedoch, ob der Schutz des Art. 4 GG auch die Weigerung der A erfasst, am Sportunterricht teilzunehmen. Die Religionsfreiheit schließt das Recht des Einzelnen ein, sein gesamtes Verhalten an den Lehren seines Glaubens auszurichten und seiner inneren Überzeugung nach zu handeln. Dazu gehört aus der Sicht der A auch, keine enge Sportkleidung zu tragen und damit ihren Körper zur Schau zu stellen. Somit ist das Verhalten der A vom Schutzbereich der Religionsfreiheit erfasst.

***II.** Eingriff (+), durch die Weigerung, A zu befreien*

***III.** Verfassungsrechtliche Rechtfertigung*

1. Einschränkungsmöglichkeit (Schranke)

Art. 4 GG ist nach dem Wortlaut weder durch verfassungsunmittelbare Schranken noch durch einen Gesetzesvorbehalt einschränkbar. Doch auch schrankenlose Grundrechte werden über die Grundrechte Dritter und andere Werte von Verfassungsrang beschränkt, den sog. **verfassungsimmanenten Schranken**. Dementsprechend unterliegt Art. 4 GG den verfassungsimmanenten Schranken.[5]

5 Vgl. im Einzelnen AS-Skript Grundrechte, 14. Aufl. 2011, Rdnr. 201 ff.

Als ein solcher Wert von Verfassungsrang kommt hier der staatliche Bildungs- und Erziehungsauftrag aus Art. 7 Abs. 1 GG in Betracht.

2. Fraglich ist, ob der Eingriff durch die Weigerung des Schulleiters eine verfassungsgemäße Konkretisierung der Schranke, also in Umsetzung des Art. 7 Abs. 1 GG, ist.

a) Die Ermächtigungsgrundlage, auf die der Schulleiter seine Ablehnung stützt, ist laut Sachverhalt verfassungsgemäß.

b) Die Anwendung durch den Schulleiter müsste jedoch auch im Einzelfall verfassungsgemäß sein. Dabei sind sich Art. 7 Abs. 1 GG und Art. 4 GG grundsätzlich gleichgeordnet. Daher müssen die verschiedenen Grundrechte im Sinne einer „praktischen Konkordanz" gegeneinander abgewogen werden.

Die durch Art. 7 Abs. 1 GG statuierte staatliche Schulaufsicht umfasst nicht nur die organisatorische Gliederung der Schule, sondern auch die inhaltliche Festlegung der Ausbildungsgänge und der Unterrichtsziele; der Staat kann daher in der Schule grundsätzlich unabhängig von den Vorstellungen und Wünschen der Eltern eigene Erziehungsziele verfolgen. Dem Staat steht es daher frei, als Inhalt und Ziel des Sportunterrichts nicht allein die Förderung der Gesundheit der Schüler sowie die Entwicklung von sportlichen Fertigkeiten und Fähigkeiten, sondern zusätzlich z.B. die Einübung sozialen Verhaltens anzustreben und derart den Sportunterricht inhaltlich anzureichern und aufzuwerten (koedukativer Unterricht).

Bei der Wahrnehmung des mit Verfassungsrang ausgestatteten Bildungs- und Erziehungsauftrags muss der Staat die – gleichrangigen – Grundrechte von Eltern und Schülern beachten; dies sind vor allem Art. 6 Abs. 2 S. 1 GG sowie Art. 4 Abs. 1 und 2 GG. A hat sich zur Begründung ihres geltend gemachten Anspruchs auf vollständige Befreiung vom koedukativen Sportunterricht auf ihre Glaubens- und Gewissensfreiheit berufen. Der Schutz der aus dem Koran gewonnenen Überzeugung ist nicht davon abhängig, ob sie im islamischen Raum allgemein oder nur von Strenggläubigen geteilt wird.

Der Konflikt kann bei einer Abwägung aller zu berücksichtigenden Gesichtspunkte in der Weise zu einem schonenden Ausgleich gebracht werden, dass der A ein Anspruch auf vollständige Befreiung vom Sportunterricht nur für den Fall zugestanden wird, dass der Sportunterricht für Mädchen ihres Alters ausschließlich in der Form eines koedukativen Unterrichts angeboten wird. Der aus Art. 7 Abs. 1 GG folgende Erziehungsauftrag wird dann nicht infrage gestellt, wenn der Staat dem Anliegen der A schon mit den ihm zu Gebote stehenden organisatorischen Mitteln Rechnung tragen kann. Das ist ihm in der Weise möglich, dass er anstelle eines koedukativ erteilten Sportunterrichts einen nach Geschlechtern getrennten Sportunterricht anbietet. Dadurch wird die Erfüllung des dem Staat obliegenden Erziehungsauftrags weder insgesamt noch auch nur in Bezug auf die Erteilung von Sportunterricht ernsthaft gefährdet.

Damit liegen die Voraussetzungen für eine Befreiung vor. Die Weigerung des Schulleiters, die A vom Sportunterricht zu befreien, stellt folglich einen verfassungsrechtlich nicht gerechtfertigten Eingriff in Art. 4 GG dar.

Art. 4 GG ist demnach verletzt.

Fall 6: Art. 4 GG – Glaubens-/Religionsfreiheit (Kopftuchverbot)
(nach HessStGH, Urt. v. 10.12.2007, NVwZ 2008, 199)

Durch das Gesetz zur Sicherung der staatlichen Neutralität des Bundeslandes L ist eine neue Vorschrift in das Landesschulgesetz (SchulG) aufgenommen worden.

§ 86 Abs. 3 SchulG lautet:

„Lehrkräfte haben in Schule und Unterricht politische, religiöse und weltanschauliche Neutralität zu wahren. Insbesondere dürfen sie Kleidungsstücke, Symbole oder andere Merkmale nicht tragen oder verwenden, die objektiv geeignet sind, das Vertrauen in die Neutralität ihrer Amtsführung zu beeinträchtigen oder den politischen, religiösen oder weltanschaulichen Frieden in der Schule zu gefährden. Für Lehrkräfte im Vorbereitungsdienst kann die zuständige Behörde auf Antrag abweichend von Satz 2 im Einzelfall die Verwendung von Kleidungsstücken, Symbolen oder anderen Merkmalen zulassen, soweit nicht zwingende öffentliche Interessen entgegenstehen."

Ist § 86 SchulG verfassungsgemäß?

Bearbeiterhinweis: Art. 5 und 33 GG sind nicht zu prüfen.

A. Formelle Verfassungsmäßigkeit

Im Hinblick auf die formelle Verfassungsmäßigkeit stellt sich lediglich die Frage der Gesetzgebungskompetenz des Landes für § 86 Abs. 3 SchulG. In Betracht kommt eine konkurrierende Gesetzgebungskompetenz des Bundes aus Art. 74 Abs. 1 Nr. 27 GG. Danach hat der Bund die konkurrierende Gesetzgebungskompetenz für die Statusrechte und -pflichten der Beamten der Länder. Darunter fallen Regelungen hinsichtlich der Voraussetzungen der Begründung oder Beendigung eines Dienstverhältnisses, die Arten der beamtenrechtlichen Verhältnisse oder Abordnungen und Versetzungen von Beamten. Durch § 86 Abs. 3 SchulG wird Lehrkräften verboten, bestimmte religiöse Kleidungsstücke und Symbole zu tragen und zu verwenden. Dies betrifft nicht die Statusrechte eines Beamten, sodass es sich nicht um eine Regelung im Sinne des Art. 74 Abs. 1 Nr. 27 GG handelt.

Ob das Gesetzgebungsverfahren ordnungsgemäß durchgeführt wurde, ist mangels Angaben nicht überprüfbar.

Für die Regelungen des Schulrechtes ist daher die Gesetzgebungskompetenz der Länder gemäß Art. 70 Abs. 1 GG gegeben. § 86 Abs. 3 SchulG ist formell verfassungsgemäß.

B. Materielle Verfassungsmäßigkeit

§ 86 Abs. 3 SchulG könnte gegen Art. 4 GG verstoßen.

I. Schutzbereich betroffen

Art. 4 Abs. 1 GG schützt die Glaubens- und Gewissensfreiheit sowie die Freiheit des religiösen und weltanschaulichen Bekenntnisses. Nach Art. 4 Abs. 2 GG wird die ungestörte Religionsausübung gewährleistet. Die Glaubensfreiheit erfasst nicht nur die innere Freiheit, zu glauben oder nicht zu glauben, sondern auch die Freiheit, seinen Glauben zu bekennen. Insofern bilden Art. 4 Abs. 1 und 2 GG ein einheitliches Grundrecht der Glaubens- und Bekenntnisfreiheit, welches die Freiheit der Religionsausübung mit umfasst.

Zu dieser umfassend gewährten Freiheit gehört auch das Recht des Einzelnen, sein gesamtes Verhalten an den Lehren seines Glaubens auszurichten und seiner inneren Überzeugung gemäß zu handeln. Diese Handlungsfreiheit ist durch das Verbot, bestimmte Kleidungsstücke oder Symbole zu tragen, betroffen.

II. Eingriff

Durch das gesetzliche Verbot des § 86 Abs. 3 SchulG wird final und unmittelbar das Tragen und Verwenden bestimmter Kleidungsstücke und Symbole verboten, die objektiv geeignet sind, den religiösen Frieden zu gefährden. Demnach wird (sogar) im klassischen Sinne in das Grundrecht aus Art. 4 Abs. 1, 2 GG eingegriffen.

III. Verfassungsrechtliche Rechtfertigung

Der Eingriff in den Schutzbereich des Art. 4 Abs. 1, 2 GG ist gerechtfertigt, wenn er sich als Verwirklichung einer im GG angelegten Grundrechtsschranke darstellt.

1. Einschränkungsmöglichkeit (Schranke)

Dann müsste das Grundrecht zunächst einschränkbar sein. Nach dem Wortlaut des Art. 4 GG wird das Grundrecht ohne besondere Schranken gewährleistet. Teilweise wird aus Art. 140 GG, Art. 136 Abs.1 WRV ein einfacher Gesetzesvorbehalt abgeleitet. Dagegen spricht jedoch, dass dann gemäß Art. 136 Abs. 1 WRV lediglich die Religionsfreiheit einem Gesetzesvorbehalt unterliegen würde, nicht aber die in Art. 4 Abs. 1 GG ebenfalls geschützte Gewissensfreiheit. Dann wäre die Gewissensfreiheit stärker geschützt als die anderen Freiheiten des Art. 4 Abs. 1, 2 GG. Somit unterliegt die Glaubens- und Bekenntnisfreiheit nicht einem Gesetzesvorbehalt, sondern den verfassungsimmanenten Schranken.[6]

Dies sind die Grundrechte Dritter sowie andere Werte von Verfassungsrang. Die Einschränkung der vorbehaltlos gewährleisteten Glaubensfreiheit bedarf überdies einer hinreichend bestimmten gesetzlichen Grundlage.[7] Die Glaubensfreiheit ist demzufolge zum Schutze der Grundrechte Dritter und anderer Werte mit Verfassungsrang durch ein Parlamentsgesetz einschränkbar.

2. Verfassungsgemäße Konkretisierung

Der Eingriff in die Glaubensfreiheit ist verfassungsrechtlich gerechtfertigt, wenn § 86 Abs. 3 SchulG eine verfassungsgemäße Konkretisierung der Einschränkungsmöglichkeit darstellt. Dies ist der Fall, wenn er formell und materiell verfassungsgemäß ist.

a) Wie oben bereits festgestellt, bestehen gegen die formelle Verfassungsmäßigkeit keine Bedenken.

b) Fraglich ist, ob § 86 Abs. 3 SchulG auch materiell verfassungsgemäß ist.

---

6 Vgl. AS-Skript Grundrechte (2011), Rdnr. 201 ff.
7 BVerfGE 108, 282 – Kopftuchentscheidung.

aa) Die Vorschrift müsste hinreichend bestimmt, klar und justiziabel sein. Die Verwendung interpretationsbedürftiger unbestimmter Rechtsbegriffe begegnet insoweit keinen Bedenken. Denkbare Alternative wäre gewesen, in der gesetzlichen Bestimmung bestimmte Kleidungsstücke, Symbole oder Merkmale, die verboten werden sollen, beispielhaft oder abschließend aufzulisten. Eine Norm ist aber bestimmt genug, wenn von den Fachgerichten im Rahmen einer Einzelfallentscheidung zu überprüfen ist, ob diese abstrakten Vorgaben im Einzelfall rechtmäßig angewendet wurden. Dem Gesetzgeber steht es im Rahmen seiner Einschätzungsprärogative grundsätzlich frei, bei der Normgestaltung auch unbestimmte Rechtsbegriffe zu verwenden und somit den Behörden und Gerichten Interpretationsspielräume zu eröffnen.

bb) Zu den kollidierenden Grundrechten Dritter gehört zunächst die negative Glaubensfreiheit der Schüler und Eltern. Art. 4 GG schützt nicht nur die positive, sondern auch die negative Glaubensfreiheit. Das bedeutet, dass auch die Freiheit besteht, eine Religion sowie religiöse Symbole abzulehnen. Diese negative Freiheit wird beeinträchtigt durch eine vom Staat geschaffene Lage, in der der Einzelne ohne Ausweichmöglichkeiten dem Einfluss eines bestimmten Glaubens, den Handlungen, in denen sich dieser manifestiert, und den Symbolen, in denen er sich darstellt, ausgesetzt wird. Zwar ist die Äußerung des Lehrers dem Staat nicht unmittelbar als eigenes Bekenntnis zuzurechnen. Allerdings treten die Lehrer im Unterricht nicht als Privatperson auf, sondern in Ausübung ihres Amtes, sodass die Duldung eines religiösen Symbols dem Staat als mittelbare Beeinträchtigung der negativen Glaubensfreiheit zurechenbar ist.

cc) Daneben begrenzt als Wert von Verfassungsrang der Grundsatz der politischen, religiösen und weltanschaulichen Neutralität des Staates die Glaubensfreiheit der Lehrer. Indem es der Staat duldete, dass seine Lehrkräfte ihre Glaubens-, weltanschaulichen oder politischen Überzeugungen ohne Einschränkung offen zur Schau stellen dürften, würden die Schüler religiös, weltanschaulich oder politisch beeinflusst. Da die Lehrkräfte naturgemäß eine starke erzieherische Wirkung auf die Schüler ausüben, würden diese sogar stärker beeinflusst als etwa durch ein Kruzifix an der Wand, das irgend jemand – für die Schüler nicht personifizierbar – dorthin gehängt hat.

In der Abwägung ist dabei auch zu berücksichtigen, dass § 86 Abs. 3 SchulG kein generelles Verbot enthält, Kleidung zu tragen oder Symbole zu verwenden, die einen religiösen Bezug aufweisen. Vielmehr sind lediglich diejenigen Symbole verboten, die objektiv geeignet sind, das Vertrauen in die Neutralität oder den Schulfrieden zu beeinträchtigen.

dd) Nach Art. 6 Abs. 2 GG sind Pflege und Erziehung der Kinder das natürliche Recht der Eltern und die zuvörderst ihnen obliegende Pflicht. Dies ist auch vom Staat zu berücksichtigen, wenn er die Rechtsverhältnisse in der Schule regelt. Es müssen Vorkehrungen getroffen werden, wonach in der Schule nicht die religiösen und weltanschaulichen Grundsätze verletzt werden, nach denen die Eltern ihre Kinder erziehen wollen. Dieses Elternrecht wird grundsätzlich beschränkt, hier allerdings gerade verstärkt, durch den staatlichen Erziehungs- und Bildungsauftrag aus Art. 7 Abs. 1 GG. Danach steht das gesamte Schulwesen unter der Aufsicht des Staates. Dies bedeutet, dass dem Staat eine umfassende Gestaltungsfreiheit zusteht, aber auch eine besondere Fürsorgepflicht für die Schüler. Wenn ein Lehrer eine bestimmte politische oder religiöse Anschauung offen zur Schau trägt, eventuell gar werbend, widerspricht dies dem Bildungs- und Erziehungsauftrag sowie der Fürsorgepflicht des Staates.

ee) Die vorgenannten kollidierenden Grundrechte und sonstige Verfassungsgüter stehen der (positiven) Glaubensfreiheit in einer multipolaren Konfliktsituation gegenüber. Verfassungsrechtliches Gebot ist es in solchen Fällen, praktische Konkordanz herzustellen. Dem Gesetzgeber stehen insofern eine Einschätzungsprärogative und ein Gestaltungsermessen zu. Insbesondere darf der Gesetzgeber im Rahmen der Verhältnismäßigkeit auch bereits abstrakte Gefahren für die im Schulbereich zu schützenden Grundrechte und Verfassungsgüter durch gesetzliche Verbote reagieren. Im Hinblick darauf ist die Regelung des § 86 Abs. 3 SchulG verhältnismäßig, insbesondere auch angemessen. Der einzelnen Lehrkraft ist es nicht verwehrt, ihren Glauben oder ihre weltanschauliche Überzeugung zu haben. Sie wird zum Schutze der Grundrechte Dritter und überragender Gemeinschaftsgüter aber gehindert, ihre Überzeugung in der Schule uneingeschränkt nach außen zu dokumentieren. Diese Grundrechtsbeeinträchtigung ist gerade für den hochsensiblen Bereich der Schule hinnehmbar und angemessen.

Demzufolge ist § 86 Abs. 3 SchulG materiell verfassungsgemäß und konkretisiert in verfassungskonformer Weise die verfassungsimmanenten Einschränkungsmöglichkeiten des Art. 4 Abs. 1, 2 GG. Die Regelung verstößt nicht gegen Art. 4 GG.

Fall 7: Art. 4 GG – Glaubens-/Religionsfreiheit (Beten in der Schule)
(nach BVerwG, Urt. v. 30.11.2011 – 6 C 20.10)

S, ein 14jähriger Schüler muslimischen Glaubens an einem Gymnasium im Bundesland L, verrichtete am 1. November 2007 gemeinsam mit einigen Mitschülern in der Pause nach der sechsten Unterrichtsstunde etwa 10 Minuten lang in einem Flur des Schulgebäudes das Gebet nach islamischem Ritus. Die Schüler, die auf ihren Jacken knieten, beteten in einem abgelegenen, nicht ohne Weiteres einsehbaren Bereich. Dabei wurden sie von anderen Schülern und einem Lehrer gesehen. Am folgenden Tag verbot die Schulleiterin den am Gebet beteiligten Schülern das Beten auf dem Schulgelände.

S fühlt sich durch das Verbot in seinem Grundrecht aus Art. 4 GG verletzt. Er sei nach seinem Glauben darauf angewiesen, in einer der Schulpausen zu beten, da er sich an die vorgeschriebenen Gebetszeiten zu halten habe. Das Land entgegnet, die Rechte des S aus Art. 4 GG würden ihre Schranken in der negativen Glaubensfreiheit der anderen Schüler finden. Zudem wäre das elterliche Erziehungsrecht seiner Mitschüler zu schützen und die Glaubensfreiheit des S wäre aufgrund des verfassungsrechtlichen Gebots der religiösen Neutralität des Staates beschränkt. Letztlich widerspreche das rituelle Gebet des S dem Gebot, den Schulfrieden zu wahren. Im Gymnasium wären eine Vielzahl von Religionen und Glaubensrichtungen vertreten, zwischen denen es zu teils heftigen Konflikten gekommen sei. Der Versuch, betwilligen Schülern einen „Gebetsraum" zur Verfügung zu stellen, sei daran gescheitert, dass es im Gebetsraum immer wieder zu Auseinandersetzungen verschiedener religiöser Gruppen gekommen sei. Ist S in Art. 4 GG verletzt?

Das Verbot, in der Schule zu beten, könnte gegen Art. 4 GG verstoßen.

I. Dann müsste das Recht, in der Schule zu beten, vom **Schutzbereich** des Art. 4 Abs. 1 und 2 GG erfasst sein.

1. Art. 4 Abs. 1 GG schützt die Glaubens- und Gewissensfreiheit sowie die Freiheit des religiösen und weltanschaulichen Bekenntnisses. Nach Art. 4 Abs. 2 GG wird die ungestörte Religionsausübung gewährleistet. Die Glaubensfreiheit erfasst nicht nur die innere Freiheit, zu glauben oder nicht zu glauben, sondern auch die Freiheit, seinen Glauben zu bekennen. Insofern bilden Art. 4 Abs. 1 und 2 GG ein **einheitliches Grundrecht der Glaubens- und Bekenntnisfreiheit**, welches die Freiheit der Religionsausübung mit umfasst. Dazu gehört auch das Recht des Einzelnen, sein gesamtes Verhalten an den Lehren seines Glaubens auszurichten und seiner inneren Überzeugung gemäß zu handeln. In den Schutzbereich des Art. 4 Abs. 1, 2 GG fällt demnach insbesondere auch das Beten.

2. S betrachtet das Verrichten der Ritualgebete als für sich verbindlich und das Einhalten der Glaubensregeln des Islam als Ausdruck seines religiösen Bekenntnisses. Dieses Verhalten lässt sich als Glaubensregel dem Art. 4 Abs. 1, 2 GG zuordnen.

3. Fraglich ist jedoch, ob der Schutzbereich des Art. 4 Abs. 1, 2 GG **auch die Wahl des Ortes** erfasst, an dem gebetet werden soll. Dagegen könnte sprechen, dass S einen Teil des Schulflures in Anspruch nehmen möchte und der Schulflur nicht seinem, sondern dem Bestimmungsrecht der Schule unterliegt. Dabei ist aber zu berücksichtigen, dass S als Schüler in den Schulablauf eingebunden ist und die Schule selbst in den Pausen nicht ohne Weiteres verlassen darf.

Zwar verschafft die Glaubensfreiheit dem Einzelnen keinen Anspruch auf Zutritt zu ihm sonst nicht zugänglichen Räumen. Die Glaubensfreiheit ist dem Bürger nur dort gewährleistet, wo er tatsächlich Zugang findet. Als Individualgrundrecht steht sie dem Bürger vom Grundsatz her aber überall dort zu, wo er sich jeweils befindet.[8]

Der Schutzbereich der Glaubensfreiheit umfasst daher auch die Wahl des Ortes, an dem gebetet werden soll.

***II.** Eingriff (+), final unmittelbare Beschränkung durch das Verbot*

III. Verfassungsrechtliche Rechtfertigung

1. Einschränkungsmöglichkeiten (Schranken)

Die in Art. 4 Abs. 1, 2 GG verbürgte Glaubensfreiheit ist vorbehaltlos gewährleistet. Einschränkungen können sich nur aus der Verfassung selbst ergeben (**verfassungsimmanente Schranken**). Vorliegend kommen als Einschränkungsmöglichkeiten die **negative Glaubensfreiheit**, das **elterliche Erziehungsrecht**, das Gebot der **Neutralitätspflicht des Staates** und die Wahrung des **Schulfriedens** in Betracht.

a) Die in Art. 4 Abs. 1 GG geschützte Glaubensfreiheit erfasst auch die negative Freiheit, keine religiöse Überzeugung zu haben. Dazu gehört das Recht, kultischen Handlungen eines nicht geteilten Glaubens **fernzubleiben**. Die Mitschüler könnten den S zwar bei der Verrichtung des Gebets auf dem Schulflur antreffen, haben dabei aber Möglichkeiten, diesem auszuweichen, indem sie einen anderen Weg wählen. Sie sind jedenfalls nicht genötigt, die religiösen Handlungen des S zu beobachten oder gar an ihnen teilzunehmen. Insofern wird durch das Gebet des S nicht in die negative Glaubensfreiheit der Mitschüler eingegriffen.

b) Nach Art. 6 Abs. 2 GG sind die Pflege und Erziehung der Kinder das natürliche Recht der Eltern. Dazu gehört auch das Recht, die Kinder religiös zu erziehen. Was die Begegnung von Kindern mit religiösen Handlungen Dritter angeht, reicht das elterliche Erziehungsrecht aber nicht weiter als die negative Glaubensfreiheit der Kinder. Dementsprechend verleiht das Erziehungsrecht den Eltern nicht die Befugnis, ihre Kinder vor jeglicher Begegnung mit religiösen Handlungen Dritter zu schützen.[9]

Damit ist auch das elterliche Erziehungsrecht aus den oben genannten Gründen nicht in der Lage, die Glaubensfreiheit des S einzuschränken.

c) Aus Art. 4 Abs. 1, Art. 3 Abs. 3 S. 1, Art. 33 Abs. 3 GG sowie Art. 140 GG i.V.m. Art. 136 Abs. 1, 4 und Art. 137 Abs. 1 WRV folgt, dass sich der Staat weltanschaulich und religiös neutral zu verhalten hat. Dieser Grundsatz

---

8 BVerfG a.a.O., Rdnr. 23.
9 BVerfG a.a.O., Rdnr. 33.

verlangt jedoch vom Staat in erster Linie Zurückhaltung bei eigenen Aktivitäten (z.B. Abhaltung eines Schulgebetes, Tragen eines Kopftuches durch eine Lehrerin), nicht jedoch, dass der Staat religiöse Bekundungen von Schülern generell verbietet.

d) Möglicherweise ist das Recht des S aus Art. 4 Abs. 1 und 2 GG, das Gebet in der Schule zu verrichten, aber durch das Gebot, den **Schulfrieden** zu wahren eingeschränkt. Dieses Gebot folgt aus dem staatlichen Bildungs- und Erziehungsauftrag, **Art. 7 Abs. 1 GG**, und erfasst auch die Vermeidung religiös-weltanschaulicher Konflikte in öffentlichen Schulen.

In dem Gymnasium des S ist eine Vielzahl von Religionen und Glaubensrichtungen vertreten, zwischen denen es bereits zu teils heftigen Konflikten gekommen ist. Damit würde die bereits jetzt bestehende konkrete Gefahr für den Schulfrieden im Gymnasium durch das (öffentliche) Gebet des S weiter verschärft werden. Daher findet das Recht des S, seine Glaubensfreiheit aus Art. 4 Abs. 1 und 2 GG durch das Gebet in der Schule auszuleben dort seine **Schranke**, wo der Schulfriede konkret gestört ist.

2. Fraglich ist, ob die Einschränkung der Glaubensfreiheit des S zum Schutze des Schulfriedens eine verfassungsgemäße Konkretisierung darstellt. Das Spannungsverhältnis zwischen der Glaubens- und Religionsfreiheit des S aus Art. 4 Abs. 1 und 2 GG und dem aus Art. 7 Abs. 1 GG hergeleiteten Gebot des Schulfriedens ist im Wege **praktischer Konkordanz** aufzulösen. Das bedeutet, dass ein schonender Ausgleich der widerstreitenden Verfassungsgüter gefunden werden muss, insbesondere die getroffenen Maßnahmen verhältnismäßig sein müssen.

a) Die Einschränkung der Möglichkeit, das rituelle islamische Gebet in der Schule verrichten zu dürfen, verfolgt den **legitimen Zweck**, eine Verschärfung der bereits jetzt bestehenden konkreten Gefahr für den Schulfrieden zu verhindern.

b) Diese Einschränkung ist auch **geeignet**, den angestrebten Zweck zu erreichen.

c) Fraglich ist, ob die Maßnahme auch **erforderlich** ist. Dies ist der Fall, wenn von mehreren gleich wirksamen Mitteln das am wenigsten belastende (mildeste) Mittel gewählt wird.

Als milderes Mittel kommt in Betracht, den Schülern einen „Gebetsraum" zur Verfügung zu stellen. Diese Maßnahme ist im Gymnasium jedoch bereits durchgeführt worden und hat nur zu neuen Konflikten geführt, sodass sie nicht gleich wirksam ist. Die Maßnahme ist demnach auch erforderlich.

d) Letztlich müsste die Maßnahme auch **angemessen** sein. Die Einschränkung der Gebetsmöglichkeit darf nicht erkennbar außer Verhältnis zu dem erstrebten Erfolg stehen. Zwar wiegt die Einschränkung der Glaubensfreiheit des S schwer, insbesondere aus dem Grund, dass der Schüler S sich zu den Schulzeiten in der Schule aufhalten muss und daher sein Gebet nicht an einem anderen Ort verrichten kann. Andererseits kommt der Wahrung des Schulfriedens ein besonderes Gewicht zu. Dies gilt hier in besonderem Maße, weil durch die Verrichtung des Gebets eine bereits bestehende hinreichende Wahrscheinlichkeit der Störung des Schulfriedens aufgrund religiöser Konflikte erhöht würde und deshalb eine besonders intensive Gefahrenlage für den Schulfrieden zu besorgen wäre. Bei einer solchen Fallgestaltung muss die Religionsausübung des S hinter die Wahrung des ebenfalls verfassungsrechtlich geschützten Schulfriedens zurücktreten.

Nach alledem ist die Einschränkung der Möglichkeit, in der Schule zu beten, verhältnismäßig.

S wird durch das Verbot, in der Schule zu beten, nicht in seinem Grundrecht aus Art. 4 GG verletzt.

Fall 8: Art. 5 Abs. 1, Abs. 2 GG – Meinungsäußerung
(nach BVerfGE 93, 266 [Soldaten sind Mörder])

V ist anerkannter Kriegsdienstverweigerer und verteilte im November 1989 von ihm verfasste Flugblätter. Darauf heißt es u.a.: „Soldaten sind potentielle Mörder – weltweit, auch bei der Bundeswehr". Aufgrund einer Strafanzeige wurde V letztinstanzlich gemäß § 185 StGB wegen Beleidigung zu einer Geldstrafe verurteilt.

Ist V in seinem Grundrecht aus Art. 5 Abs. 1 S. 1 GG verletzt?

***I.** Schutzbereich betroffen: Meinung = Werturteil (+)*

***II.** Eingriff durch das Urteil = im klassischen Sinne (+)*

***III.** Verfassungsrechtliche Rechtfertigung*

***1.** Einschränkungsmöglichkeit (Schranke):*

Art. 5 Abs. 2 GG = Schutz der persönlichen Ehre = 185 StGB (+)

***2.** Fraglich ist, ob der Eingriff durch die strafgerichtliche Verurteilung, beruhend auf § 185 StGB, eine verfassungsgemäße Konkretisierung der Schranke ist.*

***a)** Formelle und materielle Verfassungsmäßigkeit des § 185 StGB (+)*

b) Des Weiteren müsste aber auch das Urteil selbst verfassungsgemäß sein.

Dafür müsste § 185 StGB tatbestandlich korrekt angewandt worden und die Verurteilung im konkreten Falle verhältnismäßig sein, und zwar auch insoweit, als das Grundrecht des V auf freie Meinungsäußerung selbst wiederum den Straftatbestand beschränkt und im „Lichte des Grundrechtes" ausgelegt und angewandt werden muss.

Das BVerfG ist keine **Superrevisionsinstanz** und prüft deshalb grds. kein einfaches Recht.

Dieser Berücksichtigung des Art. 5 Abs. 1 S. 1 GG trägt § 193 StGB Rechnung, wonach eine Beleidigung bei der Wahrnehmung berechtigter Interessen ausgeschlossen ist.

Ob V außer der Bundeswehr auch deren Soldaten unter einer Sammelbezeichnung beleidigt haben kann, ist zweifelhaft, weil der Kreis der Betroffenen groß und eine konkrete Beziehung der Äußerung des V auf bestimmte Soldaten nicht erkennbar ist. Nach h.M. können Einzelpersonen unter einer Gesamtbezeichnung beleidigt werden, wenn der Kreis der Betroffenen klar abgrenzbar aus der Allgemeinheit hervortritt und die Zuordnung des Einzelnen zweifelsfrei ist.[10] Bei den im aktiven Dienst der Bundeswehr stehenden Soldaten ist das der Fall. Außer der Bundeswehr als Institution ist daher auch der einzelne Soldat von der Äußerung betroffen.

Die Bezeichnung eines Menschen als „Mörder" oder „potentieller Mörder" ist eine schwerwiegende Ehrkränkung, da mit diesem Wort in der Umgangssprache ein besonders verabscheuungswürdiger Verbrechertyp assoziiert wird.

Möglicherweise lässt die Äußerung des V aber auch eine abweichende, nicht ehrenrührige Deutung zu. In diesem Fall muss das Grundrecht auf

10 BGHSt 11, 206, 207.

freie Meinungsäußerung (Art. 5 Abs. 1 GG) bereits bei der Auslegung berücksichtigt werden, um zu verhindern, dass aus Furcht vor Bestrafung zulässige Äußerungen unterbleiben.[11] Vorliegend bezogen sich die Äußerungen des V ihrem Wortlaut nach nicht auf einzelne Soldaten oder speziell auf diejenigen der Bundeswehr. Das Bundesverfassungsgericht schließt daraus, dass sich seine Äußerung genauso gut gegen das Soldatentum schlechthin gerichtet haben kann, das von V verurteilt wurde, weil es mit dem Töten anderer Menschen verbunden sei. Deshalb muss bei der Anwendung von § 185 StGB auf herabsetzende Äußerungen unter einer Sammelbezeichnung stets geprüft werden, ob durch sie überhaupt die „persönliche" Ehre der einzelnen Gruppenangehörigen beeinträchtigt wird.

In seinem Flugblatt hat V zwar ausdrücklich die Soldaten angesprochen. Dass sich seine Äußerung gleichwohl auf alle Soldaten der Welt bezog, hat er jedoch dadurch zum Ausdruck gebracht, dass er den Worten „auch bei der Bundeswehr" unmittelbar das Wort „weltweit" vorangestellt hat. Bei verfassungskonformer Auslegung enthält das von ihm verteilte Flugblatt somit keine Kränkung der Bundeswehr oder ihrer einzelnen Soldaten. Demzufolge entfällt unter Berücksichtigung der Meinungsfreiheit eine Beleidigung.

Das Urteil stellt keine verfassungsgemäße Konkretisierung der Schranken des Art. 5 Abs. 1 S. 1 GG dar. V ist in seinem Grundrecht aus Art. 5 Abs. 1 S. 1 GG verletzt.

---

11 BVerfGE 43, 130, 136; BVerfG NJW 1994, 2943 m.w.N.

Fall 9: Art. 5 Abs. 1 S. 1, 2. Halbs., Abs. 2 GG – Informationsfreiheit

B ist türkischer Staatsangehöriger. Er bewohnt mit seiner Familie eine Mietwohnung in einem Mehrfamilienhaus in E. Das Haus verfügt über eine Gemeinschaftsantenne, über die fünf deutsche Fernsehprogramme empfangen werden können. Anfang 2006 bat B seine Vermieterin, die Wohnungsbaugesellschaft W, der Installation einer Parabolantenne zuzustimmen, damit er auch türkische Fernsehprogramme empfangen könne. W verweigerte ihre Genehmigung, da feststand, dass ein Kabelanschluss verlegt werden würde, mit dem ein türkischer Sender zu empfangen ist.

Vor den Zivilgerichten war B mit der Begründung erfolglos, dass die Errichtung einer Satellitenempfangsanlage nicht zum vertragsgemäßen Gebrauch einer Mietwohnung gehört, sondern es sich dabei vielmehr um eine „Sondernutzung" handelt, die mit Interessen anderer Mieter nicht zu vereinbaren sei. Zudem könne die Informationsbedürftigkeit des B durch türkische Hörfunksendungen, Videobänder und die Übersetzung deutscher Nachrichten ausreichend befriedigt werden. Gegen das letztinstanzliche Urteil erhebt B fristgemäß Verfassungsbeschwerde.

Wird durch das Urteil Art. 5 GG verletzt?

Das angegriffene Urteil könnte B in seinem Grundrecht auf Informationsfreiheit gemäß Art. 5 Abs. 1 S. 1, 2. Halbs. GG verletzen.

I. Schutzbereich betroffen

Es müsste der Schutzbereich des Art. 5 Abs. 1 S. 1, 2. Halbs. GG betroffen sein. Art. 5 Abs. 1 S. 1, 2. Halbs. GG gewährleistet jedermann das Recht, sich aus allgemein zugänglichen Quellen ungehindert zu unterrichten. Für die Persönlichkeitsentfaltung des Einzelnen und die Aufrechterhaltung der demokratischen Ordnung ist die Informationsfreiheit ebenso wichtig wie die Freiheit der freien Meinungsäußerung und der Medienberichterstattung.

Der Schutzbereich der Informationsfreiheit ist jedoch sachlich eingegrenzt. Geschützt sind lediglich Informationen, die aus allgemein zugänglichen Quellen stammen. Allgemein zugänglich ist eine Informationsquelle, wenn sie geeignet und bestimmt ist, der Allgemeinheit, also einem individuell nicht bestimmbaren Personenkreis, Informationen zu verschaffen. Dabei macht das GG keinen Unterschied zwischen in- und ausländischen Informationsquellen.

Daher sind auch alle ausländischen Programme, deren Empfang in der Bundesrepublik Deutschland möglich ist, allgemein zugänglich i.S.v. Art. 5 Abs. 1 S. 1, 2. Halbs. GG.

Nach Auffassung des BVerfG erstreckt sich der Grundrechtsschutz auch auf die Beschaffung und Nutzung der Empfangsmittel, die eine an die Allgemeinheit gerichtete Information erst individuell erschließen. Ansonsten wäre das Grundrecht in Bereichen, in denen der Informationszugang technische Hilfsmittel voraussetzt, praktisch wertlos. Daher ist die Installation einer Parabolantenne, die den Empfang von Rundfunkprogrammen, die über Satellit ausgestrahlt werden, erst ermöglicht, von dem Grundrecht der Informationsfreiheit gemäß Art. 5 Abs. 1 S. 1, 2. Halbs. GG geschützt.

Der Schutzbereich ist betroffen.

***II.** Eingriff (+)*

III. Verfassungsrechtliche Rechtfertigung

***1.** Einschränkungsmöglichkeit (Schranke) = allgemeine Gesetze, Art. 5 Abs. 2 GG (hier durch §§ 535, 536, 242 BGB)*

2. Fraglich ist, ob das Urteil, welches auf den §§ 535, 536, 242 BGB beruht, eine verfassungsgemäße Konkretisierung der Schranke ist.

Soweit die Verfassungsmäßigkeit eines Gesetzes im Sachverhalt nicht problematisiert ist, kann davon ausgegangen werden.

a) Von der Verfassungsmäßigkeit der Vorschriften des BGB kann ausgegangen werden.

b) Die Auslegung der Zivilrechtsnormen durch das Zivilgericht müsste ihrerseits verfassungsgemäß sein. Fraglich ist somit, ob das Zivilgericht bei der Auslegung der §§ 535, 536, 242 BGB („vertragsgemäßer Gebrauch, Treu und Glauben") die Grundrechte des B verkannt hat.

Allerdings könnte die grundrechtlich verbürgte Informationsfreiheit des B mit den ebenfalls über Art. 14 GG grundrechtlich geschützten Interessen an einer optisch ungeschmälerten Erhaltung des Wohnhauses des Vermieters kollidieren.

Diese Interessenkollision ist durch eine die Wertungen der Verfassung beachtende Zuordnung der Rechtspositionen nach den Regeln der **praktischen Konkordanz** aufzulösen. Das bedeutet, dass im konkreten Fall die Rechtspositionen so zu schützen und zu begrenzen sind, dass beide zu optimaler Wirksamkeit gelangen.

Für Parabolantennen gilt dabei insbesondere, dass der Vermieter die Zustimmung zur Errichtung nur dann erteilen muss, wenn er weder eine Gemeinschaftsparabolantenne noch einen Breitbandkabelanschluss bereit stellt.[12] Diese Auslegung beruht auf der Erwägung, dass das grundrechtlich geschützte Informationsinteresse des Mieters im Rahmen der Güter- und Interessenabwägung die Eigentümerinteressen an einem unveränderten Erhalt des Wohnhauses regelmäßig überwiegt. Denn während die Informationseinbußen erheblich seien, ließen sich die meist nur ästhetischen Beeinträchtigungen mildern oder durch gemeinschaftliche Empfangsanlagen ganz vermeiden. Somit führen diese Überlegungen in der Regel zu einem gerechten Interessenausgleich.

Allerdings sind immer die Besonderheiten des Einzelfalles zu betrachten. Es muss auch den Besonderheiten der dauerhaft in Deutschland lebenden Ausländer Rechnung getragen werden. Diese haben ein anerkennenswertes Interesse, die Programme ihres Heimatlandes zu empfangen, um sich über das dortige Geschehen unterrichten und die kulturelle und sprachliche Verbindung aufrecht erhalten zu können. Diese Möglichkeit besteht angesichts der kleinen Zahl ausländischer Programme, die in inländische Kabelnetze eingespeist werden, meist nur mittels einer Satellitenempfangsanlage. Ein Verweis auf türkische Videobänder oder die Übersetzung

---

12 BVerfG NJW 1993, 1252, 1253; BVerfG NJW 1994, 1147, 1148.

deutscher Nachrichten entbehrt jeglicher Aktualität und trägt der Informationsfreiheit nicht ausreichend Rechnung, weil Art. 5 Abs. 1 S. 1, 2. Halbs. GG jedem das Recht gibt zu entscheiden, aus welchen allgemein zugänglichen Quellen er sich unterrichten möchte, sodass der Verweis auf anderweitige Informationsmöglichkeiten nicht in die Abwägung einzubeziehen ist. Das gilt auch für den Verweis auf andere, ohne Parabolantenne zu empfangende Fernsehprogramme.

Daher bedeutet die Verweigerung einer Parabolantenne im konkreten Fall, in dem die Heimatprogramme nicht schon über Kabel empfangen werden können, eine erhebliche Beeinträchtigung der Informationsfreiheit, sodass das letztinstanzliche Urteil auf der Verkennung des Grundrechts der Informationsfreiheit des B beruht.

Art. 5 Abs. 1 S. 1, 2. Halbs. GG ist verletzt.

Fall 10: Art. 5 Abs. 3 GG – Kunstfreiheit
(nach BVerfGE 83, 130 [Josefine Mutzenbacher])

Der Roman „Josefine Mutzenbacher – Die Lebensgeschichte einer wienerischen Dirne, von ihr selbst erzählt" wurde im Anschluss an zwei strafgerichtliche Entscheidungen 1968 in die Liste jugendgefährdender Schriften als „schwergefährdende Schrift i.S.v. § 6 Nr. 3 GjS" (heute: § 18 JuSchG) aufgenommen. Begründet wurde dies mit der nahezu ausschließlichen Darstellung sexueller Kontakte zwischen Jugendlichen und Erwachsenen, Geschwistern und Eltern in detaillierter Form von der ersten bis zur letzten Seite.

Der R-Verlag hat nunmehr den Roman als Taschenbuch neu herausgebracht. Er beantragt die Streichung des Romans aus der Liste aufgrund der heute liberaleren Einstellung zum Sexualbereich. Die Bundesprüfstelle hat den Antrag auf Wiederaufgreifen in der Sache abgewiesen und gleichzeitig die Neuauflage wegen § 6 Nr. 3 GjS erneut indiziert. Klagen des R-Verlages blieben in allen Instanzen erfolglos.

Ist der R-Verlag in Art. 5 Abs. 3 GG verletzt?

Anmerkung: *Gehen Sie davon aus, dass das GjS verfassungsgemäß ist.*

I. *Schutzbereich betroffen*

Dann müsste zunächst der Schutzbereich der Kunstfreiheit betroffen sein. Gemäß Art. 5 Abs. 3 GG ist Kunst frei. Fraglich ist demnach, was Kunst ist.

Das BVerfG verwendet nebeneinander mehrere Kunstbegriffe:

Formeller Kunstbegriff

Nach dem **formellen Kunstbegriff** liegt Kunst dann vor, wenn das Werk Strukturmerkmale aufweist, aufgrund derer es einem bestimmten Werktyp zugeordnet werden kann, z.B. Malerei oder Dichtung.

Materieller Kunstbegriff

Nach dem **materiellen Kunstbegriff** liegt Kunst dann vor, wenn das Werk „das geformte Ergebnis einer freien schöpferischen Gestaltung ist, in dem der Künstler seine Eindrücke, Erfahrungen und Erlebnisse zu unmittelbarer Anschauung bringt, und das auf kommunikative Sinnvermittlung nach außen gerichtet ist".

Offener Kunstbegriff

Nach dem **offenen Kunstbegriff** liegt Kunst vor, wenn das Werk interpretationsfähig und -bedürftig sowie vielfältigen Interpretationen zugänglich ist.

Beachte: Die verschiedenen Kunstbegriffe stehen nebeneinander; ausreichend ist, dass nach einem der Begriffe „Kunst" vorliegt; die Frage ist **nicht** als Streit darzustellen!

Der Roman lässt eine Reihe von Interpretationen zu, die auf eine künstlerische Absicht schließen lassen. Dass der Roman möglicherweise als Pornographie anzusehen ist, nimmt ihm nicht die Kunsteigenschaft. Kunst und Pornographie schließen sich nicht aus. Die Kunsteigenschaft darf nicht von einer staatlichen Stil-, Niveau- und Inhaltskontrolle oder von einer Beurteilung der Wirkungen des Kunstwerks abhängig gemacht werden.[13]

Demzufolge handelt es sich bei dem Roman um Kunst.

Werkbereich und Wirkbereich; die Abgrenzung kann auch im „Eingriff" vorgenommen werden.

Art. 5 Abs. 3 GG schützt sowohl das Recht, sich künstlerisch zu betätigen, den sog. **Werkbereich**, als auch das Recht, das künstlerische Werk öffent-

13 Vgl. auch BVerfGE 83, 130 (Josefine Mutzenbacher).

lich zu verbreiten, den sog. **Wirkbereich**. Vorliegend ist der Wirkbereich betroffen.

Der Schutzbereich ist somit betroffen.

II. *Eingriff (+)*

III. *Verfassungsrechtliche Rechtfertigung*

1. Einschränkungsmöglichkeit (Schranke)

Nach dem Wortlaut des Art. 5 Abs. 3 GG wird die Kunstfreiheit vorbehaltlos gewährt. Jedoch können auch Grundrechte ohne Gesetzesvorbehalt nicht schrankenlos gewährleistet werden.

Sie unterliegen den **verfassungsimmanenten Schranken**, sodass Eingriffe gerechtfertigt sind zum Schutze kollidierenden Verfassungsrechts. Als solches kommt hier der Jugendschutz in Betracht. Der Jugendschutz, der in Art. 5 Abs. 2 GG ausdrücklich erwähnt ist, genießt vor allem aufgrund des in Art. 6 Abs. 2 S. 1 GG verbrieften elterlichen Erziehungsrechts Verfassungsrang. Das GjS will Störungen des grundrechtlich gewährleisteten Erziehungsrechts der Eltern vorbeugen. Verfassungsrang kommt dem Kinder- und Jugendschutz daneben aus Art. 1 Abs. 1 i.V.m. Art. 2 Abs. 1 GG zu.

Verfassungsimmanente Schranken = Grundrechte Dritter, andere Werte von Verfassungsrang

Das Gesetz über die Verbreitung jugendgefährdender Schriften (GjS) dient dem Schutz der Jugend und damit einem Ziel von Verfassungsrang.

2. Fraglich ist, ob der Eingriff durch die Entscheidung der Bundesprüfstelle, beruhend auf § 6 GjS, eine verfassungsgemäße Konkretisierung der Schranke ist.

a) *Formelle und materielle Verfassungsmäßigkeit des § 6 GjS (+)*

b) Verfassungsmäßigkeit des Einzelaktes

Bei der Anwendung von § 6 GjS könnte die Bundesprüfstelle jedoch Verfassungsrecht verletzt haben.

Zu prüfen ist daher, ob die Entscheidung im konkreten Fall die widerstreitenden Belange der vorbehaltlos gewährleisteten Kunstfreiheit und des Kinder- und Jugendschutzes zur praktischen Konkordanz gebracht hat. Keinem der Rechtsgüter kommt dabei von vornherein Vorrang gegenüber dem anderen zu. Dies gilt auch für Schriften, die von § 6 GjS erfasst werden. Auch diese dürfen nur nach einer umfassenden Abwägung mit den widerstreitenden Belangen der Kunstfreiheit in die Liste jugendgefährdender Schriften aufgenommen werden.

Aufseiten des Kinder- und Jugendschutzes hat die Bundesprüfstelle die gesetzgeberische Entscheidung zu akzeptieren, dass Schriften i.S.d. § 1 Abs. 1 GjS überhaupt geeignet sein können, Kinder und Jugendliche in ihrer charakterlich-sittlichen Entwicklung, d.h. in der Herausbildung ihrer Persönlichkeit, zu beeinträchtigen. Dabei ist allerdings zu berücksichtigen, dass der Umgang mit der Sexualität und erotischen Darstellungen auch in der Gesellschaft immer freier geworden ist.

Für die Gewichtung der Kunstfreiheit ist von Bedeutung, in welchem Maße gefährdende Schilderungen in ein künstlerisches Konzept eingebunden sind. Die Kunstfreiheit umfasst auch die Wahl eines jugendgefährdenden, insbesondere Gewalt und Sexualität thematisierende Sujets sowie dessen

Be- und Verarbeitung nach der vom Künstler selbst gewählten Darstellungsart. Sie wird um so eher Vorrang beanspruchen können, je mehr die den Jugendlichen gefährdenden Darstellungen künstlerisch gestaltet und in die Gesamtkonzeption des Kunstwerkes eingebettet sind. Weiterhin kann für die Bestimmung des Gewichts auch dem Ansehen, dass ein Werk beim Publikum genießt, indizielle Bedeutung zukommen. Echo und Wertschätzung, die es in Kritik und Wissenschaft gefunden hat, können Anhaltspunkte für die Beurteilung ergeben, ob der Kunstfreiheit Vorrang einzuräumen ist.

Gerade unter Berücksichtigung der gewandelten gesellschaftlichen Akzeptanz eines lockeren Umganges mit Erotik und Sexualität ist die Kunstfreiheit hier höher zu bewerten. Die Entscheidung der Bundesprüfstelle verstößt dementsprechend gegen Art. 5 Abs. 3 GG.

Der R-Verlag ist in Art. 5 Abs. 3 GG verletzt.

Fall 11: Art. 8 GG – Versammlungsfreiheit
(nach BVerfGE 69, 315 [Brokdorf])

Student S, der bereits mehrfach Demonstrationen an der Uni organisiert hat, ist mit der Hochschulpolitik der Landesregierung nicht einverstanden. Insbesondere die geplante Einführung von Studiengebühren empfindet er als „bodenlose Frechheit". Daher hat er zusammen mit 20 weiteren Studenten den eingetragenen Verein „Contra Studiengebühren" gegründet.

Als S am Morgen des 20.05. erfährt, dass der Wissenschaftsminister am nächsten Tag die Universität besuchen wird, will er eine friedliche Demonstration durchführen, die er allerdings nicht bei der zuständigen Behörde anmeldet. Als sich am nächsten Tag ca. 100 Studenten vor der Uni treffen, wird die Veranstaltung schon nach ein paar Minuten von der zuständigen Behörde unter Hinweis auf § 15 Abs. 3 VersG aufgelöst. Zur Begründung weist die Behörde darauf hin, S habe die Anmeldefrist des § 14 VersG nicht eingehalten. S fühlt sich in seinem Grundrecht aus Art. 8 GG verletzt. Zu Recht?

Anmerkung: *Das VersG ist formell verfassungsgemäß.*

I. *Dafür müsste zunächst der Schutzbereich der Versammlungsfreiheit betroffen sein. Eine Versammlung ist gegeben, wenn mehrere Personen an einem Ort zusammenkommen, um gemeinsam Meinung zu bilden und zu äußern. Zweck der Zusammenkunft müssen die gemeinsame Meinungsbildung und -äußerung sein, die sich nach h.M. auch auf Privatangelegenheiten beziehen kann. Nicht ausreichend ist allerdings das zufällige Zusammentreffen ohne gemeinsamen Zweck (Ansammlung), z.B. nach einem Verkehrsunfall.*

Die ca. 100 Studenten wollen durch die Demonstration gegen die Studiengebühren ihre ablehnende Haltung nach außen tragen und auch andere gegen die Studiengebühren einnehmen. Die Begriffsmerkmale einer Versammlung sind demzufolge gegeben.

II. *Eingriff im klassischen Sinne (+)*

III. *Verfassungsrechtliche Rechtfertigung*

1. *Einschränkungsmöglichkeit (Schranke) = Art. 8 Abs. 2 GG für Versammlungen unter freiem Himmel, hier durch § 15 VersG*

2. Fraglich ist, ob der Eingriff durch die Versammlungsauflösung, beruhend auf § 15 Abs. 3 VersG, eine verfassungsgemäße Konkretisierung der Schranke ist.

a) Verfassungsmäßigkeit des § 15 VersG

aa) *Formelle Verfassungsmäßigkeit (+)*

bb) Materielle Verfassungsmäßigkeit

Die §§ 14, 15 Abs. 3 VersG müssten, damit sie materiell verfassungsgemäß wären, verhältnismäßig sein.

(1) Dazu müsste der Gesetzgeber mit den §§ 14 u. 15 VersG einen legitimen Zweck verfolgen. Durch die Anmeldung und die Möglichkeit der Auflösung sollen Gefahren abgewehrt werden. Dies stellt einen legitimen Zweck dar.

§ 14 Abs. 1 VersG: „Wer die Absicht hat, eine öffentliche Versammlung ... zu veranstalten, hat dies spätestens 48 Stunden vor der Bekanntgabe der zuständigen Behörde ... anzumelden."
§ 15 Abs. 3 VersG: „Sie kann eine Versammlung oder einen Aufzug auflösen, wenn sie nicht angemeldet sind, ..."

Es ist zwar umstritten, ob eine Versammlung begrifflich mindestens zwei oder drei Personen voraussetzt. Vorliegend kommt es jedoch darauf offensichtlich nicht an, sodass eine Streitdarstellung an dieser Stelle in der Klausur falsch wäre.

(2) Daneben muss das Gesetz geeignet sein. §§ 14 und 15 Abs. 3 VersG sind geeignet, wenn durch sie der Zweck zumindest gefördert wird. Die Anmeldung ermöglicht der Versammlungsbehörde eine Überprüfung im Vorfeld einer Versammlung und die entsprechenden Reaktionen. Damit fördern sie zumindest die Gefahrenabwehr und sind geeignet.

(3) Ein Mittel ist erforderlich, wenn es kein weniger belastendes Mittel gibt, welches den Erfolg mit gleicher Sicherheit herbeiführen würde. Mit der Pflicht zur Anmeldung wird der Polizei die Möglichkeit gegeben, sich auf die zu erwartende Gefahrensituation einzustellen und die notwendigen Vorkehrungen zu treffen. Würde die Polizei erst nach Beginn einer Versammlung erfahren, dass eine solche durchgeführt wird, entstünde eine zeitliche Sicherheitslücke. Insofern ist ein gleich wirksames und milderes Mittel nicht ersichtlich. Die §§ 14 und 15 Abs. 3 VersG sind mithin auch erforderlich.

(4) Des Weiteren müsste das Mittel auch angemessen sein. D.h., dass die Nachteile des Grundrechtsträgers nicht außer Verhältnis zu den bezweckten Vorteilen stehen dürfen. Dabei ist die hohe Bedeutung des Art. 8 GG als „demokratie-konstituierendes Grundrecht" zu berücksichtigen.

S hat erst am Morgen vor der Versammlung von dem geplanten Besuch des Ministers erfahren.

Eilversammlung: geplante Versammlung mit Veranstalter, die nicht innerhalb der 48-Stunden-Frist angemeldet werden kann; im Gegensatz zur **Spontanversammlung**, die ohne Veranstalter und nicht geplant ist

Ein Einhalten der Frist von 48 Stunden war dem S daher gar nicht möglich. Würde man in einer solchen Situation einer sog. „Eilversammlung" auf der Einhaltung der Frist beharren, wären kurzfristige oder spontane Demonstrationen nicht denkbar. Dies wäre mit der hohen Bedeutung des Art. 8 GG in einer Demokratie nicht vereinbar.

Diese Unvereinbarkeit lässt sich jedoch durch eine verfassungskonforme Auslegung beheben. Gemäß Art. 8 Abs. 1 GG ist eine Versammlung anmeldefrei. Daher ist § 14 VersG so auszulegen, dass die Anmeldepflicht bei Spontanversammlungen völlig entfällt und bei Eilversammlungen entsprechend zu kürzen ist.[14]

Angesichts der Möglichkeit der verfassungskonformen Auslegung sind die §§ 14, 15 Abs. 3 VersG demzufolge angemessen und verhältnismäßig. Folglich sind sie auch materiell verfassungsgemäß.

b) Verfassungsgemäße Anwendung des Gesetzes im Einzelfall

Gemäß § 15 Abs. 3 VersG kann die zuständige Behörde eine nicht angemeldete Versammlung auflösen. Dabei ist aber wiederum und im Einzelfall der Grundsatz der Verhältnismäßigkeit zu beachten.

Wegen der großen Tragweite der Versammlungsfreiheit reicht nach der Rechtsprechung des BVerfG auch bei Eilversammlungen ein Verstoß gegen das formelle Anmeldeerfordernis nicht für eine Auflösung der Versammlung aus. Vielmehr hat die Behörde bei friedlich verlaufenden Demonstrationen stets versammlungsfreundlich zu verfahren. Erforderlich für eine Auflösung ist, dass von der Versammlung unmittelbare Gefahren ausgehen. Die Teilnehmer haben aber lediglich friedlich gegen die Einführung von Studiengebühren demonstriert, sodass eine Auflösung unverhältnismäßig und damit materiell verfassungswidrig ist.

S ist somit in seinem Grundrecht aus Art. 8 Abs. 1 GG verletzt.

---

14 Vgl. BVerfGE 69, 315 (Brokdorf).

Fall 12: Art. 8 GG – Versammlungsfreiheit
(nach BVerfG, Urt. v. 22.02.2011 – 1 BvR 699/06 [Fraport])

Der Flughafen Frankfurt am Main wird von der Fraport AG betrieben, deren Anteile mehrheitlich (heute zu insgesamt 52%) im Eigentum der öffentlichen Hand stehen, aufgeteilt zwischen dem Land Hessen und der Stadt Frankfurt am Main. Auf dem Flughafen befinden sich neben der für die Abwicklung des Flugverkehrs bestimmten Infrastruktur zahlreiche Einrichtungen zu Zwecken des Konsums und der Freizeitgestaltung, die der Öffentlichkeit allgemein zugänglich sind. Dazu zählen neben Läden und Serviceeinrichtungen auch Bars, Cafés und Restaurants.

K ist Mitglied einer „Initiative gegen Abschiebungen", die sich gegen die Abschiebung von Ausländern unter Mitwirkung privater Fluggesellschaften wendet. Nachdem sie mit fünf weiteren Mitgliedern in der Abflughalle des Frankfurter Flughafens im März 2003 an einem Abfertigungsschalter Flugblätter verteilt hatte, die sich gegen eine Abschiebung richteten, erteilte ihr die Fraport AG ein „Flughafenverbot" mit dem Hinweis, dass gegen sie ein Strafantrag wegen Hausfriedensbruchs erstattet werde, sobald sie erneut „unberechtigt" auf dem Flughafen angetroffen werde. Mit einem erläuternden Schreiben wies sie die K unter Bezugnahme auf ihre Flughafenbenutzungsordnung darauf hin, dass Sammlungen, Werbungen sowie das Verteilen von Flugblättern ihrer Einwilligung bedürfen und dass sie „nicht abgestimmte Demonstrationen im Terminal aus Gründen des reibungslosen Betriebsablaufes und der Sicherheit grundsätzlich nicht" dulde. Versammlungen in den Gebäuden des Flughafens werden in der Benutzungsordnung ausdrücklich für unzulässig erklärt.

K fühlt sich in ihrem Grundrecht aus Art. 8 GG verletzt. Zu Recht?

I. Grundrechtsbindung der Fraport AG

Grundrechte sind Abwehrrechte des Bürgers „gegen den Staat", nicht Abwehrrechte des Bürgers gegen den Privaten.

Das Demonstrationsverbot für das Gelände des Flughafens Frankfurt durch die Fraport AG und die dies bestätigenden Urteile könnte K daher nur dann in ihrem Grundrecht verletzen, wenn und soweit die zivilrechtlich zu bewertende Fraport AG an Grundrechte gebunden ist.

Zwischen Privaten gelten die Grundrechte nur mittelbar, sog. mittelbare Drittwirkung (vgl. AS-Skript „Grundrechte" (2011), S. 33 ff.)

1. Gemäß **Art. 1 Abs. 3 GG** binden die Grundrechte die Gesetzgebung, vollziehende Gewalt und Rechtsprechung als unmittelbar geltendes Recht. Der Begriff der „**vollziehenden Gewalt**" ist dabei weit zu verstehen. Erfasst werden neben den Behörden auch Beliehene und Verwaltungshelfer, aber auch öffentliche Unternehmen, die in privatrechtlicher Form von einem Hoheitsträger geführt werden.[15]

Damit wäre die Fraport AG jedenfalls dann an die Grundrechte gebunden, wenn der Staat zu 100 % Anteilseigner wäre.

15 BVerfG a.a.O., Rdnr. 48.

2. Fraglich ist jedoch, ob dies auch dann gilt, wenn an einem Unternehmen sowohl private als auch öffentliche Anteilseigner beteiligt sind (**gemischtwirtschaftliche Unternehmen**).

Ein gemischtwirtschaftliches Unternehmen unterliegt dann der unmittelbaren Grundrechtsbindung, wenn es von den öffentlichen Anteilseignern **beherrscht** wird. Dies ist in der Regel der Fall, wenn mehr als die Hälfte der Anteile im Eigentum der öffentlichen Hand stehen. Das Kriterium der Beherrschung mit seiner Anknüpfung an die eigentumsrechtlichen Mehrheitsverhältnisse stellt danach nicht auf konkrete Einwirkungsbefugnisse hinsichtlich der Geschäftsführung ab, sondern auf die Gesamtverantwortung für das jeweilige Unternehmen.[16]

Die Anteile an der Fraport AG stehen zu 52 % im Eigentum von Hoheitsträgern, sodass die private AG von öffentlichen Anteilseignern beherrscht wird. Danach ist die Fraport AG an die Grundrechte gebunden.

II. Verletzung des Art. 8 GG

Das durch die Fraport AG ausgesprochene Verbot, im Frankfurter Flughafen ohne Erlaubnis Versammlungen durchzuführen, könnte die K in ihrem Grundrecht der Versammlungsfreiheit aus Art. 8 Abs. 1 GG verletzen.

1. Dann müsste zunächst der **Schutzbereich des Art. 8 Abs. 1 GG betroffen** sein. Eine Versammlung ist eine örtliche Zusammenkunft mehrerer Personen zur gemeinschaftlichen, auf die Teilhabe an der öffentlichen Meinungsbildung gerichteten Erörterung oder Kundgebung.

Art. 8 Abs. 1 GG gewährleistet auch das Recht, selbst zu bestimmen, wann, wo und unter welchen Modalitäten eine Versammlung stattfinden soll. Als Abwehrrecht, das auch und vor allem andersdenkenden Minderheiten zugute kommt, gewährleistet das Grundrecht den Grundrechtsträgern so nicht nur die Freiheit, an einer öffentlichen Versammlung teilzunehmen oder ihr fern zu bleiben, sondern zugleich ein Selbstbestimmungsrecht über Ort, Zeitpunkt, Art und Inhalt der Veranstaltung.[17]

a) Das bedeutet jedoch nicht, dass eine Versammlung an jedem beliebigen Ort durchgeführt werden kann. So kann eine Versammlung nicht – gegen den Willen des Eigentümers – auf einem Privatgrundstück durchgeführt werden. Das Selbstbestimmungsrecht zur Durchführung einer Versammlung ist aber an Orten eröffnet, die **für die Öffentlichkeit allgemein zugänglich** sind.

b) Darunter fällt zunächst der öffentliche Straßenraum. Fraglich ist jedoch, ob dies auch für Orte gilt, an denen in ähnlicher Weise ein öffentlicher Verkehr eröffnet ist.

Wenn heute die Kommunikationsfunktion der öffentlichen Straßen, Wege und Plätze zunehmend durch weitere Foren, wie Einkaufszentren, Ladenpassagen oder sonstige Begegnungsstätten, ergänzt wird, kann die Versammlungsfreiheit für die Verkehrsflächen solcher Einrichtungen nicht ausgenommen werden, soweit eine unmittelbare Grundrechtsbindung

---

16 BVerfG a.a.O., Rdnr. 53, 54.

17 BVerfG a.a.O., Rdnr. 64.

besteht oder Private im Wege der mittelbaren Drittwirkung in Anspruch genommen werden können.[18]

Daher ist zu unterscheiden: im Abflugbereich hinter der Sicherheitsschleuse oder im Bereich der Gepäckausgabe gewährleistet Art. 8 GG keinen Schutz, in dem frei zugänglichen Bereich des Terminals (Ladenpassagen, Gastronomiebetriebe etc.) ist der Schutzbereich des Art. 8 GG eröffnet. Damit ist der Schutzbereich des Art. 8 Abs. 1 GG durch das Verbot der Versammlung im Terminal betroffen.

2. Es müsste auch ein **Eingriff** in den Schutzbereich gegeben sein. Durch das Verbot wird der K eine Versammlung im Terminal des Flughafens zielgerichtet (final), unmittelbar und imperativ durch eine rechtsförmige Handlung unmöglich gemacht. Ein Eingriff in den Schutzbereich ist daher zu bejahen.

3. Fraglich ist, ob der Eingriff in das Grundrecht der K **verfassungsrechtlich gerechtfertigt** ist.

Einfacher Gesetzesvorbehalt

a) Dann müsste eine Einschränkungsmöglichkeit (**Schranke**) bestehen. Gemäß Art. 8 Abs. 2 GG kann das Grundrecht für Versammlungen unter freiem Himmel **durch oder auf Grund eines Gesetzes** beschränkt werden.

aa) Die Fraport AG untersagt der K die Durchführung von Versammlungen in Gebäuden des Flughafens, also im Innern. Fraglich ist, ob diese Versammlungen solche **„unter freiem Himmel“** darstellen.

Versammlung „unter freiem Himmel“ bedeutet nicht „nicht überdacht“. Maßgeblich für die Abgrenzung ist, ob die Räumlichkeit für die Öffentlichkeit frei zugänglich ist. Versammlungen „unter freiem Himmel“ finden in der unmittelbaren Auseinandersetzung mit einer unbeteiligten Öffentlichkeit statt. Hier besteht im Aufeinandertreffen der Versammlungsteilnehmer mit Dritten ein höheres, weniger beherrschbares Gefahrenpotential als bei Versammlungen, bei denen eine Zutrittsbeschränkung besteht.

K möchte überwiegend im Flughafengebäude demonstrieren. Die Versammlungen sollen aber nicht in eigens für die Demonstration abgesperrten Bereichen stattfinden, zu denen die Öffentlichkeit keinen Zutritt hat, sondern vielmehr inmitten des allgemeinen Flughafenpublikums, mithin in der Öffentlichkeit. K führt daher Versammlungen „unter freiem Himmel“ durch, die gemäß Art. 8 Abs. 2 GG dem allgemeinen Gesetzesvorbehalt unterfallen.

bb) Der Gesetzesvorbehalt des Art. 8 Abs. 2 GG wird im vorliegenden Fall durch das **Hausrecht der Fraport AG, gestützt auf §§ 903, 1004 BGB**, umgesetzt.

b) Fraglich ist, ob der Eingriff durch das Demonstrationsverbot, welches auf die §§ 903, 1004 BGB gestützt wird, eine **verfassungsgemäße Konkretisierung** der Einschränkungsmöglichkeit darstellt. Dies ist der Fall, wenn die §§ 903, 1004 BGB verfassungsgemäß und die Einzelentscheidung ebenfalls verfassungsgemäß ist.

aa) Von der Verfassungsmäßigkeit der §§ 903, 1004 BGB ist auszugehen.

18 BVerfG a.a.O., Rdnr. 68.

bb) Es müsste auch das Demonstrationsverbot verfassungsgemäß, insbesondere **verhältnismäßig** sein.

(1) Für einen verhältnismäßigen Eingriff in die Versammlungsfreiheit bedarf es zunächst eines **legitimen Zwecks**. Für Versammlungen im Bereich eines Flughafens gehören dazu die Sicherheit und Funktionsfähigkeit des Betriebs des Flughafens. Angesichts der Komplexität und der heute im Flugverkehr bestehenden Vernetzung können im Falle der Störung des Betriebs an einem Großflughafen, wie dem Frankfurt/Main Airport, gewichtige Konsequenzen auch für andere Flughäfen ausgelöst werden. Daher können Maßnahmen, die der Sicherheit und Leichtigkeit der Betriebsabläufe sowie dem Schutz der Fluggäste, der Besucher oder der Einrichtungen des Flughafens dienen, folglich grundsätzlich auf das Hausrecht gestützt werden.

(2) Die Untersagung der Versammlungen ist **geeignet** und **erforderlich**. Problematisch könnte die **Angemessenheit** der Maßnahme sein.

In der Abwägung der widerstreitenden Interessen ist dabei zu berücksichtigen, dass Art. 8 GG als Kommunikationsgrundrecht **„schlechthin demokratiekonstituierend"** wirkt. Eine Einschränkung der Versammlungsfreiheit kann daher nur zum Schutze gleichwertiger, elementarer Rechtsgüter zulässig sein. Die Sicherheit und Funktionsfähigkeit des Flughafenbetriebs stellen ein solch elementares Schutzgut dar. Den Gefahren ist aber in erster Linie durch die Erteilung von Auflagen zu begegnen. Eine Untersagung der Versammlung kommt lediglich als ultima ratio, also als letztes Mittel, in Betracht.

Die Fraport AG untersagt durch ihre Flughafenbenutzungsordnung die Durchführung generell und macht alle Arten von Versammlungen in allen Teilen der Gebäude von einer Erlaubnis abhängig. Dabei sind Versammlungen in den öffentlich zugänglichen Ladenpassagen etc. ohne Gefährdung des Flughafenbetriebes möglich.

Insbesondere fehlt es für eine angemessene Regelung daran, dass die Untersagung voraussetzungslos ausgesprochen wird. Sie setzt nicht voraus, dass eine konkrete Gefahr für die Sicherheit des Betriebs abgewehrt werden soll. Ohne Konkretisierung und Einschränkung ist die generelle Möglichkeit, Versammlungen über das Hausrecht zu verbieten, unangemessen.

Das Verbot durch die Fraport AG ist somit unverhältnismäßig. Der Eingriff in Art. 8 GG ist nicht gerechtfertigt. Art. 8 Abs. 1 GG ist verletzt.

Fall 13: Art. 9 GG – Vereinigungsfreiheit
(nach BVerwG [21.07.1998 – 1 C 32.97] = BVerwGE 107, 169)

K ist Außenhandelskaufmann und als solcher Zwangsmitglied in der Industrie- und Handelskammer (IHK). Er hält die Vertretung durch die Kammer für völlig überholt, zumal die Mitglieder ganz unterschiedliche Interessen haben und vielfach in scharfer Konkurrenz zueinander stehen. Insbesondere fühlt er sich nicht ordnungsgemäß durch die Kammer repräsentiert, weil der Vorstand häufig mit Äußerungen an die Öffentlichkeit tritt, die K nicht teilt. Am meisten ärgert ihn, dass er auch noch Beiträge an die IHK leisten muss. K bittet um ein Gutachten zu folgender Frage:

Sind die §§ 2 und 3 IHK-G materiell verfassungsgemäß?

Die §§ 2 und 3 IHK-G könnten gegen die Grundrechte verstoßen.

***A.** Art. 12 Abs. 1 GG*

Ein Eingriff in den Schutzbereich des Art. 12 Abs. 1 S. 1 GG liegt nur bei Eingriffen mit berufsregelnder Tendenz vor. Die Zwangszugehörigkeit zu einer Kammer ist eine bloße Folge der Ausübung eines Berufes, sie dient aber nicht dazu, Wahl oder Ausübung des Berufes zu reglementieren. Demnach liegt kein Eingriff in das Grundrecht der Berufsfreiheit aus Art. 12 Abs. 1 GG vor.

In der Klausur müsste dies natürlich im normalen Aufbauschema dargestellt werden.

B. Art. 9 Abs. 1 GG

Die Zwangsmitgliedschaft in der IHK aus §§ 2, 3 IHK-G könnte jedoch gegen das Grundrecht der Vereinigungsfreiheit aus Art. 9 Abs. 1 GG verstoßen.

§ 2 Abs. 1 IHK-G: „Zur Industrie- und Handelskammer gehören, ..., natürliche Personen, Handelsgesellschaften, ..., welche im Bezirk der Industrie- und Handelskammer entweder eine gewerbliche Niederlassung oder eine Betriebsstätte oder eine Verkaufsstelle unterhalten (Kammerzugehörige)."
§ 3 Abs. 1 IHK-G: „Die Industrie- und Handelskammer ist Körperschaft des öffentlichen Rechts."

Dann müsste zunächst der Schutzbereich des Art. 9 Abs. 1 GG betroffen sein. Danach haben alle Deutschen das Recht, Vereine und Gesellschaften zu bilden. Mit dieser positiven Freiheit korrespondiert die **negative Freiheit**, also das Recht, Vereinigungen nicht beitreten zu müssen oder aus ihnen austreten zu können.

Fraglich ist, ob Art. 9 GG neben zivilrechtlichen Zwangsvereinigungen auch vor hier einschlägigen öffentlich-rechtlichen Zwangsverbänden schützt.

I. Nach der h.M. gilt Art. 9 Abs. 1 GG nur bzgl. privatrechtlicher Vereinigungen, nicht aber für öffentlich-rechtliche Zusammenschlüsse.

Die negative Vereinigungsfreiheit sei das Spiegelbild der positiven Vereinigungsfreiheit. Da es für den Einzelnen kein Grundrecht aus Art. 9 Abs. 1 GG auf Bildung von öffentlich-rechtlichen Verbänden gebe, könne es auch keinen Negativanspruch auf Freiheit von öffentlich-rechtlichen Zwangsverbänden geben.[19]

II. Nach anderer Ansicht gilt Art. 9 Abs. 1 GG auch für öffentlich-rechtliche Zusammenschlüsse.

Es treffe zwar zu, dass dem Einzelnen nicht das Recht zustehe, mit Anderen eine juristische Person des öffentlichen Rechts zu gründen, da die Handlungsform des öffentlichen Rechts als ein Sonderrecht des Staates dem Ein-

19 Vgl. BVerfGE 38, 281, 298; BVerfG DVBl. 1988, 1112.

zelnen entzogen sei. Dies rechtfertige aber nicht den Umkehrschluss, dass die negative Vereinigungsfreiheit nur vor privatrechtlichen Zwangsverbindungen schütze. Denn bei dem Schutz vor einer Pflichtmitgliedschaft in Zwangsvereinigungen des öffentlichen Rechts stehe nicht die unzulässige Inanspruchnahme öffentlich-rechtlicher Handlungsformen durch den Einzelnen in Rede.

III. Stellungnahme

Für die zunächst genannte Auffassung spricht, dass das umfassende System der Zwangsmitgliedschaften in öffentlich-rechtlichen Vereinigungen bereits zum Zeitpunkt des Inkrafttretens des GG vorhanden war. So gab es neben den Industrie- und Handelskammern bereits die Kammern für die freien Berufe, wie z.B. die Rechtsanwaltskammern. Vertreter der letztgenannten Auffassung haben dann aber Schwierigkeiten, die zahlreich geregelten Zwangsmitgliedschaften zu rechtfertigen. Art. 9 GG kennt neben dessen Abs. 2, der hier nicht eingreift, nur die immanenten Schranken. Teilweise wird daher die Schranke des Art. 2 GG entsprechend herangezogen oder von einem „Gemeinschaftsvorbehalt" gesprochen oder es werden die meisten Zwangsverbände für unzulässig gehalten.

Zu folgen ist daher der h.M., da der negative Schutzbereich nicht weitergehen darf als der positive Schutzbereich. Wenn man schon eine dem GG nicht zu entnehmende Schrankenkonstruktion aufbaut, ist es mit der h.M. angebrachter, sämtliche öffentlich-rechtlichen Vereinigungen und Zwangsverbände aus dem Schutzbereich des Art. 9 Abs. 1 GG auszuklammern.

Der Schutzbereich des Art. 9 Abs. 1 GG ist demzufolge nicht eröffnet.

C. *Art. 2 Abs. 1 GG*

In der Klausur müsste dies natürlich im normalen Aufbauschema dargestellt werden.

Durch die Zwangsmitgliedschaft wird aber in die allgemeine Handlungsfreiheit des Art. 2 Abs. 1 GG eingegriffen. Dieser ist aber verfassungsrechtlich gerechtfertigt, da die Regelung verhältnismäßig ist. Die öffentliche Wahrnehmung der Arbeitnehmerinteressen in wirtschaftlicher, sozialer und kultureller Hinsicht ist ein Allgemeininteresse, welches eine Zwangsmitgliedschaft in einer Kammer zumutbar erscheinen lässt. Die Grenze der Zulässigkeit ist allerdings dort erreicht, wo ein privatrechtlicher Verband mit freiwilliger Mitgliedschaft die Aufgaben ebenso erfüllen kann.[20]

Die §§ 2 und 3 IHK-G sind materiell verfassungsgemäß.

20 Vgl. BVerfGE 38, 281 (Arbeitnehmerkammern).

Fall 14: Art. 10 GG – Vorratsdatenspeicherung
(nach BVerfG, Urt. v. 02.03.2010 – 1 BvR 256/08 u.a. –)

§ 113a des Telekommunikationsgesetzes (TKG) sieht vor, dass Verkehrsdaten, die bei der Inanspruchnahme von Telekommunikationsdiensten entstehen, von den Anbietern der Dienste jeweils für sechs Monate zu speichern sind. Dies gilt für Telefondienste ebenso wie für Internetzugangsdienste und e-Mail-Dienste. Zu speichern sind etwa bei Telefongesprächen die Rufnummern des Anrufenden und des angerufenen Anschlusses sowie Beginn und Ende des Gesprächs. Die anlasslos auf Vorrat gespeicherten Daten dürfen von den Diensteanbietern an die zuständigen Behörden zur Strafverfolgung sowie an den Verfassungsschutz und den Bundesnachrichtendienst (§ 113b TKG) übermittelt werden. Für die Strafverfolgung gestattet den Zugriff auf die Vorratsdaten § 100g StPO.

Mehrere Bürger sehen sich durch die Vorratsdatenspeicherung in Art. 10 GG verletzt. Sie halten die anlasslose Speicherung aller Telekommunikationsverbindungen für unverhältnismäßig. Insbesondere machen sie geltend, dass sich aus den gespeicherten Daten Persönlichkeits- und Bewegungsprofile erstellen ließen. Ist Art. 10 GG verletzt?

Hinweis: *Das TKG ist formell verfassungsgemäß.*

I. Dann müsste zunächst der **Schutzbereich betroffen** sein. Das Fernmeldegeheimnis schützt den privaten und geschäftlichen **Fernmeldeverkehr** vor Eingriffen durch die öffentliche Gewalt. In diesen Schutzbereich fällt auch die Kommunikation mittels neuer Medien, wie SMS, Internet und emails. Geschützt werden dabei nicht nur der Inhalt der Kommunikation, sondern **auch die Vertraulichkeit der näheren Umstände des Kommunikationsvorganges**. Des Weiteren erstreckt sich der Schutz auf den Informations- und Datenverarbeitungsprozess, der sich an die Kenntnisnahme anschließt. Sowohl die Erfassung der Daten als auch ihre Speicherung, der Abgleich mit anderen Daten, die Auswertung und die Übermittlung an Dritte – wie es §§ 113a, b TKG und § 100g StPO vorsehen – betreffen damit den Schutzbereich des Fernmeldegeheimnisses aus Art. 10 Abs. 1 GG.

II. Es müsste auch ein **Eingriff** in den Schutzbereich gegeben sein. Ein Eingriff ist zumindest dann gegeben, wenn eine Beschränkung bzw. Verkürzung eines Freiheitsbereiches des Grundrechts **durch den Staat** erfolgt. Der Staat verpflichtet die (privaten) Diensteanbieter gemäß §§ 113a, b TKG, die Verkehrsdaten zu speichern und an die zuständigen Stellen weiterzugeben. Fraglich ist daher, ob der Eingriff noch dem Staat zugerechnet werden kann.

Die in § 113a TKG vorgeschriebene Speicherung erfolgt zwar nicht durch den Staat selbst, sondern durch private Diensteanbieter. Diese werden aber als Hilfspersonen für die Aufgabenerfüllung durch staatliche Behörden in Anspruch genommen. § 113a TKG verpflichtet die privaten Telekommunikationsunternehmen zur Datenspeicherung allein für die Aufgabenerfüllung durch staatliche Behörden zu Zwecken der Strafverfolgung, der Gefahrenabwehr und der Erfüllung nachrichtendienstlicher Aufgaben gemäß § 113b TKG. Dabei ordnet der Staat die mit der Speicherung verbundene Grundrechtsbeeinträchtigung unmittelbar an, ohne dass den speicherungspflichtigen Unternehmen insoweit ein Handlungsspielraum verbleibt.[21]

§ 113b TKG und § 100g StPO ermöglichen den zuständigen Behörden einen Zugriff und die Nutzung der durch den Eingriff in Art. 10 GG gewonnenen Daten aus § 113a TKG, sodass diese ebenfalls in Art. 10 GG eingreifen.

III. Der Eingriff in den Schutzbereich des Art. 10 GG könnte aber **verfassungsrechtlich gerechtfertigt** sein.

1. Die Rechte des Art. 10 GG stehen gemäß Art. 10 Abs. 2 S. 1 GG unter **Gesetzesvorbehalt**. Dieser Gesetzesvorbehalt wird durch § 113a, b TKG sowie § 100g StPO umgesetzt.

2. Der Eingriff ist verfassungsrechtlich nur gerechtfertigt, wenn die angegriffenen Vorschriften die Einschränkungsmöglichkeit in **verfassungsgemäßer Weise konkretisieren.**

a) Die Vorschriften sind formell verfassungsgemäß.

b) Die Vorschriften müssten auch **materiell verfassungsgemäß**, insbesondere **verhältnismäßig** sein.

aa) Der Gesetzgeber müsste mit den angegriffenen Vorschriften einen **legitimen Zweck** verfolgen. Zweck der anlasslosen Vorratsdatenspeicherung ist die Effektivierung der Strafverfolgung sowie der Gefahrenabwehr und der Aufgaben der Nachrichtendienste. Dies stellt einen verfassungsrechtlich legitimen Zweck dar.

bb) Die Vorratsdatenspeicherung müsste **geeignet** sein, dieses Ziel zu erreichen. Durch die anlasslose Speicherung der Daten werden in Anbetracht der Tatsache, dass heute die Telekommunikation eine immer größere Bedeutung für die Vorbereitung oder Durchführung von Straftaten erlangt, neue Aufklärungsmöglichkeiten geschaffen, die ohne die Speicherung der Daten nicht bestünden. Insofern wird die Zielerreichung zumindest gefördert.

cc) Daneben müssten die Vorschriften auch **erforderlich** sein. Eine Maßnahme ist erforderlich, wenn von mehreren gleich wirksamen Maßnahmen die den Bürger am wenigsten belastende ausgewählt wird („**mildestes Mittel**"). Als milderes Mittel käme eine Speicherung der Daten nur bei einem konkreten Tatverdacht in Betracht (sog. Quick-Freezing-Verfahren). Dabei würden jedoch Daten aus der Zeit vor der Anordnung der Speicherung nicht erfasst, sodass dieses Verfahren lückenhaft wäre und daher nicht gleich geeignet.

dd) Letztlich müsste die anlasslose Speicherung von Verkehrsdaten über sechs Monate auch **angemessen**, also verhältnismäßig im engeren Sinne sein. Eine Maßnahme ist unverhältnismäßig, wenn die Nachteile erkennbar außer Verhältnis zu dem erstrebten Erfolg führen.

Es handelt sich bei einer solchen anlasslosen Speicherung um einen **besonders schweren Eingriff** mit einer erheblichen Streubreite. Erfasst werden über den gesamten Zeitraum von sechs Monaten praktisch sämtliche

---

21 BVerfG a.a.O., Rdnr. 193.

Telekommunikationsverkehrsdaten aller Bürger ohne Anknüpfung an ein zurechenbar vorwerfbares Verhalten.[22] Zwar werden nicht die Inhalte der Kommunikation gespeichert. Aber auch aus den Verkehrsdaten lassen sich vielfältige Rückschlüsse auf gesellschaftliche und persönliche Aktivitäten ziehen. Auch ermöglichen die Daten, Bewegungsprofile von praktisch jeder beliebigen Person zu erstellen. Ein besonderes Gewicht bekommt die Speicherung der Telekommunikationsdaten weiterhin dadurch, dass sie selbst und die vorgesehene Verwendung der gespeicherten Daten von den Betroffenen unmittelbar nicht bemerkt werden, zugleich aber Verbindungen erfassen, die unter Vertraulichkeitserwartungen aufgenommen werden. Hierdurch ist die anlasslose Speicherung von Telekommunikationsverkehrsdaten geeignet, **ein diffus bedrohliches Gefühl des Beobachtetseins**[23] hervorzurufen, das eine unbefangene Wahrnehmung der Grundrechte in vielen Bereichen beeinträchtigen kann.

Um diesen besonders schwerwiegenden Eingriff in die Grundrechte der Bürger zu rechtfertigen, bedarf es bestimmter Anforderungen an die Datensicherheit, den Umfang der Datenverwendung, der Transparenz und des Rechtsschutzes. Es müssen gesetzliche Regelungen **normenklar** ein hohes Maß an Sicherheit verbindlich vorgeben, eine Verwendung der Daten kommt **nur für überragend wichtige Aufgaben** des Rechtsgüterschutzes in Betracht, der Gesetzgeber muss **wirksame Transparenzregeln** schaffen, wonach gerade im Bereich der Strafverfolgung eine heimliche Verwendung der Daten nur in Betracht kommt, wenn sie im Einzelfall erforderlich ist und eine Übermittlung und Verwendung grundsätzlich unter **Richtervorbehalt** gestellt werden.

Insbesondere die Regelung des § 100g Abs. 1 S. 1 Nr. 2 StPO, wonach jede mittels Telekommunikation begangene Straftat, **unabhängig** von deren Schwere, Auslöser für eine Datenabfrage sein kann, führt dazu, dass die Daten nahezu für alle Straftatbestände nutzbar werden. Daneben lässt § 100g StPO einen Datenabruf **ohne richterliche Anordnung** und grundsätzlich auch ohne Wissen des Betroffenen zu. Es fehlt demnach an geeigneten Transparenzregeln. Zudem ist der verfassungsrechtlich geforderte Rechtsschutz bereits durch das Verfahren (Richtervorbehalt) nicht gewährleistet. Damit sind die Vorschriften des TKG nicht verhältnismäßig. Art. 10 GG ist verletzt.

---

22 BVerfG a.a.O., Rdnr. 210.
23 BVerfG a.a.O., Rdnr. 212.

Fall 15: Art. 12 GG – Beruf
(nach BVerfG NJW 1993, 1575)

N ist Notar. Er ist 69 Jahre alt und wird im nächsten Monat siebzig. Nun muss er durch einen Blick in die BNotO feststellen, dass gemäß §§ 47 Nr. 1, 48a BNotO das Amt des Notars kraft Gesetzes mit Erreichen der Altersgrenze (Vollendung des 70. Lebensjahres) erlischt. Er meint, dies sei mit Art. 12 Abs. 1 GG nicht zu vereinbaren.

Hat er Recht?

Anmerkung: *Evtl. Rückwirkungsprobleme sind nicht zu erörtern.*

I. *Schutzbereich betroffen: Beruf (+)*

II. *Eingriff (+)*

III. *Verfassungsrechtliche Rechtfertigung*

1. Einschränkungsmöglichkeit (Schranke)

Nach Art. 12 Abs. 1 S. 2 GG kann die Berufsausübung durch Gesetz oder aufgrund eines Gesetzes geregelt werden. Dem Wortlaut nach besteht nur hinsichtlich der Berufsausübung ein Regelungsvorbehalt. Da sich Berufsausübung und -wahl aber nicht immer trennen lassen, geht man von einem einheitlichen Grundrecht der Berufsfreiheit aus, welches sowohl durch Berufsausübungs- als auch durch -wahlregelungen eingeschränkt werden kann.[24]

Die Altersgrenze für Notare ist in der BNotO, einem Bundesgesetz, geregelt.

2. Fraglich ist, ob der Eingriff durch die §§ 47 Nr. 1, 48a BNotO eine verfassungsgemäße Konkretisierung der Einschränkungsmöglichkeit ist. Dann müssten diese formell und materiell verfassungsgemäß sein.

a) *Formelle Verfassungsmäßigkeit des § 48a BNotO (+)*

b) Materielle Verfassungsmäßigkeit des § 48a BNotO

§ 48a BNotO müsste zudem auch im Lichte des Art. 12 GG materiell verfassungsgemäß, also insbesondere verhältnismäßig sein. Der Grundsatz der Verhältnismäßigkeit wird dabei im Bereich des Art. 12 GG durch die **3-Stufen-Theorie** systematisiert.

aa) Feststellung der Eingriffsstufe

Bei der Einführung einer Altersgrenze könnte es sich um eine Berufswahlregelung durch eine objektive Zulassungsvoraussetzung handeln, da der Berufstätige keinen subjektiven Einfluss auf das fortschreitende Alter hat.

3-Stufen Theorie: Systematisierung des Grundsatzes der Verhältnismäßigkeit in Art. 12 GG

Nach heute einhelliger Meinung wird aber die Einführung einer Altersgrenze als eine subjektive Zulassungsvoraussetzung für die Wahl eines Berufs angesehen. Dies wird damit begründet, dass das Alter eben von der Person des Berufstätigen abhängt.

24 BVerfGE 7, 377 (Apothekenurteil).

Durch die Altersgrenze wird die Berufsausübung auch völlig beendet, sodass auch keine Berufsausübungsregelung (1. Stufe) gegeben ist. Die Beendigung der vollständigen Ausübung des Berufs stellt demzufolge eine Berufswahlregelung der zweiten Stufe i.S.d. 3-Stufen-Theorie dar.

1. Stufe: Berufsausübungsregelungen zum Schutze der Gemeinschaftsgüter

bb) Verhältnismäßigkeit der Stufenwahl und der konkreten Beschränkung

2. Stufe: Berufswahl, subjektive Zulassungsvoraussetzungen zum Schutze wichtiger Gemeinschaftsgüter

3. Stufe: Berufswahl, objektive Zulassungsvoraussetzungen zum Schutze überragend wichtiger Gemeinschaftsgüter

Subjektive Zulassungsvoraussetzungen sind nur zulässig, soweit durch sie „wichtige Gemeinschaftsgüter" geschützt werden sollen. Das Ziel der Einführung einer Altersgrenze besteht darin, im Interesse funktionstüchtiger Rechtspflege eine geordnete Altersstruktur innerhalb des Notarberufes zu erreichen. Den Rechtssuchenden sollen Notare unterschiedlichen Lebensalters zur Verfügung stehen. Die Nichteinführung einer Altersgrenze würde zu einer Überalterung der Notariate führen und zu einer späteren Aufnahme der Neu-Notare in einem höheren Lebensalter, sodass deren Berufserfahrung bis zum Ende ihrer Tätigkeit geringer wäre.

Das Mittel, welches der Gesetzgeber gewählt hat, ist die Einführung einer Altersgrenze, die zwingend dazu führt, dass Notarstellen nicht nur durch Tod oder Aufgabe frei werden, sondern durch das Erreichen der Altersgrenze.

Fraglich ist, ob die Wahl der Eingriffsstufe und die Regelung als solche verhältnismäßig sind.

Die Einführung einer Altersgrenze ist geeignet, um eine Überalterung der Notariate zu verhindern.

Ein milderes Mittel, welches den angestrebten Zweck gleich wirksam erreichen könnte, ist nicht ersichtlich. Bei insgesamt rückläufigen Beurkundungsvorgängen reicht die Zahl der neu zu schaffenden Notarstellen zusammen mit den aus sonstigen Gründen frei werdenden Notariaten nicht aus, um eine entsprechende Fluktuation zu gewährleisten. Als schonendere Maßnahme käme allenfalls die Einführung einer Höchstaltersgrenze für die erst künftig zu bestellenden Notare in Betracht. Dadurch wäre aber eine Verbesserung der Altersstruktur nicht in absehbarer Zeit erreichbar. Gleiches gilt für die Einführung einer flexiblen Altersgrenze oder die Schaffung von Ausnahmeregelungen, die an die Leistungsfähigkeit des betroffenen Notars bei Vollendung seines 70. Lebensjahres anknüpfen. Sie könnten das gesetzgeberische Ziel nicht mit gleicher Effizienz erreichen, weil sie nur mit großer Verzögerung wirksam würden. Die Einführung einer Altersgrenze ist mithin auch erforderlich.

Des Weiteren muss die Einführung einer Altersgrenze auch angemessen sein.

Die Notare, die erst nach Inkrafttreten des Gesetzes zum Notar bestellt werden, können bei ihrer Entscheidung zur Übernahme einer Notarstelle die zeitliche Befristung ihrer Tätigkeit berücksichtigen und ihre Lebens- und Berufsplanung darauf ausrichten.

Schwerer wiegt dagegen die Einführung einer Altersgrenze – wie hier – für die bereits bestellten Notare, die im Vertrauen auf die bisherige Regelung ihrer Lebens- und Berufsplanung die Möglichkeit einer zeitlich unbeschränkten Führung notarieller Amtsgeschäfte zugrunde legen konnten. Diese müssen ihre Planung für das Alter umstellen. Innerhalb der ihnen verbleibenden Amtszeit müssen sie die Voraussetzung für die Sicherung eines angemessenen Lebensstandards nach Vollendung des 70. Lebensjahres schaffen.

Diesem Nachteil steht jedoch ein Gemeinwohlbelang von erheblichem Gewicht gegenüber.

„Denn diese, eine geordnete Altersstruktur innerhalb des Notarberufs bezweckende Regelung dient der Funktionsfähigkeit der vorsorgenden Rechtspflege und damit einem besonders wichtigen Gemeinschaftsgut, weil ohne sie dadurch, dass die Zulassungspraxis Bedürftigkeitsgesichtspunkten Rechnung tragen muss und so jüngere Berufsbewerber nur im Rahmen freiwerdender Notariatsstellen Berücksichtigung finden können, dem Rechtssuchenden im zunehmenden Maße nur noch lebensältere Notare zur Verfügung stünden, deren Berufserfahrung wegen ihrer späteren Zulassung geringer wäre."[25]

Die Einführung der Altersgrenze ist daher auch unter Berücksichtigung der Anwendung auf vorhandene Notare angemessen. Der Eingriff in den Schutzbereich ist verfassungsrechtlich gerechtfertigt. Art. 12 GG ist nicht verletzt.

25 BVerfG NJW 1993, 1575.

Fall 16: Art. 12 GG – Beruf
(nach BVerfG vom 19.07.2000 – 1 BvR 539/96)

Zum Schutz der öffentlichen Sicherheit und Ordnung regelte das Gesetz über die Zulassung öffentlicher Spielbanken vom 14.07.1933, dass mit Erlaubnis der zuständigen Behörden öffentliche und private Spielbanken in bestimmten Kur- und Badeorten zugelassen werden konnten. Wer ohne Erlaubnis öffentlich Glücksspiele veranstaltet, wird nach § 284 StGB bestraft.

Auf dieser Grundlage hat im Bundesland Baden-Württemberg die Spielbank S eine auf 10 Jahre befristete Genehmigung erhalten.

Inzwischen hat das Land ein neues Spielbankengesetz (LSpBG) verabschiedet. Es sieht vor, dass Spielbanken künftig nur noch von Unternehmen betrieben werden dürfen, deren Anteile sämtlich vom Land gehalten werden. S hält die Neuregelung für verfassungswidrig. Der angestrebte Schutz der Bevölkerung vor Ausnutzung der Spielleidenschaft sowie die Abführung der Gewinne für soziale Zwecke würden sich ebenso wirkungsvoll erreichen lassen durch einen „Verkauf" von Konzessionen an Privatunternehmen in Verbindung mit deren wirksamer Überwachung. So greife aber die Regelung in unzulässiger Weise in das Grundrecht aus Art. 12 GG ein. Ist Art. 12 GG verletzt?

I. *Schutzbereich betroffen*

Dann müsste zunächst der Schutzbereich des Art. 12 Abs. 1 GG betroffen sein. Art. 12 Abs. 1 GG garantiert das Recht, Beruf, Arbeitsplatz und Ausbildungsstätte frei zu wählen. Daneben gewährleistet Art. 12 Abs. 1 S. 2 GG die freie Berufsausübung. Seit dem Apothekenurteil des BVerfG wird das Grundrecht allgemein als einheitliches Grundrecht der Berufsfreiheit verstanden.[26]

Beruf ist jede auf Dauer angelegte, der Schaffung und Erhaltung der Lebensgrundlage dienende Betätigung. Der Betrieb der Spielbank durch S ist auf Dauer angelegt und dient der Schaffung und Erhaltung der Lebensgrundlage.

Beruf ist jede auf Dauer angelegte, der Schaffung und Erhaltung der Lebensgrundlage dienende Betätigung.

Fraglich ist jedoch, wie sich der Umstand auswirkt, dass das öffentliche Veranstalten von Glücksspielen einen Straftatbestand darstellt. Teilweise wird angenommen, dass nur erlaubte Tätigkeiten in den Schutzbereich des Art. 12 GG einbezogen werden. Dies würde aber dazu führen, dass der Gesetzgeber durch einfach-gesetzliche Verbotsnormen über den Schutzbereich der Berufsfreiheit disponieren könnte. Aus diesem Grunde wird überwiegend angenommen, dass nur schlechthin gemeinschädliche Betätigungen (z.B. Berufsverbrecher) nicht unter den Berufsbegriff fallen. Damit ist der Schutzbereich der Berufsfreiheit betroffen.

II. *Eingriff durch das Gesetz (+)*

III. *Verfassungsrechtliche Rechtfertigung*

---

26 BVerfGE 7, 377.

1. *Einschränkungsmöglichkeit (Schranke): Regelungsvorbehalt, Art. 12 Abs. 1 S. 2 GG (+)*

2. *Fraglich ist, ob der Eingriff durch das LSpBG eine verfassungsgemäße Konkretisierung der Einschränkungsmöglichkeit darstellt.*

Dann müsste das LSpBG formell und materiell verfassungsgemäß sein.

a) *Formelle Verfassungsmäßigkeit des LSpBG (+)*

b) *Materielle Verfassungsmäßigkeit*

Verhältnismäßigkeit nach der 3-Stufen-Theorie

aa) *Eingriff auf 3. Stufe (staatliches Monopol = objektive Zulassungsvoraussetzung)*

bb) *Ziel: überragend wichtiges Gemeinschaftsgut*

cc) *Unverhältnismäßig, da*

nicht erforderlich. Statt der absoluten Zugangssperre für Unternehmen in privater Trägerschaft hätte es andere Mittel gegeben, die zur Zielerreichung gleichermaßen geeignet gewesen wären. Denkbar wären etwa eine Erhöhung der Abgabe oder auch eine Versteigerung der Konzessionen als geringer belastende Maßnahmen, um das Angebot zu verknappen.

Und nicht angemessen, weil sie Private ausschließt, obwohl sie seit Jahren der Tätigkeit ohne Beanstandungen nachgehen.

Damit ist Art. 12 GG verletzt.

Fall 17: Art. 13 GG – Wohnung

S betreibt eine Spielhalle in der Stadt M. In unregelmäßigen Abständen erhält er während der Öffnungszeiten Besuch von Beamten der zuständigen Behörde.

Bei dieser sog. „Nachschau" (§ 29 Abs. 2 GewO) überzeugen sich die Beamten vom ordnungsgemäßen Zustand der Räumlichkeiten, des Aufenthaltsraumes für die Angestellten und der sonstigen Nebenräume (Toiletten, Keller). Das kleine Büro des S wird nicht untersucht.

Nachdem S von einem befreundeten Rechtsanwalt erfahren hat, dass § 29 Abs. 2 GewO gegen Art. 13 GG verstößt, bittet S um Erstellung eines diese Frage klärenden Rechtsgutachtens.

Anmerkung: *Von der formellen Verfassungsmäßigkeit des § 29 GewO ist auszugehen.*

Fraglich ist, ob § 29 Abs. 2 GewO gegen Art. 13 GG verstößt.

Dann müsste zunächst der Schutzbereich des Art. 13 GG betroffen sein.

I. Schutzbereich betroffen

Nach Art. 13 Abs. 1 GG ist die Wohnung unverletzlich. Als Wohnung wird jeder Raum angesehen, den der einzelne der allgemeinen Zugänglichkeit entzieht und zum Ort seines Lebens und Wirkens bestimmt. Wegen des engen Zusammenhangs mit dem Grundrecht auf freie Entfaltung der Persönlichkeit gemäß Art. 2 Abs. 1 GG soll Art. 13 GG eine „räumliche Privatsphäre" schützen.

§ 29 Abs. 2 GewO erlaubt die Nachschau in den Geschäftsräumen des Gewerbetreibenden. Diese Geschäftsräume sind aber gerade dazu bestimmt, für die Allgemeinheit zugänglich zu sein. Aus diesem Grunde ist fraglich, ob auch die Betriebs- und Geschäftsräume in den Schutzbereich des Art. 13 GG fallen. Dies ist streitig.

1. Nach h.M. ist das einschränkungslos zu bejahen, denn allein der Umstand, dass die Räume der Öffentlichkeit zugänglich sind, bedeutet nicht, dass sie in jeder Hinsicht auch für Hoheitsträger frei und beliebig zugänglich wären, da der Inhaber Maß und Grenzen der Zugänglichkeit seiner Räume bestimmt. Außerdem erfasse ein möglicher Grundrechtsverzicht auch nicht behördliche Nachschaurechte. Nach dieser Ansicht ist der Schutzbereich des Art. 13 GG betroffen.

2. Nach der Gegenmeinung unterfallen Betriebs- und Geschäftsräume wegen ihrer geringen Schutzbedürftigkeit generell nicht dem eng auszulegenden Art. 13 Abs. 1 GG, sondern nur dem Schutzbereich von Art. 2 Abs. 1 GG. Danach ist nicht der Schutzbereich des Art. 13 Abs. 1 GG, sondern der Schutzbereich des Art. 2 Abs. 1 GG eröffnet.

3. Nach einer differenzierenden Auffassung soll der Schutzbereich von Art. 13 Abs. 1 GG nur für die der Öffentlichkeit nicht zugänglichen Betriebs- oder Geschäftsräume gelten, und im Übrigen Art. 2 Abs. 1 GG. Nach dieser Auffassung gilt der Schutzbereich von Art. 13 Abs. 1 GG nicht für den Schankraum und die Toiletten, wohl aber für die übrigen Räume des S.

§ 29 Abs. 2 GewO lautet: „Die Beauftragten sind befugt, zum Zwecke der Überwachung Grundstücke und Geschäftsräume des Betroffenen während der üblichen Geschäftszeiten zu betreten, dort Prüfungen und Besichtigungen vorzunehmen, sich die geschäftlichen Unterlagen vorlegen zu lassen und in diese Einsicht zu nehmen. … Das Grundrecht der Unverletzlichkeit der Wohnung (Art. 13 GG) wird insoweit eingeschränkt."

4. Stellungnahme:

Für die zunächst genannte Auffassung spricht, dass die Grundrechte zwecks intensiveren Schutzes im Zweifel weit auszulegen sind. Außerdem ist in § 29 Abs. 2 S. 3 GewO ausdrücklich und ohne Einschränkungen in sachlicher oder zeitlicher Hinsicht Art. 13 GG zitiert. Dies spricht dafür, dass auch der Gesetzgeber davon ausgeht, dass durch die Nachschau in den Schutzbereich des Art. 13 Abs. 1 GG eingegriffen wird und daher Betriebs- und Geschäftsräume in den Schutzbereich fallen.

Nach alledem ist der h.M. zu folgen. Der Schutzbereich des Art. 13 Abs. 1 GG ist durch § 29 Abs. 2 GewO betroffen.

***II.** Eingriff in den Schutzbereich (+), durch das Gesetz*

III. Verfassungsrechtliche Rechtfertigung

Der Eingriff in den Schutzbereich von Art. 13 Abs. 1 GG ist gerechtfertigt, wenn die Norm der GewO eine verfassungsmäßige Konkretisierung der Grundrechtsschranken von Art. 13 Abs. 1 GG ist. Dabei richtet sich die Rechtfertigung je nach der Art des Eingriffs nach Art. 13 Abs. 2, 3, 4, 5 oder 7 GG.

1. Art. 13 Abs. 2 GG

Art. 13 Abs. 2 GG enthält für Durchsuchungen einen qualifizierten Gesetzesvorbehalt. Eine Durchsuchung setzt neben dem Betreten der Wohnung eine Suchhandlung voraus, um Personen oder Sachen zu finden oder einen bestimmten Sachverhalt zu erforschen. Die Nachschau stellt keine Durchsuchung i.S.d. Vorschrift dar. Die Rechtfertigung richtet sich demnach nicht nach Art. 13 Abs. 2 GG.

2. Art. 13 Abs. 7 GG

Art. 13 Abs. 7 GG ist der Auffangtatbestand für sonstige Eingriffe. Dabei enthält Art. 13 Abs. 7, 1. Halbs. GG eine verfassungsunmittelbare Schranke, während Art. 13 Abs. 7, 2. Halbs. GG einen qualifizierten Gesetzesvorbehalt regelt.

Nach dem qualifizierten Gesetzesvorbehalt ist für einen Eingriff ein förmliches Gesetz erforderlich, das der Verhütung dringender Gefahren für die öffentliche Sicherheit oder Ordnung dient. Eine Nachschau gemäß § 29 Abs. 2 GewO wird regelmäßig nicht aufgrund der dort vorausgesetzten konkreten Gefahren vorgenommen, sondern auch dann, wenn keine konkreten Anhaltspunkte für rechtswidriges Handeln bestehen, nämlich zu Routinekontrollen, die die Voraussetzungen des Art. 13 Abs. 7 GG nicht erfüllen. Aus diesem Grunde greift auch nicht die Rechtfertigungsmöglichkeit des Art. 13 Abs. 7 GG durch.

3. Ungeschriebene Rechtfertigungsmöglichkeit

Da die ausdrücklichen Schranken von Art. 13 GG durch § 29 Abs. 2 GewO nicht konkretisiert werden, könnte man zum Ergebnis gelangen, dass die Vorschrift verfassungswidrig ist.

Nach überwiegender Auffassung ist dieses Ergebnis aber unbefriedigend, da man sich im Ergebnis einig darüber ist, dass solche Betretungsrechte verfassungsgemäß sein sollen.

Während aus diesem Grunde teilweise der Schutzbereich des Art. 13 GG einengend ausgelegt wird, haben Betriebs- und Geschäftsräume nach der überwiegenden Auffassung während der normalen Betriebs- bzw. Geschäftszeiten nicht dieselbe Schutzbedürftigkeit wie private Wohnräume i.e.S. Folglich seien Eingriffe in den Schutzbereich von Art. 13 Abs. 1 GG auch nicht an den strengen Anforderungen von Art. 13 Abs. 7 GG zu messen („sonstige Eingriffe" i.S.v. Art. 13 Abs. 7 GG), sondern an den folgenden (erleichterten) Voraussetzungen.

a) Eine besondere gesetzliche Vorschrift muss zur Betretung ermächtigen. Dies geschieht vorliegend durch die besondere Vorschrift des § 29 Abs. 2 GewO.

b) Die Vorschrift muss formell verfassungsgemäß sein. Davon ist nach dem Bearbeitervermerk auszugehen.

c) Das Gesetz muss den Zweck des Betretens sowie Umfang und Gegenstand der Prüfung deutlich erkennen lassen. Gemäß § 29 Abs. 2 GewO dürfen die Beauftragten die Räumlichkeiten aus Überwachungszwecken betreten, Prüfungen und Besichtigungen vornehmen. Damit ist der Zweck bestimmt.

d) Die Betretung darf nur zu den üblichen Betriebs- und Geschäftszeiten, während der allgemeine Publikumsverkehr eröffnet ist, stattfinden. Dies wird in § 29 Abs. 2 GewO ausdrücklich geregelt, sodass auch diese Voraussetzung eingehalten ist.

Nach h.M. greift § 29 Abs. 2 GewO verfassungsgemäß in den Schutzbereich von Art. 13 Abs. 1 GG ein, sodass durch § 29 Abs. 2 GewO der Art. 13 GG nicht verletzt ist.

Fall 18: Art. 14 GG – Eigentum
(nach BVerfGE 58, 137 [Pflichtexemplar])

Das hessische Landespressegesetz bestimmte in § 9, dass Verleger von jedem Druckwerk ohne Unterschied ein Belegstück unentgeltlich an eine staatliche Bibliothek abliefern mussten. Die Pflicht zur unentgeltlichen Ablieferung galt somit auch für mit großem Aufwand und in kleiner Auflage hergestellte, teuere Druckwerke. Ein Verleger aus Offenbach verlegte bibliophile Bücher in geringen Auflagen sowie Original-Graphiken, z.B. ein Werk mit einer Auflage von 70 Stück zu einem Einzelpreis von 650 DM. Er hielt die sich aus § 9 des Landespressegesetzes ergebende unentgeltliche Pflichtabgabe als nicht mit Art. 14 GG vereinbar. Zu Recht?

I. *Schutzbereich betroffen (+)*

II. Eingriff

Ein Eingriff in den Schutzbereich liegt vor, wenn das Eigentum oder die Nutzungsmöglichkeiten des Eigentums beschränkt werden. Dabei ist zwischen einem Eingriff durch Enteignung (Art. 14 Abs. 3 GG) und einem Eingriff durch eine Inhalts- und Schankenbestimmung (ISB, Art. 14 Abs. 1 S. 2, Abs. 2 GG) zu unterscheiden.

Seit dem sog. „Nassauskiesungsbeschluss" des BVerfG werden diese rein formal abgegrenzt.[27] Danach ist eine Enteignung jede zielgerichtete (finale) Entziehung einer konkreten eigentumsrechtlichen Position durch Gesetz (Legislativenteignung) oder behördlichen Vollzugsakt (Administrativenteignung) zur Inanspruchnahme für öffentliche Zwecke. Eine ISB legt dagegen abstrakt-generell die Rechte und Pflichten bezüglich des Eigentums fest.

Obwohl die Ablieferungspflicht auf ein einzelnes Belegstück gerichtet ist, enthält die Vorschrift keine Ermächtigung für die Exekutive, durch Einzelakt auf ein bestimmtes, von ihr benötigtes Vermögensobjekt zuzugreifen, sondern begründet in genereller und abstrakter Weise eine Naturalleistungspflicht in der Form einer Abgabe. Sie trifft diejenigen, die – in aller Regel in Ausübung eines Berufs – als Verleger Eigentum herstellen und in den Verkehr bringen und ruht auf der Gesamtheit der zu einer Auflage gehörenden und im Eigentum des Verlegers stehenden Druckstücke als eine Art abstrakte Abgabepflicht. Die Intention des Gesetzgebers ist demnach nicht auf die Entziehung eines konkreten Eigentumsrechtes, sondern auf die Festlegung abstrakt-genereller Pflichten gerichtet.

Es handelt sich um einen Eingriff durch eine Inhalts- und Schrankenbestimmung.

III. *Verfassungsrechtliche Rechtfertigung*

1. *Einschränkungsmöglichkeit (Schranke): Art. 14 Abs. 1 S. 2 GG, durch Gesetze (+)*

2. *Fraglich ist, ob der Eingriff durch das Landspressegesetz eine verfassungsgemäße Konkretisierung der Einschränkungsmöglichkeit darstellt.*

---

27 BVerfGE 58, 300.

Dann muss das Landespressegesetz formell und materiell verfassungsgemäß sein.

***a)** Formelle Verfassungsmäßigkeit (+)*

b) Materielle Verfassungsmäßigkeit

Das Landespressegesetz müsste daneben auch materiell verfassungsgemäß sein. Fraglich ist, ob gegen den Grundsatz der Verhältnismäßigkeit verstoßen wurde. Dabei ist allerdings zu beachten, dass gemäß Art. 14 Abs. 2 GG das Eigentum verpflichtet und zugleich dem Wohle der Allgemeinheit dient (sog. Sozialpflichtigkeit des Eigentums).

aa) Es müsste zunächst ein legitimer Zweck verfolgt werden. Zweck des Pressegesetzes ist, dass insbesondere für die „Nachwelt" ein Exemplar erhalten bleibt. Dies ist ein legitimer Zweck.

bb) Das Gesetz muss im Hinblick auf diesen Zweck geeignet sein. Eine Maßnahme ist geeignet, wenn sie die Zielerreichung zumindest fördert. Die Ablieferung stellt sicher, dass von jedem Druckerzeugnis ein Exemplar archiviert werden kann. Die Maßnahme ist somit geeignet.

cc) Daneben muss das Mittel erforderlich sein. Erforderlich ist eine Maßnahme, wenn es keine gleich geeigneten, milderen Mittel gibt. Denkbar wäre, dass die Verlage nicht Originale, sondern lediglich Kopien abgeben würden. Dies wäre allerdings für die meisten Verlage wesentlich umständlicher als die Hergabe eines Originals. Damit ist § 9 Landespressegesetz auch erforderlich.

dd) Des Weiteren muss das Gesetz angemessen sein. Dies ist zu verneinen, wenn der bezweckte Vorteil erkennbar außer Verhältnis zu den eintretenden Nachteilen stünde. Während die Regelung zur Abgabe eines Pflichtexemplars für Verlage, die große Auflagen herstellen, nur einen geringen Nachteil darstellt, führt diese für Verlage, die sehr teure Bücher in Kleinauflagen herstellen, zu einer gravierenden Vermögenseinbuße. Art. 14 Abs. 2 GG vermag nicht zu rechtfertigen, dass der Verleger eine solche Belastung im Interesse der Allgemeinheit tragen muss. Erst durch seine private Initiative und Risikobereitschaft wird es möglich, künstlerisch, wissenschaftlich und literarisch exklusives Schaffen – wenn auch zu einem hohen Preis – der Öffentlichkeit zu erschließen.

Dem Verleger zusätzlich noch die erheblich überdurchschnittlichen Herstellungskosten für ein Pflichtexemplar aufzubürden, widerspricht dem verfassungsrechtlichen Gebot, die Belange des betroffenen Eigentümers mit denen der Allgemeinheit in einen gerechten Ausgleich zu bringen und einseitige Belastungen zu vermeiden. Hieraus ergibt sich, dass bei wertvollen Druckwerken mit niedriger Auflage eine kostenlose Pflichtablieferung die Grenzen verhältnismäßiger und noch zumutbarer inhaltlicher Festlegung des Verlegereigentums überschreitet. Aus diesem Grunde ist die Abgabepflicht insoweit nicht von der Sozialbindung gedeckt und unverhältnismäßig.

Anmerkung: Aus diesem Grunde enthalten heute alle Pressegesetze der Länder eine Regelung, nach der ab einer bestimmten Höhe der Herstellungskosten eine Geldentschädigung an den Verleger zu leisten ist, sog. **ausgleichspflichtige ISB**.

Der Eingriff in den Schutzbereich des Art. 14 GG ist mithin verfassungsrechtlich nicht gerechtfertigt. Art. 14 Abs. 1 GG ist verletzt.

Fall 19: Art. 14 GG – Eigentum

Unternehmer U erwirbt für 200.000 € mehrere Grundstücke, die – romantisch gelegen – in die noch völlig unberührte Wald- und Wiesenlandschaft „Ruhrweiher" am Rande eines kleinen Sees in Nordrhein-Westfalen eingebettet sind. U möchte dort ein exklusives Naturhotel errichten. Geplant ist insbesondere, dass „gut betuchte" Gäste in dem Hotel einen Entspannungs- und Wellnessurlaub verbringen können. Noch bevor U seine Pläne verwirklichen kann, stellt die Landesregierung durch eine formell rechtmäßige Verordnung das ganze Gebiet unter Naturschutz.

Nach der VO ist es insbesondere verboten, das Gebiet außerhalb der Straßen und Wege zu betreten, zu zelten, in dem See zu baden oder diesen sonst zu nutzen. U meint, er sei in seinem Eigentumsgrundrecht verletzt, da er seine Grundstücke nunmehr nicht wie geplant nutzen könne.

Ist der U in seinem Grundrecht aus Art. 14 GG verletzt?

Durch die Naturschutz-VO könnte U in seinem Eigentumsgrundrecht aus Art. 14 Abs. 1 GG verletzt sein.

Dann müsste zunächst ein Eingriff in den Schutzbereich des Art. 14 Abs. 1 GG gegeben sein.

I. Schutzbereich betroffen

Art. 14 Abs. 1 GG gewährleistet das Eigentum und das Erbrecht. Eigentum i.S.d. Art. 14 GG sind alle (privaten) vermögenswerten Positionen, die vom Gesetzgeber zu einem bestimmten Zeitpunkt gewährt werden. Dazu zählt insbesondere das Sacheigentum nach dem BGB, aber auch andere vermögenswerte Rechte, wie der Besitz, Forderungen oder Urheberrechte. Dabei ist durch Art. 14 GG nicht nur das Innehaben der Rechtsposition geschützt, sondern auch die Nutzungsmöglichkeit. Die Naturschutz-VO betrifft den U in der Nutzung seines Sacheigentums an seinen Grundstücken.

Der Schutzbereich ist damit betroffen.

II. Eingriff

Ein Eingriff in den Schutzbereich liegt vor, wenn das Eigentum oder die Nutzungsmöglichkeiten des Eigentums beschränkt werden. Dabei ist zwischen einem Eingriff durch Enteignung (Art. 14 Abs. 3 GG) und einem Eingriff durch eine Inhalts- und Schankenbestimmung (ISB, Art. 14 Abs. 1 S. 2, Abs. 2 GG) zu unterscheiden.

Während früher die Abgrenzung nach der Schwere des Eingriffs vorgenommen wurde, bestimmt sich die Abgrenzung seit dem sog. „Nassauskiesungsbeschluss" des BVerfG rein formal.[28] Danach ist eine Enteignung jede zielgerichtete (finale) Entziehung einer konkreten eigentumsrechtlichen Position durch Gesetz (Legislativenteignung) oder behördlichen Vollzugsakt (Administrativenteignung) zur Inanspruchnahme für öffentliche Zwecke. Eine ISB legt dagegen abstrakt-generell die Rechte und Pflichten bezüglich des Eigentums fest.

---

28 BVerfGE 58, 300.

Fraglich ist, ob die Naturschutz-VO einen Eingriff i.S. einer Enteignung gemäß Art. 14 Abs. 3 GG darstellt. Dann müssten dem U konkrete eigentumsrechtliche Positionen zielgerichtet entzogen werden. Durch eine solche VO beabsichtigt der Gesetzgeber, die natürlichen Lebensgrundlagen zu schützen. Es geht dem Gesetzgeber nicht darum, einen bestimmten Eigentümer aus einer bestimmten Position zu verdrängen. Zwar hängt der Wert eines Grundstückes immer auch von der Lage, Beschaffenheit und der Nutzungsmöglichkeit ab. Die Intention des Gesetzgebers ist aber darauf gerichtet, unabhängig vom jeweiligen Eigentümer in diesem Bereich Naturschutz zu betreiben. Dadurch werden in abstrakt-genereller Weise die Inhalte des Grundeigentums in diesem Gebiet näher konkretisiert. Dem U wird aber nicht sein Eigentum konkret entzogen. Demzufolge handelt es sich um einen Eingriff durch Inhalts- und Schrankenbestimmung.

***III.** Verfassungsrechtliche Rechtfertigung*

***1.** Einschränkungsmöglichkeit (Schranke): Art. 14 Abs. 1 S. 2 GG, durch Gesetze = auch Gesetze im materiellen Sinne (Rechtsverordnung)*

***2.** Fraglich ist, ob der Eingriff durch die Naturschutz-VO eine verfassungsgemäße Konkretisierung der Einschränkungsmöglichkeit darstellt.*

Dann muss die Naturschutz-VO sowohl formell als auch materiell verfassungsgemäß sein.

***a)** Formelle Verfassungsmäßigkeit (+)*

b) Materielle Verfassungsmäßigkeit

Die Naturschutz-VO müsste daneben auch materiell verfassungsgemäß sein. Fraglich ist, ob gegen den Grundsatz der Verhältnismäßigkeit verstoßen wurde. Dabei ist allerdings zu beachten, dass gemäß Art. 14 Abs. 2 GG das Eigentum verpflichtet und zugleich dem Wohle der Allgemeinheit dient (sog. Sozialpflichtigkeit des Eigentums).

aa) Die Landesregierung muss zunächst einen legitimen Zweck verfolgen. Zweck der Naturschutz-VO ist der Schutz der natürlichen Lebensgrundlagen. Dieser Schutz ist mittlerweile durch Art. 20 a GG als Staatszielbestimmung in das GG aufgenommen worden und stellt demnach einen legitimen Zweck dar.

bb) Die VO muss im Hinblick auf diesen Zweck geeignet sein. Eine Maßnahme ist geeignet, wenn sie die Zielerreichung zumindest fördert. Wenn das gesamte Gebiet unter Naturschutz gestellt wird, ein Betreten außerhalb der Straßen und Wege sowie Zelten etc. nicht mehr erlaubt sind, wird dadurch die Natur geschützt. Die Maßnahme ist somit geeignet.

cc) Daneben muss das Mittel erforderlich sein. Erforderlich ist eine Maßnahme, wenn es keine gleich geeigneten, milderen Mittel gibt. Die Natur wird besonders durch die Nutzung beeinträchtigt. Aus diesem Grunde ist ein anderes geeignetes Mittel als ein Verbot nicht erkennbar. Damit ist die VO auch erforderlich.

dd) Des Weiteren muss die VO angemessen sein. Auf der einen Seite ist dabei zu berücksichtigen, dass die Grundstücke – wie hier von U – mit erheblichem wirtschaftlichem Aufwand angeschafft wurden. Dies resultiert wohl vorrangig aus der geplanten Nutzung des Grundstücks. Andererseits stellt die Wald- und Wiesenlandschaft ein besonders schutzwürdiges Stück Natur dar. Der Naturschutz ist mittlerweile sogar durch Art. 20 a GG im GG verankert. Zwar hatte U bereits konkrete Planungen betrieben; diese widersprechen aber gerade der durch die Eigenart der näheren Umgebung nahe liegenden Nutzung als Naturpark. Etwas anderes könnte sich allenfalls dann ergeben, wenn der U das Naturhotel bereits gebaut hätte und damit Gesichtspunkte des Bestandsschutzes eine Rolle spielen würden. Damit ist die Naturschutz-VO auch angemessen.

Die ISB ist daher verhältnismäßig. Die VO ist auch materiell verfassungsgemäß. Der Eingriff in den Schutzbereich des Art. 14 GG ist verfassungsrechtlich gerechtfertigt.

Art. 14 Abs. 1 GG ist nicht verletzt.

Fall 20: Art. 11, 2 Abs. 1, 3 Abs. 1 GG

Nachdem der Bundesminister für Verkehr bei einem sonntäglichen Ausflug wieder einmal von einem älteren Verkehrsteilnehmer auf einer Bundesstraße bis auf 70 km/h „heruntergebremst" wurde, überzeugt er seine Kabinettskollegen davon, ein neues Gesetz auf den Weg zu bringen.

Daraufhin beschließt der Bund formell ordnungsgemäß ein neues „Gesetz zur Regelung einer Altersgrenze für Autofahrer (AgfAG)". Das Gesetz sieht vor, dass die Fahrerlaubnis der Klassen B und C1 (Klasse 3 a.F.) mit dem Tage der Vollendung des 75. Lebensjahres automatisch erlischt; der Fahrerlaubnisinhaber muss der Fahrerlaubnisbehörde den Führerschein unverzüglich zur Korrektur vorlegen. Das Gesetz wird damit begründet, dass mit zunehmendem Alter die körperliche Leistungsfähigkeit (Reaktionen, Sehkraft etc.) abnehme und dadurch vermehrt Gefahren im Straßenverkehr auftreten.

Der 74 jährige Rentner F fährt seit über 40 Jahren unfallfrei und ist völlig empört. Er sieht sich in unzulässiger Weise in seiner freien Entfaltung der Persönlichkeit und seiner Bewegungsfreiheit beschränkt. Zum einen wären ältere Verkehrsteilnehmer statistisch gesehen nicht häufiger in Unfälle verwickelt als junge, zumindest bezogen auf schwere Unfälle. Zum anderen hätte der Gesetzgeber auch weniger einschneidende Maßnahmen wählen können, wie z.B. Gesundheitschecks. Außerdem sei es nicht einsichtig, warum das Gesetz nur für die Fahrerlaubnis der Klassen B und C1, nicht aber für die Klasse A (Klasse 1 a.F.) gelte. Dies stelle einen offensichtlichen Verstoß gegen den Gleichbehandlungsgrundsatz dar.

Zwei Monate nach Inkrafttreten des Gesetzes erhebt der F eine Verfassungsbeschwerde gegen das Gesetz, mit der er geltend macht, in seinen Grundrechten aus Art. 2, 3 und 11 GG verletzt zu sein. Hat die zulässige Verfassungsbeschwerde Erfolg?

Anmerkung: *Würde der F auch nach Vollendung des 75. Lebensjahres mit seinem Kfz fahren, würde er sich gemäß § 21 StVG strafbar machen.*

Die Verfassungsbeschwerde ist begründet, wenn der F durch das Gesetz in einem seiner Grundrechte oder grundrechtsgleichen Rechte verletzt ist.

I. Verletzung des Art. 11 GG

Zum Prüfungsaufbau: Geprüft wird in der Reihenfolge „Freiheitsrechte vor Gleichheitsrechten". Dabei werden innerhalb dieser die speziellen (sachnäheren) vor den allgemeinen geprüft.

Es müsste zunächst der Schutzbereich des Art. 11 GG betroffen sein. Unter Freizügigkeit versteht man die Freiheit, an jedem Ort innerhalb des Bundesgebietes Aufenthalt und Wohnsitz zu nehmen. Dabei umfasst die Freizügigkeit zwar auch die Möglichkeit, den Weg zwischen dem alten und dem neuen Aufenthaltsort zurück zu legen, nicht jedoch ein bestimmtes Mittel zur Fortbewegung. Durch die Beschränkung der Modalitäten der Fortbewegung durch das AgfAG kann F seinen Wohnsitz bzw. Aufenthaltsort weiterhin frei wählen, sodass der Schutzbereich des Art. 11 GG nicht tangiert ist.

II. *Verletzung des Art. 2 Abs. 2 S. 2 GG (–)*

III. *Verletzung des Art. 2 Abs. 1 GG*

1. *Schutzbereich betroffen (+)*

2. *Eingriff (+)*

3. *Verfassungsrechtliche Rechtfertigung*

a) *Einschränkungsmöglichkeit (Schranke):*

verfassungsmäßige Ordnung = AgfAG = Gesetz

b) Die Einschränkung des Grundrechtes durch das AgfAG stellt aber nur dann einen verfassungsrechtlich gerechtfertigten Eingriff in das Grundrecht dar, wenn es die Einschränkungsmöglichkeit verfassungsmäßig konkretisiert. Dies ist der Fall, wenn das Gesetz formell und materiell verfassungsgemäß ist.

aa) Formelle Verfassungsmäßigkeit (+)

bb) Materielle Verfassungsmäßigkeit

Es müsste darüber hinaus auch materiell verfassungsgemäß sein. Hierfür müsste das AgfAG insbesondere verhältnismäßig sein.

(1) Durch die Altersgrenze für Fahrerlaubnisse sollen Sicherheitsrisiken im Straßenverkehr vermieden werden. Dies stellt einen legitimen Zweck dar.

(2) Fraglich ist, ob die Altersgrenze geeignet ist, um diesen Zweck zu erreichen. Eine Maßnahme ist geeignet, wenn sie die Zielerreichung zumindest fördert. F führt dazu an, statistisch gesehen wären ältere Autofahrer nicht häufiger in Unfälle verwickelt als jüngere, zumindest bezogen auf die schweren Unfälle. Allerdings steht dem Staat bezogen auf die Auswahl der Mittel eine Einschätzungsprärogative zu. Die Einschätzung des Staates, dass die körperliche Leistungsfähigkeit mit zunehmendem Alter abnimmt, ist zumindest nicht grundlegend falsch. Dass Maßnahmen evtl. auch bei Führerschein-Neulingen wünschenswert wären, ist für die Geeignetheit der Maßnahme unerheblich. Daher ist das AgfAG geeignet.

(3) Eine Maßnahme ist erforderlich, wenn es keine gleich geeigneten, milderen Mittel gibt. Als milderes Mittel käme z.B. eine stärkere Aufklärung infrage. Dabei dürfte es sich aber nicht um ein gleich geeignetes Mittel handeln. Gleich geeignet dürften hingegen regelmäßige Gesundheitschecks ab einem bestimmten Alter sein. Dabei könnten die zeitlichen Abstände der ärztlichen Untersuchungen mit zunehmendem Alter abnehmen. Dadurch wäre ebenfalls sichergestellt, dass fahruntaugliche Personen nicht mehr am Straßenverkehr teilnehmen dürften, während ältere, noch fahrtüchtige Personen auch weiterhin die Möglichkeit hätten, aktiv am Straßenverkehr teilzunehmen und mobil zu bleiben. Diese Maßnahme ist weit weniger einschneidend als der automatische Entzug der Fahrerlaubnis; damit ist das AgfAG nicht erforderlich. Das AgfAG verstößt gegen den Grundsatz der Verhältnismäßigkeit. Der Eingriff in den Schutzbereich des Art. 2 Abs. 1 GG ist verfassungsrechtlich nicht gerechtfertigt. Das AgfAG ist somit verfassungswidrig.

IV. Verletzung des Art. 3 Abs. 1 GG

Durch das AgfAG könnte daneben auch das Grundrecht aus Art. 3 Abs. 1 GG verletzt sein. Dies setzt eine ohne sachlichen Grund erfolgende Ungleichbehandlung voraus.

1. Ungleichbehandlung von wesentlich gleichen Sachverhalten

Dann müsste zunächst etwas wesentlich Gleiches ungleich behandelt werden. Während nach dem AgfAG die Fahrerlaubnis der Klassen B und C1 (Auto) automatisch mit Erreichen der Altersgrenze erlischt, gilt dies nicht für die Fahrerlaubnis der Klasse A (Motorrad). Diese beiden Klassen sind, bezogen auf die Sicherheitsrisiken im Straßenverkehr, wesentlich vergleichbar. Eine Ungleichbehandlung in diesem Sinne liegt vor.

2. Sachliche Rechtfertigung

Eine Ungleichbehandlung stellt nach der sog. „Willkür-Formel" des BVerfG dann keine Verletzung des Grundrechtes aus Art. 3 Abs. 1 GG dar, wenn ein sachlicher Grund gegeben ist. Ein sachlicher Grund für eine Differenzierung ist jedoch nicht ersichtlich. Vielmehr ist das Führen von Motorrädern in hohem Alter eher noch kritischer zu beurteilen als das Führen eines Pkw. Damit verletzt das AgfAG auch Art. 3 Abs. 1 GG und ist auch aus diesem Grunde verfassungswidrig.

Nach alledem ist die Verfassungsbeschwerde begründet und hat Erfolg.

Fall 21: Art. 6, 11, 13, 14 GG
(nach BVerfG, Beschl. v. 22.02.2002 – 1 BvR 300/02)

Das PolG des Landes N enthält u.a. folgende, **formell verfassungsgemäße** Vorschriften:

„§ 34a (Wohnungsverweisung und Rückkehrverbot zum Schutz vor häuslicher Gewalt):

Die Polizei kann eine Person zur Abwehr einer von ihr ausgehenden gegenwärtigen Gefahr für Leib, Leben oder Freiheit einer anderen Person aus einer Wohnung, in der die gefährdete Person wohnt, sowie aus deren unmittelbarer Umgebung verweisen und ihr die Rückkehr in diesen Bereich untersagen. Der räumliche Bereich, auf den sich Wohnungsverweisung und Rückkehrverbot beziehen, ist nach dem Erfordernis eines wirkungsvollen Schutzes der gefährdeten Person zu bestimmen und genau zu bezeichnen. In besonders begründeten Einzelfällen können die Maßnahmen nach S. 1 auf Wohn- und Nebenräume beschränkt werden.

...

Abs. 5: Wohnungsverweisung und Rückkehrverbot enden außer in den Fällen des Satzes 2 mit Ablauf des zehnten Tages nach ihrer Anordnung, soweit nicht die Polizei im Einzelfall ausnahmsweise eine kürzere Geltungsdauer festlegt. ...

§ 7 (Einschränkung von Grundrechten): Durch dieses Gesetz werden die Grundrechte auf Leben und körperliche Unversehrtheit (Art. 2 Abs. 2 S. 1 GG), Freiheit der Person (Art. 2 Abs. 2 GG), Freizügigkeit (Art. 11 GG) und Unverletzlichkeit der Wohnung (Art. 13 GG) eingeschränkt."

Der gewalttätige Ehemann und Familienvater M, der bereits mehrfach auffällig geworden ist, befürchtet Maßnahmen gemäß § 34a PolG. Er meint, die Vorschrift sei nicht mit seinen Grundrechten vereinbar, insbesondere nicht mit Art. 6 und Art. 14 GG.

Hat er Recht?

Fraglich ist die Vereinbarkeit von § 34a PolG mit Grundrechten.

Zum Prüfungsaufbau: Geprüft wird in der Reihenfolge „Freiheitsrechte vor Gleichheitsrechten". Dabei werden innerhalb dieser die speziellen (sachnäheren) vor den allgemeinen geprüft.

A. Vereinbarkeit mit Art. 11 GG

I. Schutzbereich betroffen

Freizügigkeit bedeutet, ungehindert durch staatliche Gewalt an jedem Ort innerhalb des Bundesgebietes Aufenthalt oder Wohnsitz nehmen zu können. Dabei bedeutet „Wohnsitz nehmen" die ständige Niederlassung an einem Ort mit dem Willen, den Ort auf Dauer zum Mittelpunkt des Lebens zu machen. Geschützt wird nicht nur die Begründung eines Wohnsitzes, sondern auch die fortdauernde ununterbrochene Nutzung.

§ 34a PolG lässt unter bestimmten Voraussetzungen eine bis zu 10-tägige Wohnungsverweisung und ein entsprechendes Rückkehrverbot zu, sodass der Schutzbereich von Art. 11 GG durch diese Norm betroffen ist.

II. Eingriff (+)

III. Verfassungsrechtliche Rechtfertigung

1. Einschränkungsmöglichkeit (Schranke) (+), Gesetzesvorbehalt, Art. 11 Abs. 2 GG

2. Der Eingriff in den Schutzbereich von Art. 11 GG ist dann verfassungsrechtlich gerechtfertigt, wenn § 34a PolG eine verfassungsmäßige Konkretisierung des Gesetzesvorbehaltes in Art. 11 Abs. 2 GG ist. Dann müsste § 34a PolG formell und materiell verfassungsgemäß sein.

a) Formelle Verfassungsmäßigkeit (+)

b) Materielle Verfassungsmäßigkeit

aa) Anforderung des qualifizierten Gesetzesvorbehaltes aus Art. 11 Abs. 2 GG erfüllt?

Nach Art. 11 Abs. 2, letzter Fall GG darf das Grundrecht auf Freizügigkeit u.a. nur für die Fälle eingeschränkt werden, in denen es zur Vorbeugung strafbarer Handlungen erforderlich ist. Gemäß § 34a Abs. 1 S. 1 PolG sind Maßnahmen nach dieser Norm nur zulässig zur Abwehr einer gegenwärtigen Gefahr für Leib, Leben oder Freiheit der zu schützenden Person oder einer anderen Person aus der Wohnung. Damit dient diese Norm der Vorbeugung der Begehung von Straftaten gemäß §§ 212, 223, 239 StGB, sodass die Anforderung des qualifizierten Gesetzesvorbehaltes (Kriminalvorbehalt) erfüllt sind.

bb) Auch das Zitiergebot gemäß Art. 19 Abs. 1 S. 2 GG ist durch § 7 PolG gewahrt.

Beachte: Das Zitiergebot gilt nur für Art. 2 Abs. 2, 8, 10, 11 und 13 GG.

cc) § 34a PolG müsste auch verhältnismäßig sein unter Abwägung des öffentlichen Zwecks einerseits und des betroffenen Grundrechts aus Art. 11 GG andererseits.

(1) Legitimer Zweck

§ 34a PolG bezweckt, Opfern häuslicher Gewalt einen verbesserten Schutz vor Gewalttätigkeiten zu bieten, der den häufig erst mit zeitlicher Verzögerung erreichbaren zivilrechtlichen Rechtsschutz flankieren soll. Die Bestimmung dient damit dem Schutz der Grundrechte des Opfers auf Leben, körperliche Unversehrtheit und persönliche Freiheit aus Art. 2 Abs. 2 GG. Dies stellt einen legitimen Zweck dar.

(2) Geeignetheit

Eine Maßnahme ist geeignet, wenn sie die Zielerreichung zumindest fördert. Wenn eine gewalttätige Person aus der Wohnung verwiesen und ihr die Rückkehr verboten wird, kann sie, soweit die Maßnahme eingehalten wird, die gefährdete Person nicht mehr beeinträchtigen. Insofern wird der Zweck zumindest gefördert.

(3) Erforderlichkeit

Eine Maßnahme ist erforderlich, wenn es keine gleich geeigneten, milderen Mittel gibt. In den Fällen, in denen konkret eine häusliche Gewalt droht, ist es erforderlich, dass sich der Gewalttäter „abkühlt". Eine endgültige Klärung ist durch diese Maßnahme zwar nicht möglich. Sie flankiert jedoch die – insbesondere zivilrechtlichen – anderen Möglichkeiten der gefährdeten Person. § 34a PolG ist auch erforderlich.

(4) Angemessenheit

Des Weiteren muss § 34a PolG auch angemessen sein, d.h., dass die mit § 34a PolG verfolgten Ziele nicht erkennbar außer Verhältnis stehen dürfen zu den Nachteilen der Betroffenen. Eine Wohnungsverweisung ist nur unter den normierten Voraussetzungen zulässig. Die Polizei kann eine Person demnach nur zur Abwehr einer von ihr ausgehenden gegenwärtigen Gefahr für Leib, Leben oder Freiheit einer anderen Person aus einer Wohnung verweisen und ihr die Rückkehr in diesen Bereich untersagen. Dabei ist der räumliche Bereich, auf den sich Wohnungsverweisung und Rückkehrverbot beziehen, nach dem Erfordernis eines wirkungsvollen Schutzes der gefährdeten Person zu bestimmen und genau zu bezeichnen. Zudem ist durch § 34a Abs. 5 PolG eine zeitliche Beschränkung auf 10 Tage vorgesehen. Die Ausgestaltung der Vorschrift im Einzelnen, namentlich die normierten Eingriffsvoraussetzungen und die zeitliche Beschränkung der ermöglichten behördlichen Anordnungen, ist folglich darauf angelegt, einen verhältnismäßigen Ausgleich der berührten Grundrechtssphären zu erzielen. § 34a PolG ist auch angemessen und folglich verhältnismäßig.

Art. 11 GG ist durch diese Norm nicht verletzt.

B. Vereinbarkeit mit Art. 13 GG

I. Schutzbereich betroffen

Art. 13 Abs. 1 GG gewährleistet das Recht, in der Wohnung ungestört und unbeobachtet zu tun und zu lassen, was einem beliebt. Dabei ist „Wohnung" jeder Raum, den der Einzelne der allgemeinen Zugänglichkeit entzieht und zum Ort seines Lebens und Wirkens bestimmt.

Fraglich und umstritten ist, ob Art. 13 GG neben dem Schutz der Privatsphäre innerhalb der Wohnung auch die Nutzung als solche schützt.

1. Nach einer Auffassung gelten Wohnungsverweisungen als nutzungsentziehende Eingriffe primär dem Eigentum bzw. dem Mitbesitz an der Wohnung, sodass ausschließlich Art. 14 GG betroffen ist und nicht Art. 13 GG.[29]

2. Nach h.M. liegt im Entzug des Besitzrechts an einer Wohnung dann ein Eingriff, wenn zugleich die Privatheit der Wohnung angegriffen wird.[30] Nach dieser Auffassung ist durch die Wohnungsverweisung für die Dauer von bis zu 10 Tagen der Schutzbereich von Art. 13 Abs. 1 GG betroffen, weil den Normadressaten der bisherige räumliche Rückzugs- und Entfaltungsraum vorübergehend vollständig genommen wird.

3. Stellungnahme

Für die h.M. spricht insbesondere, dass Grundrechte im Zweifel weit zugunsten des Bürgers auszulegen sind und dass der Schutz des Art. 13 GG wegen der engeren Schranken im Einzelfall weitergehen kann als der Schutz von Art. 14 Abs. 1 GG mit seinem einfachen Gesetzesvorbehalt. Damit betrifft eine Wohnungsverweisung gemäß § 34a PolG den Schutzbereich von Art. 13 Abs. 1 GG.

II. Eingriff (+)

---

29 So etwa Pieroth/Schlink/Kniesel, § 16 Rdnr. 7; Pieroth/Schlink, StaatsR II, Rdnr. 949 f.

30 So etwa BVerfGE 89, 1, 12.

III. Verfassungsrechtliche Rechtfertigung

1. Einschränkungsmöglichkeit (Schranke) = Gesetzesvorbehalt, Art. 13 Abs. 7, 2. Halbs. GG

2. § 34a PolG müsste eine verfassungsgemäße Konkretisierung des qualifizierten Gesetzesvorbehaltes des Art. 13 Abs. 7, 2. Halbs. GG sein.

a) Anforderung des qualifizierten Gesetzesvorbehaltes aus Art. 13 Abs. 7, 2. Halbs. GG (+)

b) Beachtung der Schranken-Schranken (+), s.o. zu Art. 11 GG

§ 34a PolG verstößt nicht gegen Art. 13 GG.

C. Vereinbarkeit mit Art. 14 GG

I. Schutzbereich betroffen

Eigentum i.S.v. Art. 14 GG ist die ausschließliche Zuordnung einer vermögenswerten Position durch das einfache Recht zu einem bestimmten Zeitpunkt. Dazu gehört auch die ungestörte Ausübung des Besitz- oder Nutzungsrechtes durch den Eigentümer bzw. Mieter einer Wohnung.

§ 34a PolG sieht unter bestimmten Voraussetzungen eine Wohnungsverweisung bis zu 10 Tagen vor, sodass der Schutzbereich von Art. 14 GG betroffen ist.

II. Eingriff in den Schutzbereich

Eingriffe in den Schutzbereich von Art. 14 GG können Inhalts- und Schrankenbestimmungen gemäß Art. 14 Abs. 1 GG oder Enteignungen i.S.v. Art. 14 Abs. 3 GG sein. Eine Inhalts- und Schrankenbestimmung i.S.v. Art. 14 Abs. 1 GG liegt u.a. dann vor, wenn keine Enteignung i.S.v. Art. 14 Abs. 3 GG gegeben ist.

Enteignung ist jede final-konkret-individuelle Entziehung eigentumsrechtlicher Positionen durch Verwaltungsakt oder Gesetz zur Inanspruchnahme für öffentliche Zwecke. Diese Rechtsfolgen werden durch § 34a PolG und die dadurch mögliche befristete Wohnungsverweisung nicht bewirkt, weil insbesondere für den Zeitraum der Wohnungsverweisung die Wohnung nicht für öffentliche Zwecke in Anspruch genommen wird und weil die Eigentumsbeeinträchtigung zur Verhinderung von Straftaten ein typischer Fall der Sozialbindung des Eigentums i.S.v. Art. 14 Abs. 1, Abs. 2 GG ist.

§ 34a PolG ermöglicht einen Eingriff in den Schutzbereich von Art. 14 GG in Form der Inhalts- und Schrankenbestimmung gemäß Art. 14 Abs. 1 GG.

III. *Verfassungsrechtliche Rechtfertigung (+), s.o.*

§ 34a PolG verstößt nicht gegen Art. 14 GG

D. Vereinbarkeit mit Art. 6 GG

I. Schutzbereich betroffen

Gemäß Art. 6 Abs. 1 GG stehen Ehe und Familie unter dem besonderen Schutz der staatlichen Ordnung. Dabei enthält diese Norm nicht nur entsprechend dem Wortlaut eine objektive Schutzpflicht des Staates, sondern auch ein Grundrecht als subjektives Abwehrrecht gegen rechtswidrige staatliche Beeinträchtigungen.

Ehe i.S.v. Art. 6 Abs. 1 GG ist die Vereinigung eines Mannes und einer Frau zu einer auf Dauer angelegten Lebensgemeinschaft; „Familie" ist die umfassende Gemeinschaft der Eltern mit ihren Kindern. Geschützt werden neben dem ehelichen Zusammenleben auch das Zusammenleben der Eltern mit ihren Kindern.

Adressaten und mögliche Adressaten der Wohnungsverweisung gemäß § 34a PolG sind zu einem nicht unerheblichen Teil Ehemänner und auch Familienväter. Da die Wohnungsverweisung das Recht auf eheliches Zusammenleben bzw. auf Zusammenleben mit den Kindern zumindest zeitweilig unterbrechen kann, ist der Schutzbereich von Art. 6 Abs. 1 GG betroffen.

II. Eingriff in Schutzbereich

Ein Eingriff in den Schutzbereich von Art. 6 Abs. 1 GG liegt immer dann vor, wenn staatliche Maßnahmen Ehe und Familie beeinträchtigen. Da § 34a PolG eine solche Beeinträchtigung ermöglicht, liegt ein Eingriff in den Schutzbereich von Art. 6 Abs. 1 GG vor.

III. Verfassungsrechtliche Rechtfertigung

1. Einschränkungsmöglichkeiten (Schranken)

Nach dem Wortlaut ist Art. 6 Abs. 1 GG nicht einschränkbar. Es gelten demnach die verfassungsimmanenten Schranken, also Grundrechte Dritter und andere Werte von Verfassungsrang. § 34a PolG schützt Leben, körperliche Unversehrtheit und Freiheit der gefährdeten Personen und damit Grundrechte Dritter.

2. Schranken-Schranken (+) s.o., insbesondere Verhältnismäßigkeit

§ 34a PolG ist auch mit Art. 6 Abs. 1 GG vereinbar.

E. Art. 2 Abs. 1 GG tritt im Wege der Konkurrenz hinter den speziellen Freiheitsrechten zurück.

§ 34a PolG ist mit den Grundrechten vereinbar.

2. Gleichheitsgrundrechte

Aufbauschema zu Gleichheitsgrundrechten

A. Besondere Gleichheitssätze, z.B. Art. 3 Abs. 3 GG

I. Ungleichbehandlung der normierten Sachverhalte (z.B. wegen des Geschlechts)

II. Sachliche Rechtfertigung

1. Zulässiges Differenzierungsziel

2. Zulässiges Differenzierungskriterium

3. Grundsatz der Verhältnismäßigkeit

a) Geeignetheit

b) Erforderlichkeit

c) Angemessenheit

B. Allgemeiner Gleichheitssatz, Art. 3 Abs. 1 GG

I. Ungleichbehandlung von wesentlich gleichen Sachverhalten

1. Vergleichspaarbildung

2. Ungleichbehandlung

II. Sachliche Rechtfertigung

Sachlicher Grund vorhanden („Willkür-Formel")

Anmerkung: Wann die Rechtfertigung nach der „Neuen Formel" und wann nach der „Willkür-Formel" geprüft wird, ist umstritten. Teilweise werden auch beide Formeln miteinander verknüpft („Vereinheitlichende Gesamtformel")

In Klausuren sollten Sie im allgemeinen Gleichheitssatz nach der „Willkür-Formel" und in besonderen Gleichheitssätzen nach der „Neuen Formel" prüfen. Möglich ist es auch, zunächst immer nach der „Willkür-Formel" zu fragen, ob überhaupt ein sachlicher Grund vorhanden ist. Wenn schon **kein** sachlicher Grund erkennbar ist, ist der Gleichheitssatz jedenfalls verletzt. In einem zweiten Schritt kann dann nach der „Neuen Formel" geprüft werden, ob der sachliche Grund verhältnismäßig ist. Wenn dies der Fall ist, kommt es auf eine Streitentscheidung nicht an. Dann ist die Ungleichbehandlung jedenfalls gerechtfertigt.

Fall 22: Art. 3 Abs. 1 GG
(nach VG Bremen, Az. 6 V 1583/06 vom 16.08.2006, und OVG Hamburg, Az. 3 Bs 61/05 vom 27.10.2005)

Nach vielfachen Diskussionen über die Einführung von Studiengebühren hat sich auch das Land B, ein Stadtstaat, dazu entschieden, solche für ein Studium an der Hochschule in B zu erheben. Daher erlässt das Land B formell ordnungsgemäß ein neues Studienkontengesetz.

Dabei wird gemäß §§ 2, 3 Studienkontengesetz die Höhe des einem Studierenden gewährten Studienguthabens davon abhängig gemacht, ob der Betroffene seinen Wohnsitz innerhalb oder außerhalb des Landes B hat. Bei mehreren Wohnungen ist der Hauptwohnsitz maßgeblich. Während Studierende mit Wohnsitz in B (sog. „Landeskinder") bis zum 14. Fachsemester von der Gebührenpflicht ausgenommen werden, werden Studierende mit einem Wohnsitz außerhalb des Landes B bereits ab dem 3. Fachsemester zu Studiengebühren herangezogen. Diese belaufen sich dann auf 500 € pro Semester.

Jurastudent J möchte im kommenden Semester sein Studium der Rechtswissenschaften an der Universität B aufnehmen. Er wohnt bei seinen Eltern in einer Kleinstadt „vor den Toren" von B. Er meint, die §§ 2, 3 Studienkontengesetz verstießen gegen Art. 3 GG. Das Land B wolle nur erreichen, dass möglichst viele Studierende ihren Wohnsitz nach B verlagern. Dies stelle keinen hinreichenden Grund für eine Ungleichbehandlung dar.

Das Land B ist der Auffassung, nur durch eine Wohnsitznahme wäre ein zügiges und effizientes Studium gewährleistet. Daher wäre die Regelung gerechtfertigt.

Ist durch die Regelungen des Studienkontengesetzes der Art. 3 GG verletzt?

Es könnte eine Verletzung des allgemeinen Gleichheitssatzes, Art. 3 Abs. 1 GG, gegeben sein. Dann müsste eine Ungleichbehandlung von wesentlich gleichen Sachverhalten bestehen, die sachlich nicht gerechtfertigt ist.

I. Ungleichbehandlung von wesentlich gleichen Sachverhalten

1. Vergleichspaar

Fraglich ist zunächst, ob Studierende mit einem Wohnsitz in B, die sog. „Landeskinder", und Studierende mit einem Wohnsitz außerhalb von B wesentlich vergleichbare Gruppen sind. Zwei Personengruppen sind wesentlich gleich, wenn sie unter einen gemeinsamen Oberbegriff gefasst werden können. Der gemeinsame Oberbegriff ist der eines „Studierenden an der Hochschule in B". Im Hinblick auf diese Obergruppe sind alle Studierenden unabhängig vom Wohnsitz wesentlich gleich.

2. Ungleichbehandlung

Studierende mit einem Wohnsitz außerhalb des Landes B werden eher zu einer Studiengebühr herangezogen als „Landeskinder", sodass eine Ungleichbehandlung gegeben ist.

II. Sachliche Rechtfertigung

Die Ungleichbehandlung könnte aber sachlich gerechtfertigt sein. Eine Ungleichbehandlung ist sachlich nicht gerechtfertigt, wenn bezogen auf die betroffenen Personen oder Sachbereiche ein vernünftiger, einleuchtender Grund für die Regelung fehlt. Eine Ungleichbehandlung darf folglich nicht willkürlich sein.

Klausurhinweis: Im Rahmen der Prüfung des allgemeinen Gleichheitssatzes sollte die „Willkür-Formel" angewendet werden.

1. Fraglich ist, ob der durch eine Studiengebührenregelung nach dem Wohnsitz verfolgte Lenkungszweck einen sachlich vernünftigen Grund für die Ungleichbehandlung darstellt. Studierende mit Wohnsitz außerhalb des Landes B werden wahrscheinlich ihren Wohnsitz in das Land B verlagern, um der Zahlung von Studiengebühren zu entgehen. Dies erhöht die Einwohnerzahl im Land B. Dabei fehlt es jedoch an einem Bezug zu dem geregelten Benutzungsverhältnis. Die Benutzung der Hochschule und der Wohnsitz weisen für sich genommen keine Bezugspunkte auf, wonach eine Differenzierung gerechtfertigt wäre.

Aus der Sicht des Landes B wird durch den Wohnsitz in B allerdings auch das Studium beschleunigt und effizienter gestaltet. Dabei ist jedoch zu berücksichtigen, dass die Gestaltung eines effizienten Studiums eher von dem einzelnen Studierenden und nicht so sehr von dem Wohnsitz abhängt. Dies gilt umso mehr in einem Stadtstaat wie dem Land B. Wer „vor den Toren" der Stadt wohnt, kann unter Umständen ebenso schnell oder sogar schneller die universitären Einrichtungen erreichen, als ein Student mit einem Wohnsitz am anderen Ende der Stadt. Insofern handelt es sich nicht um einen Grund, der eine Ungleichbehandlung rechtfertigen könnte.

2. Daneben ist zu bedenken, dass im Gebührenrecht der Grundsatz im Vordergrund steht, dass sich die **Höhe einer Gebühr nach Art und Umfang der in Anspruch genommenen Leistung** bestimmt. Eine gleiche Inanspruchnahme einer Einrichtung löst ohne Berücksichtigung persönlicher Eigenschaften in den Grenzen der Praktikabilität und Wirtschaftlichkeit gleich hohe Gebühren aus.[31] Auswärtige Studierende werden aber weder die Einrichtungen der Universität stärker beanspruchen noch sonst höhere Kosten verursachen als Studenten mit einem Wohnsitz in B. Daher ist ein vernünftiger und einleuchtender Grund für eine Ungleichbehandlung nicht gegeben. Die Ungleichbehandlung ist sachlich nicht gerechtfertigt.

Art. 3 Abs. 1 GG ist verletzt.

Hinweis: Vgl. zur Einführung allgemeiner Studienbeiträge auch BVerfG, Urt. v. 29.04.2009 – 6 C 16.08, RÜ 10/2009, S. 653

---

31 BVerwGE 104, 60.

Fall 23: Art. 3 Abs. 1 GG

Angenommen, in der Bundesrepublik hat eine plötzliche, starke Erhöhung der Rohstoff- und Energiepreise zu einem kräftigen Anstieg der Lebenshaltungskosten geführt. Als einige Gewerkschaften bei den Arbeitgebern einen „Nachschlag" zu den Tariflöhnen durchgesetzt haben, beschließt der Bundestag ein Gesetz, wonach die Beamten einen zusätzlichen Ausgleich für Kaufkraftverluste erhalten sollen (genannt: Inflationsausgleich). Unter Hinweis auf die angespannte Haushaltslage, die auch eine Folge der Preissteigerungen ist, werden Beamte, die noch im Probeverhältnis stehen, ausgenommen. Der Bundesfinanzminister erklärte dazu, ein auch die Probebeamten erfassender Ausgleichsbetrag wäre nicht mehr finanzierbar gewesen, es sei denn, der Ausgleichsbetrag wäre auch bei den anderen Beamten noch weiter herabgesetzt worden.

B ist Beamter auf Probe und meint, das Gesetz sei verfassungswidrig. Ein Ausgleich für Kaufkraftverluste bei den Beamten sei eine unvertretbare Besserstellung des öffentlichen Dienstes, weil nur ein geringer Teil der Arbeitnehmer in der Privatwirtschaft bisher einen entsprechenden Ausgleich („Nachschlag") erhalten hätte. Auch dürften, wenn schon die Beamten im Vorbereitungsdienst (Beamte auf Widerruf) in die Regelung mit einbezogen worden seien, die Probebeamten nicht schlechter gestellt werden.

Ist die Auffassung zutreffend?

In materieller Hinsicht könnte das Gesetz über den Inflationsausgleich gegen Art. 3 Abs. 1 GG verstoßen.

A. Ungleichbehandlung der Beamten gegenüber den Arbeitnehmern in der Privatwirtschaft

Dann müsste zunächst eine Ungleichbehandlung von etwas wesentlich Gleichem vorliegen. Fraglich ist, ob Beamte und Arbeitnehmer in der Privatwirtschaft wesentlich gleich sind. Dazu müssten beide Gruppen unter einen gemeinsamen Oberbegriff zu fassen sein.

Hier könnte der Oberbegriff des „Arbeitstätigen" für beide Gruppen gelten. Allerdings stehen Beamte zu ihren Dienstherren in einem **öffentlich-rechtlichen** Dienst- und Treueverhältnis, während Arbeitnehmer privatrechtlich durch Arbeitsvertrag beschäftigt sind.

Zudem ist der Gesetzgeber wegen der Tarifautonomie (Art. 9 Abs. 3 GG) gar nicht befugt, einen Ausgleich für Kaufkraftverluste auch für die Arbeitnehmer anzuordnen. Im öffentlich-rechtlich ausgestalteten Beamtenverhältnis kann er dagegen die Rechtsverhältnisse durch Gesetz regeln.

Beamte und privatrechtlich beschäftigte Arbeitnehmer sind folglich nicht wesentlich vergleichbar. Eine Verletzung des Art. 3 Abs. 1 GG aus diesem Grunde liegt nicht vor.

B. Eine verfassungsrechtlich relevante Ungleichbehandlung könnte aber in der Nichtberücksichtigung der Beamten auf Probe gesehen werden.

I. Ungleichbehandlung von wesentlich gleichen Sachverhalten

1. Vergleichspaar

Fraglich ist, ob Beamte auf Probe und Beamte in einem anderen Beamtenverhältnis (auf Widerruf, auf Lebenszeit) wesentlich gleich sind. Beide Gruppen stehen zu ihren Dienstherren in einem öffentlich-rechtlichen Dienst- und Treueverhältnis. Beide werden von ihren Dienstherren alimentiert, d.h., sie bekommen Geld vom Staat, um sich einen angemessenen Lebensstandard zu erhalten. Demzufolge sind beide Gruppen wesentlich gleich.

In der richtigen Vergleichspaarbildung liegt häufig der Schwerpunkt; denn wer „Äpfel mit Birnen vergleicht", wird immer einen sachlichen Grund für eine Ungleichbehandlung finden.

2. Ungleichbehandlung

Problematisch ist, dass es sich hier nicht um den Normalfall – den Verstoß einer belastenden Vorschrift gegen Art. 3 Abs. 1 GG – handelt; vielmehr könnte Art. 3 Abs. 1 GG deshalb verletzt sein, weil gewisse Fälle nicht in eine Begünstigung einbezogen sind. In der Nichtberücksichtigung der Beamten auf Probe könnte eine mögliche Grundrechtsverletzung durch Unterlassen liegen.

a) Aus dem Problembereich des gesetzgeberischen Unterlassens ist zunächst das absolute Unterlassen auszuscheiden, bei dem der Gesetzgeber schlicht untätig geblieben ist. Es hat im Zuwendungsbereich des Art. 3 GG keine Bedeutung, da bei einer alle betreffenden Untätigkeit eine Ungleichbehandlung Einzelner nicht denkbar ist.

b) Hier liegt der Fall vor, dass ein bestimmter Personenkreis begünstigt worden, anderen Personen (den Beamten auf Probe) diese Begünstigung aber nicht gewährt worden ist.

Handelt es sich um eine Ungleichbehandlung durch Unterlassen, so ist dieses nach allgemeinen, auch im Verfassungsrecht geltenden Grundsätzen nur erheblich, wenn eine Rechtspflicht des Gesetzgebers zum Handeln besteht.

Eine solche Rechtspflicht kann sich aus einem Verfassungsauftrag ergeben (z.B. Art. 6 Abs. 5 und Art. 33 Abs. 5 GG). Für den vorliegenden Fall lässt sich ein Verfassungsauftrag zur Zahlung eines Inflationsausgleichs nicht begründen.

Darüber hinaus ergibt sich aus Art. 3 Abs. 1 GG die Pflicht des Gesetzgebers, bei einer durch Gesetz vorgenommenen Begünstigung niemanden ohne sachlichen Grund (willkürlich) von dieser Begünstigung auszuschließen. Die eine Seite des Gleichheitsgebotes, Gleiches grundsätzlich auch gleich zu behandeln, gilt auch für Begünstigungen und ist eine Rechtspflicht. Somit hat der Gesetzgeber, falls er bei dem Ausschluss der Bundesbeamten auf Probe von dem Inflationsausgleich gegen Art. 3 Abs. 1 GG verstoßen hat, auch gleichzeitig eine aus Art. 3 Abs. 1 GG folgende Rechtspflicht zum Handeln verletzt.

Insoweit ist eine Ungleichbehandlung gegeben.

II. Sachliche Rechtfertigung

Die Ungleichbehandlung könnte aber sachlich gerechtfertigt sein. Eine Ungleichbehandlung darf nicht willkürlich sein.

Als sachlicher Grund kommt nach den im Sachverhalt wiedergegebenen Überlegungen in erster Linie in Betracht, dass nicht genügend Finanzmittel zur Verfügung standen. Jedoch ist der Umstand, dass die zu vergebenden Mittel begrenzt sind, noch kein ausreichender Grund dafür, gerade eine bestimmte Personengruppe von der Begünstigung ganz auszuschließen. Vielmehr bietet sich in derartigen Fällen – praktisch handelt es sich um den Normalfall, da die zur Verfügung stehenden Mittel stets in irgendeiner Weise begrenzt sind – die Lösung an, die Vergünstigung so zu bemessen, dass sie für alle ausreicht.

Als weiterer Grund kommt in Betracht, dass die Beamten auf Probe gegenüber den normalen Beamten auf Lebenszeit eine noch weniger gesicherte Rechtsstellung haben, die insofern gerechtfertigt ist, als der Beamte auf Probe sein Können und seine Erfahrungen noch nicht in demselben Umfang bewiesen hat wie der Beamte auf Lebenszeit. Allerdings erhalten auch Beamte auf Widerruf die Zulage. Dabei ist die Rechtsstellung der Widerrufsbeamten nach dem Beamtenrecht die schwächste aller Beamten. Der Beamte auf Probe steht zwischen dem Beamten auf Lebenszeit und dem Beamten auf Widerruf. Damit ist es offenkundig, dass es an einem sachlichen Grund fehlt, gerade die Beamten auf Probe vom Inflationsausgleich auszunehmen. Sachlich gerechtfertigt wäre allein, entweder allen Beamten einen (möglicherweise niedriger anzusetzenden) Inflationsausgleich zu gewähren oder auch die Beamten auf Widerruf davon auszunehmen.

Somit verstößt das Gesetz gegen Art. 3 Abs. 1 GG.

Fall 24: Art. 3 Abs. 2, Abs. 3 GG – Meistergründungsprämie
(nach BVerwG, Urt. v. 18.07.2002 – 3 C 53.01)

Das Land NRW gewährte Handwerksmeisterinnen und -meistern, die sich selbstständig machten und Arbeitsplätze schafften, eine Meistergründungsprämie von 10.000 €. Nach den ministeriellen Vergaberichtlinien galten dabei Fristen für die Antragstellung, und zwar konnten Frauen innerhalb von 5 Jahren nach Ablegen der Meisterprüfung, Männer nur innerhalb von 3 Jahren die Prämie beantragen, um eine Förderung zu erhalten.

Verletzt die Meistergründungsprämie Art. 3 Abs. 2 und Abs. 3 GG?

Die Meistergründungsprämie könnte Art. 3 Abs. 2 GG oder Art. 3 Abs. 3 S. 1, 1. Fall GG verletzen. Gemäß Art. 3 Abs. 2 S. 1 GG sind Männer und Frauen gleichberechtigt. Nach Art. 3 Abs. 3 S. 1, 1. Fall GG darf niemand wegen seines Geschlechtes ungleich behandelt werden. Eine Ungleichbehandlung wegen des Geschlechtes ist notwendigerweise eine Ungleichbehandlung von Frau und Mann.

Daher sind in solchen Situationen sowohl Art. 3 Abs. 2 GG als auch Art. 3 Abs. 3 S. 1, 1. Fall GG einschlägig.

Das BVerfG prüft dementsprechend die Verletzung des Art. 3 Abs. 2, 3 Abs. 3 S. 1, 1. Fall GG.

***I.** Ungleichbehandlung von Frau und Mann (+)*

II. Sachliche Rechtfertigung

Diese Differenzierung wegen des Geschlechtes könnte sachlich gerechtfertigt sein. Fraglich ist, wann eine Ungleichbehandlung wegen des Geschlechtes sachlich gerechtfertigt ist.

Nach der „Willkür-Formel" des BVerfG ist eine Ungleichbehandlung gerechtfertigt, wenn ein sachlicher Grund für die Ungleichbehandlung gegeben ist, diese also nicht völlig willkürlich erfolgt.

„Willkür-Formel": Eine Ungleichbehandlung ist gerechtfertigt, wenn (irgendein) sachlicher Grund für die Ungleichbehandlung gegeben ist. Die „Willkür-Formel" wird insbesondere beim allgemeinen Gleichheitssatz des Art. 3 Abs. 1 GG angewandt.

Nach der sog. „Neuen Formel" reicht hingegen nicht irgendein sachlicher Grund für eine Rechtfertigung aus. Vielmehr muss dieser zwingend, also verhältnismäßig sein.

***1.** Zulässiges Differenzierungsziel (+), vgl. Art. 3 Abs. 2 S. 2 GG*

2. Zulässiges Differenzierungskriterium

Fraglich ist, ob der Anknüpfungspunkt für die Ungleichbehandlung ein verfassungsrechtlich zulässiger ist. Grundsätzlich sind Differenzierungen wegen des Geschlechtes gemäß Art. 3 Abs. 2, Abs. 3 GG ausnahmslos untersagt.

Eine Ausnahme ist jedoch anerkannt, wenn die Differenzierung auf biologischen Gründen beruht. Die Ungleichbehandlung bei der Gewährung der Meistergründungsprämie beruht nicht auf biologischen Gründen. Diese Ausnahme liegt nicht vor.

Ausnahme aus biologischen Gründen, z.B. Mutterschutzgesetz

Eine weitere Ausnahme wird zugelassen, wenn die Ungleichbehandlung **sozialstaatlich motiviert** ist und zur Kompensation bestehender Nachteile dient.[32] Dies wird insbesondere mit dem Staatsziel des Art. 3 Abs. 2 S. 2

Ausnahme aus sozialstaatlich motivierter Kompensation bestehender Nachteile

32 BVerfG NJW 1987, 1541 (sog. Rentenaltersbeschluss).

GG begründet, wonach der Staat die objektive Pflicht hat, auf die Beseitigung bestehender Nachteile hinzuwirken.

Statistisch machten Frauen in NRW 51,4% der Bevölkerung, aber nur 13,6% der selbstständigen Handwerker aus.

In der Realität sind Handwerksmeisterinnen stark unterrepräsentiert. Das selbstständige Handwerk wird zu einem weit überwiegenden Teil von männlichen Meistern ausgeführt. Insoweit dient die Unterscheidung der Geschlechter bei der Gewährung der Meistergründungsprämie der Abschaffung tatsächlich bestehender Ungleichheiten und ist demzufolge sozialstaatlich motiviert zur Kompensation bestehender Nachteile.

Das Differenzierungskriterium ist ausnahmsweise zulässig.

***3.** Grundsatz der Verhältnismäßigkeit*

***a)** Geeignetheit (+), zumindest wird das Ziel gefördert*

***b)** Erforderlichkeit (+), kein milderes, gleich wirksames Mittel erkennbar*

c) Angemessenheit

Fraglich ist, ob die Unterscheidung bei der Gewährung auch angemessen ist. Eine Maßnahme ist angemessen, wenn der erstrebte Zweck nicht erkennbar außer Verhältnis steht zu dem eingesetzten Mittel, anders ausgedrückt, wenn kein Missverhältnis besteht zwischen dem Nutzen der Allgemeinheit und dem Schaden des Einzelnen.

Gegen die Angemessenheit der Ungleichbehandlung spricht, dass Art. 3 Abs. 2 S. 2 GG zwar eine Gleich**berechtigung** von Frauen und Männern verlangt, nicht jedoch eine Gleich**stellung**. Wenn für Männer und Frauen dieselben Fristen für die Antragstellung gelten, sind sie gleich berechtigt. Zudem ist zu berücksichtigen, dass durch die Regelung der **eine** männliche Antragsteller die in der Vergangenheit hervorgerufene tatsächliche Unterrepräsentanz der Frauen im Handwerk auszugleichen hat. Dabei ist zu bedenken, dass unterschiedlichste Gründe für die tatsächliche Unterrepräsentanz der Frauen im Handwerk ursächlich gewesen sein können.

Für die Angemessenheit der Differenzierung spricht hingegen, dass der Verfassungsauftrag des Art. 3 Abs. 2 S. 2 GG die gesamte Gruppe der Frauen betrifft, während sich das Abwehrrecht des Art. 3 Abs. 2, Abs. 3 GG nur auf den einzelnen Mann bezieht. Die Vorteile der Regelung kommen im Sinne eines Gruppen-Grundrechtes allen Frauen zu Gute.

Zudem steht dem Gesetzgeber ein weiter Gestaltungsspielraum zur Erfüllung des Verfassungsauftrages zu. Letztlich spricht für die Angemessenheit insbesondere, dass durch die Meistergründungsprämie nicht die Rechte der Männer einschränkt werden, sie also nicht belastend ist, sondern dass sie lediglich eine positive Fördermaßnahme zugunsten der Frauen darstellt.[33]

Nach alldem ist die Meistergründungsprämie auch angemessen und somit verhältnismäßig.

Die Differenzierung wegen des Geschlechtes ist sachlich gerechtfertigt. Die Meistergründungsprämie verletzt nicht den Art. 3 Abs. 2, Abs. 3 GG.

---

33 So auch BVerwG – 3 C 53.01.

3. Verfassungsbeschwerde

Aufbauschema zur Verfassungsbeschwerde

A. Zulässigkeit

I. Zuständigkeit des BVerfG, Art. 93 Abs. 1 Nr. 4 a GG, § 13 Nr. 8 a BVerfGG

II. Ordnungsgemäßer Antrag, §§ 23, 92 BVerfGG (nur bei Anlass)

III. Beschwerdefähigkeit, § 90 Abs. 1 BVerfGG („jedermann")

IV. Prozessfähigkeit (nur bei Anlass)

V. Tauglicher Beschwerdegegenstand, § 90 Abs. 1 BVerfGG („Akt der öffentlichen Gewalt")

VI. Beschwerdebefugnis, § 90 Abs. 1 BVerfGG

1. Möglichkeit einer Grundrechtsverletzung
2. selbst, gegenwärtig, unmittelbar betroffen

VII. Rechtswegerschöpfung

1. Rechtsweg erschöpft, § 90 Abs. 2 BVerfGG
2. Grundsatz der Subsidiarität

VIII. Frist, § 93 BVerfGG

B. Begründetheit

(+), wenn der Beschwerdeführer in einem seiner Grundrechte oder grundrechtsgleichen Rechte verletzt ist

Fall 25: Verfassungsbeschwerde, Beschwerdefähigkeit
(nach BVerfGE 61, 82 [Sasbach])

Die Kernkraftwerk Süd-GmbH beantragte beim zuständigen Landesminister die atomrechtliche Genehmigung für die Errichtung des Kernkraftwerkes auf der Gemarkung Wyhl am Kaiserstuhl. Die Nachbargemeinde Sasbach erhob im atomrechtlichen Genehmigungsverfahren gegen dieses Vorhaben Einwendungen aus ihrer eigentumsrechtlichen Position, da sie Eigentümerin von naheliegenden Grundstücken ist, die nicht zur Erfüllung öffentlicher Aufgaben dienen. Nachdem die Gemeinde Sasbach auch letztinstanzlich erfolglos geblieben war, erhob sie eine Verfassungsbeschwerde zum BVerfG und berief sich auf Art. 14 Abs. 1 GG. Ist die Verfassungsbeschwerde zulässig?

***I.** Zuständigkeit des BVerfG, Art. 93 Abs. 1 Nr. 4 a GG, § 13 Nr. 8 a BVerfGG (+)*

II. Beschwerdefähigkeit, § 90 Abs. 1 BVerfGG

Fraglich ist, ob die Gemeinde Sasbach beschwerdefähig ist gemäß § 90 Abs. 1 BVerfGG. Danach kann die Verfassungsbeschwerde von „jedermann" erhoben werden.

Die Gemeinde Sasbach ist jedoch eine juristische Person des öffentlichen Rechts. Gemäß Art. 19 Abs. 3 GG gelten die Grundrechte auch für inländische juristische Personen, soweit sie ihrem Wesen nach auf diese anwendbar sind. Bedeutung hat diese Regelung vor allem für die juristischen Personen des Privatrechts. Dagegen verneint das BVerfG in st.Rspr., dass auch juristische Personen des öffentlichen Rechts materielle Grundrechte innehaben können, soweit sie öffentliche Aufgaben wahrnehmen.

Konfusionsargument

Denn es könne nicht sein, dass der Staat einerseits Verpflichteter der Grundrechte und andererseits gleichzeitig Berechtigter der Grundrechte wäre. Davon sind jedoch auch Ausnahmen anerkannt, so z.B., wenn sich eine Universität auf das Grundrecht der wissenschaftlichen Lehre aus Art. 5 Abs. 3, 2. Halbs. GG berufen will. Fraglich ist demnach, ob einer Gemeinde das Eigentumsrecht aus Art. 14 Abs. 1 GG außerhalb der Wahrnehmung öffentlicher Aufgaben, also auch im fiskalischen Bereich, zusteht.

Nach teilweisem Schrifttum soll Art. 14 Abs. 1 GG auf Gemeinden anwendbar sein, wenn das Grundstück nicht öffentlichen Zwecken dient und damit eine verselbstständigte, dem Bürger vergleichbare Rechtsposition geltend gemacht wird. Dagegen spricht aber, dass Gemeinden Glieder im gestuften Staatsaufbau sind. Für ihre Grundrechtsfähigkeit kann grds. nichts anderes gelten, als für andere juristische Personen des öffentlichen Rechts. Es liege auch keine verselbstständigte, dem Bürger vergleichbare Rechtsposition vor, da der Umstand allein, dass eine juristische Person des öffentlichen Rechts öffentliche Aufgaben, also Aufgaben im Interesse der Allgemeinheit wahrnimmt, sie nicht zum grundrechtsgeschützten Sachwalter des Einzelnen bei der Wahrnehmung seiner Grundrechte macht. Verlässt die juristische Person den Bereich der Wahrnehmung öffentlicher Aufgaben, so besteht noch weniger Grund, sie als Sachwalterin des privaten Einzelnen anzusehen. Daher ist Art. 14 Abs. 1 GG nicht auf Gemeinden anwendbar.

Die Gemeinde Sasbach kann sich nicht auf Art. 14 GG berufen; sie ist nicht grundrechtsfähig.

Mangels Beschwerdefähigkeit ist die Verfassungsbeschwerde der Gemeinde Sasbach unzulässig.

Fall 26: Verfassungsbeschwerde, Beschwerdefähigkeit
(nach BVerfG v. 19.07.2011 – 1 BvR 1916/09)

P ist eine Gesellschaft mit beschränkter Haftung nach italienischem Recht mit Sitz in Italien und produziert Polstermöbel, die nach den Entwürfen des 1965 verstorbenen Möbeldesigners Le Corbusier gefertigt werden. Zwischen P und der Fondation Le Corbusier in Paris, welche die Rechte des verstorbenen Urhebers wahrnimmt, bestehen seit 1965 urheberrechtliche Exklusivverträge für die weltweite Herstellung und den Verkauf bestimmter von Le Corbusier entworfener Möbel. Die Verträge erlauben der P auch das Vorgehen gegen Rechtsverletzungen.

Die Z, eine Zigarrenherstellerin, richtete in einer Kunst- und Ausstellungshalle eine Zigarrenlounge ein, in der sie Nachbildungen von Le-Corbusier-Möbeln aufstellte. Mit ihrer hiergegen gerichteten Unterlassungsklage obsiegte die P vor dem Landgericht und dem Oberlandesgericht. Der BGH wies dagegen die Klage mit der Begründung ab, dass das Aufstellen der Möbel weder das Verbreitungsrecht verletze noch gegen das Verwertungsverbot verstoße (§§ 17, 96 UrhG).

P sieht sich dadurch in ihrem verfassungsmäßigen Eigentumsrecht verletzt und erhebt eine Verfassungsbeschwerde zum Bundesverfassungsgericht. Ist die Verfassungsbeschwerde zulässig?

I. Das BVerfG ist gemäß Art. 93 Abs. 1 Nr. 4 a GG, § 13 Nr. 8 a BVerfGG **zuständig** für die Entscheidung über Individualverfassungsbeschwerden.

II. Beteiligtenfähig ist nach § 90 Abs. 1 BVerfGG **jedermann**, d.h., jeder, der fähig ist, Grundrechtsträger zu sein. P ist eine italienische Gesellschaft mit beschränkter Haftung. Nach **Art. 19 Abs. 3 GG** gelten die Grundrechte für **inländische juristische Personen**, soweit sie ihrem Wesen nach auf diese anwendbar sind.

Unklar bleibt in der Entscheidung der Prüfungsstandort. Das BVerfG spricht mehrfach von „Beschwerdefähigkeit und -befugnis“. Vertretbar erscheint es danach auch, erst in der Beschwerdebefugnis (s.u. IV.) auf das Problem der Grundrechtsfähigkeit einer juristischen Person aus der EU einzugehen.

1. Ob eine juristische Person eine inländische ist, bestimmt sich nach der sog. **Sitztheorie**. Maßgeblich ist, ob sich der Sitz der Hauptverwaltung in der Bundesrepublik Deutschland befindet. Danach wäre die italienische P nicht grundrechtsfähig.

2. Fraglich ist aber, ob dies auch für juristische Personen **mit Sitz in der EU** gilt. Dafür könnte **Art. 18 AEUV** sprechen, wonach jede Diskriminierung aus Gründen der Staatsangehörigkeit in der EU verboten ist.

a) Der **Wortlaut** des Art. 19 Abs. 3 GG spricht gegen eine erweiternde Auslegung. Es würde die Wortlautgrenze übersteigen, wenn man eine unionsrechtskonforme Auslegung auf eine Deutung des Merkmals „inländische“ als „deutsche einschließlich europäische“ juristische Personen stützen würde.[34]

b) Eine **historische Auslegung** lässt keinen eindeutigen Schluss zu. Zwar merkte der Parlamentarische Rat an, es „dürfte kein Anlass bestehen, auch ausländischen juristischen Personen den verfassungsmäßigen Schutz der Grundrechte zu gewähren“, in den Jahren 1948/1949 stand die Entwicklung eines gemeinsamen Europas aber noch bevor.

34 BVerfG a.a.O., Rdnr. 72.

Beachte: Europarecht steht im Anwendungsvorrang vor nationalem Recht und ist daher höherrangiges Recht!

c) Für eine **Anwendungserweiterung** des Art. 19 Abs. 3 GG auf juristische Personen mit Sitz im EU-Ausland könnten allerdings die Vorgaben der europäischen Verträge sprechen. Als Grundprinzip des Unionsrechts enthält **Art. 18 AEUV** das – bereits seit 1957 verankerte – **Diskriminierungsverbot**. Danach ist jede Diskriminierung aus Gründen der Staatsangehörigkeit verboten. Dieses Verbot ist unmittelbar vor nationalen Gerichten anwendbar. Das Diskriminierungsverbot verpflichtet die Mitgliedstaaten und alle ihre Organe und Stellen, juristische Personen aus einem anderen EU-Mitgliedstaat auch im Hinblick auf den zu erlangenden Rechtsschutz Inländern gleichzustellen.[35] Dies spricht für eine Auslegung des Art. 19 Abs. 3 GG, nach der sich auch juristische Personen aus der EU auf die deutschen Grundrechte berufen können.

d) Wenn die nationalen Grundrechte auf „europäische" juristische Personen angewandt werden, bedeutet dies umgekehrt aber auch, dass diesen die Vorgaben der deutschen Verfassung entgegengehalten werden können. Voraussetzung der Berufungsmöglichkeit auf die Grundrechte ist demnach ein hinreichender Inlandsbezug der ausländischen juristischen Person, der die Geltung der Grundrechte in gleicher Weise wie für inländische juristische Personen geboten erscheinen lässt. Dies wird regelmäßig dann der Fall sein, wenn die ausländische juristische Person in Deutschland tätig wird und hier vor den Fachgerichten klagen und verklagt werden kann.[36]

Demzufolge ist der Grundrechtsschutz auf juristische Personen mit Sitz in der Europäischen Union zu erstrecken. Art. 19 Abs. 3 GG ist so auszulegen, dass auch die italienische Gesellschaft P Trägerin der Grundrechte nach dem GG ist. Danach ist P beteiligtenfähig, soweit es um das Eigentumsgrundrecht geht.

III. Zulässiger Beschwerdegegenstand einer Verfassungsbeschwerde ist gemäß § 90 Abs. 1 BVerfGG jeder Akt der öffentlichen Gewalt. P wendet sich mit ihrer Verfassungsbeschwerde gegen das Urteil des BGH. Ein Urteil ist als Akt der öffentlichen Gewalt grundsätzlich ein tauglicher Beschwerdegegenstand (**Urteilsverfassungsbeschwerde**).

IV. Ein Beschwerdeführer muss geltend machen, durch den Akt der öffentlichen Gewalt möglicherweise in seinen Grundrechten verletzt zu sein (§ 90 Abs. 1 BVerfGG, **Beschwerdebefugnis**).

1. Dann müsste zunächst eine Verletzung der gerügten Grundrechte **möglich** sein. Eigentum i.S.d. Art. 14 Abs. 1 GG umfasst alle vermögenswerten Positionen, die dem Einzelnen vom Gesetzgeber zu einem bestimmten Zeitpunkt im Sinne eines Ausschließlichkeitsrechtes gewährt werden. Dazu zählen auch Urheberrechte.

2. P wird durch das Urteil des BGH auch selbst, gegenwärtig und unmittelbar betroffen. Demzufolge ist P beschwerdebefugt.

V. P hat den Instanzenzug ausgeschöpft und damit den **Rechtsweg erschöpft**, § 90 Abs. 2 S. 1 BVerfGG.

VI. Die **Form- und Fristregeln** der §§ 23 Abs. 1, 92, 93 Abs. 1 BVerfGG sind eingehalten.

Die Verfassungsbeschwerde ist zulässig.

---

35 BVerfG a.a.O., Rdnr. 76.

36 BVerfG a.a.O., Rdnr. 76.

Fall 27: Verfassungsbeschwerde, Prozessfähigkeit

Der 17jährige S ist Schüler an einem Gymnasium in M. Er meint, er könne seine Zeit wesentlich besser nutzen, als am Religionsunterricht teilzunehmen. Daher beantragt er beim Schulleiter, vom Religionsunterricht befreit zu werden. Dies wird vom Schulleiter abgelehnt.

Nachdem alle Rechtsbehelfe des S erfolglos blieben, erhebt er nunmehr eine Verfassungsbeschwerde zum BVerfG. Zulässig?

Fraglich ist, ob die Verfassungsbeschwerde zulässig ist.

I. *Zuständigkeit des BVerfG, Art. 93 Abs. 1 Nr. 4 a GG, § 13 Nr. 8 a BVerfGG (+)*

II. *Beschwerdefähigkeit, § 90 Abs. 1 BVerfGG (+)*

III. Prozessfähigkeit

Fraglich ist jedoch, ob der 17jährige S auch prozessfähig ist. Die Prozessfähigkeit betrifft die Frage, ob sich eine natürliche Person selbstständig auf ihre Grundrechte berufen kann, also insbesondere selbst Verfahrenshandlungen vor dem BVerfG vornehmen kann. Entscheidend ist dabei die Grundrechtmündigkeit der Person.

Wann eine nicht geschäftsfähige natürliche Person grundrechtsmündig ist, wird unterschiedlich beurteilt.

Theorie der flexiblen Altersgrenze

Nach einer Auffassung hängt die Grundrechtsmündigkeit von der Einsichtsfähigkeit des Minderjährigen in die Tragweite des Grundrechtes ab. Indizien für eine Grundrechtsmündigkeit ergeben sich dabei aus Altersgrenzen in den Grundrechten selbst oder aus einfach-gesetzlichen Vorschriften.

Theorie der starren Altersgrenze

Nach anderer Ansicht besteht die Grundrechtsmündigkeit erst mit der Vollendung des 18. Lebensjahres, es sei denn, dass einfachrechtliche Vorschriften etwas anderes bestimmen.

Vorliegend möchte sich der 17-jährige S im Rahmen einer Verfassungsbeschwerde auf das Grundrecht der Glaubens- und Religionsfreiheit des Art. 4 GG berufen.

§ 5 RKEG: „Nach der Vollendung des vierzehnten Lebensjahrs steht dem Kind die Entscheidung darüber zu, zu welchem religiösen Bekenntnis es sich halten will. Hat das Kind das zwölfte Lebensjahr vollendet, so kann es nicht gegen seinen Willen in einem anderen Bekenntnis als bisher erzogen werden."

Nach § 5 des Gesetzes über die religiöse Kindererziehung steht dem Kind nach Vollendung des 14. Lebensjahres die Entscheidung darüber zu, zu welchem religiösen Bekenntnis es sich halten will.

Demnach würde sich für die zunächst genannte Auffassung aus § 5 des Gesetzes über die religiöse Kindererziehung ein Indiz für die Grundrechtsmündigkeit des S ergeben. Der bereits 17jährige S ist danach prozessfähig.

Auch nach der letztgenannten Ansicht wäre der 17jährige S aus der einfachrechtlichen Vorschrift des § 5 des Gesetzes über die religiöse Kindererziehung grundrechtsmündig und prozessfähig.

Nach alldem ist eine Streitentscheidung entbehrlich. S ist prozessfähig.

IV. *Tauglicher Beschwerdegegenstand, § 90 Abs. 1 BVerfGG = Urteils-Verfassungsbeschwerde gegen die letztinstanzlich erfolglose Entscheidung (+)*

V. *Beschwerdebefugnis, § 90 Abs. 1 BVerfGG*

1. *Möglichkeit einer Grundrechtsverletzung in Art. 4, 2 Abs. 1 GG (+)*

2. *Eigene, gegenwärtige und unmittelbare Betroffenheit (+)*

VI. *Rechtswegerschöpfung, § 90 Abs. 2 BVerfGG (+)*

VII. *Frist, § 93 Abs. 1 BVerfGG (+)*

Die Verfassungsbeschwerde des S ist zulässig.

Fall 28: Verfassungsbeschwerde, Beschwerdebefugnis

Aufgrund der vielen Diskussionen über die Gesundheitsgefahren durch das Rauchen hat der Bundestag ein Gesetz beschlossen, wonach das Rauchen auf öffentlichen Straßen und Plätzen verboten wird. Ein Verstoß dagegen wird mit einer Geldstrafe bestraft. Der Kettenraucher R möchte sich einen Monat nach Verkündung gegen das Gesetz mit einer Verfassungsbeschwerde wehren. Ist diese zulässig?

***I.** Zuständigkeit des BVerfG, Art. 93 Abs. 1 Nr. 4 a GG, § 13 Nr. 8 a BVerfGG (+)*

***II.** Beschwerdefähigkeit, § 90 Abs. 1 BVerfGG (+)*

***III.** Prozessfähigkeit (+)*

***IV.** Tauglicher Beschwerdegegenstand, § 90 Abs. 1 BVerfGG = Rechtssatz-Verfassungsbeschwerde gegen das Gesetz (+)*

***V.** Beschwerdebefugnis, § 90 Abs. 1 BVerfGG (+)*

***1.** Möglichkeit einer Grundrechtsverletzung in Art. 2 Abs. 1 GG (+)*

***2.** Eigene und gegenwärtige Betroffenheit (+)*

Daneben müsste der K auch unmittelbar betroffen sein. Der Beschwerdeführer ist unmittelbar betroffen, wenn der angegriffene Akt selbst und nicht erst ein weiterer Vollzugsakt in das Grundrecht des Betroffenen eingreift.

self-executing-Norm: Eine Rechtsnorm, die nicht mehr von der Verwaltung umgesetzt werden muss, sondern „sich selbst vollzieht".

Durch das Gesetz wird das Rauchen auf öffentlichen Straßen und Plätzen verboten. Ein weiterer Umsetzungsakt durch die Behörde ist nicht mehr erforderlich. Es handelt sich um eine self-executing-Norm. Damit ist K auch unmittelbar betroffen und demzufolge beschwerdebefugt.

Anmerkung: Insoweit kommt es nicht mehr darauf an, dass dem K wegen der Strafbewehrung ein Abwarten auch unzumutbar wäre (vgl. Subsidiarität).

VI. Rechtswegerschöpfung, § 90 Abs. 2 BVerfGG

1. Rechtswegerschöpfung

Gemäß § 90 Abs. 2 S. 1 BVerfGG muss vor Erhebung der Verfassungsbeschwerde zunächst der Rechtsweg erschöpft sein. Ein Rechtsweg ist für den Bürger gegen ein Parlamentsgesetz jedoch nicht gegeben.

2. Grundsatz der Subsidiarität

Nach dem vom BVerfG entwickelten Grundsatz der Subsidiarität der Verfassungsbeschwerde ist eine Rechtssatz-Verfassungsbeschwerde trotz des nicht vorhandenen Rechtsweges unzulässig, wenn es dem Beschwerdeführer zumutbar und möglich ist, zunächst vor den Fachgerichten die Norm inzidenter überprüfen zu lassen. Theoretisch wäre denkbar, dass K zunächst gegen das Verbot verstößt und sich dann gegen die Verurteilung zur Wehr setzt. Dabei würde inzident die Verfassungsmäßigkeit des Straftatbestandes überprüft. Diese Möglichkeit ist aber nur zumutbar, wenn das Verbot nicht straf- oder bußgeldbewehrt ist.

Daher steht der Grundsatz der Subsidiarität der Zulässigkeit der Verfassungsbeschwerde nicht entgegen.

***VII.** Frist, § 93 Abs. 3 BVerfGG: 1 Jahr (+)*

Die Verfassungsbeschwerde ist zulässig.

Fall 29: Verfassungsbeschwerde, Beschwerdebefugnis
(Abwandlung zu Fall 17)

Der Bund beschließt formell ordnungsgemäß ein neues „Gesetz zur Regelung einer Altersgrenze für Autofahrer (AgfAG)". Das Gesetz sieht vor, dass die Fahrerlaubnis der Klassen B und C1 (Klasse 3 a.F.) mit dem Tage der Vollendung des 75. Lebensjahres automatisch erlischt; der Fahrerlaubnisinhaber muss der Fahrerlaubnisbehörde den Führerschein unverzüglich zur Korrektur vorlegen. Das Gesetz wird damit begründet, dass mit zunehmendem Alter die körperliche Leistungsfähigkeit (Reaktionen, Sehkraft etc.) abnehme und dadurch vermehrt Gefahren im Straßenverkehr auftreten.

Der 74 jährige Rentner F fährt seit über 40 Jahren unfallfrei und ist völlig empört. Er sieht sich in unzulässiger Weise in seiner freien Entfaltung der Persönlichkeit und seiner Bewegungsfreiheit beschränkt. Zum einen wären ältere Verkehrsteilnehmer statistisch gesehen nicht häufiger in Unfälle verwickelt als junge, zumindest bezogen auf schwere Unfälle. Zum anderen hätte der Gesetzgeber auch weniger einschneidende Maßnahmen wählen können, wie z.B. Gesundheitschecks. Außerdem sei es nicht einsichtig, warum das Gesetz nur für die Fahrerlaubnis der Klassen B und C1, nicht aber für die Klasse A (Klasse 1 a.F.) gelte. Dies stelle einen offensichtlichen Verstoß gegen den Gleichbehandlungsgrundsatz dar.

Zwei Monate nach Inkrafttreten des Gesetzes erhebt der F eine Verfassungsbeschwerde gegen das Gesetz, mit der er geltend macht, in seinen Grundrechten aus Art. 2, 3 und 11 GG verletzt zu sein. Wäre die Verfassungsbeschwerde zulässig?

***I.** Zuständigkeit des BVerfG, Art. 93 Abs. 1 Nr. 4 a GG, § 13 Nr. 8 a BVerfGG (+)*

***II.** Beschwerdefähigkeit, § 90 Abs. 1 BVerfGG (+)*

***III.** Prozessfähigkeit (+)*

***IV.** Tauglicher Beschwerdegegenstand, § 90 Abs. 1 BVerfGG = Rechtssatz-Verfassungsbeschwerde gegen das AgfAG (+)*

***V.** Beschwerdebefugnis, § 90 Abs. 1 BVerfGG*

***1.** Möglichkeit einer Grundrechtsverletzung in Art. 11, 2 Abs. 1, 3 Abs. 1 GG (+)*

2. Eigene, gegenwärtige und unmittelbare Betroffenheit

Des Weiteren muss der F selbst, gegenwärtig und unmittelbar betroffen sein.

a) F ist Träger der vorgenannten Grundrechte und somit selbst betroffen.

b) Fraglich ist, ob er auch gegenwärtig betroffen ist. Die gegenwärtige Betroffenheit fehlt, wenn der Beschwerdeführer nur irgendwann einmal in der Zukunft betroffen sein könnte. F ist erst 74 Jahre alt, sodass es noch ca. ein Jahr dauert, bis er von der gesetzlichen Regelung betroffen wird. Allerdings ist eine Verfassungsbeschwerde zulässig, wenn ein Gesetz den Normadressaten bereits gegenwärtig zu später nicht mehr korrigierbaren Entscheidungen zwingt. F wird durch das Gesetz bereits jetzt gezwungen, sich im Hinblick auf seine spätere Mobilität einzurichten. Er muss z.B. darüber nachdenken, ob er sein Auto verkauft oder evtl. aus einem ländlichen Gebiet in eine Stadt zieht. Dabei ist zu berücksichtigen, dass der F bereits 74 Jahre alt ist und damit kurz vor Erreichen der neuen Altersgrenze steht. F ist gegenwärtig betroffen.

c) Eine unmittelbare Betroffenheit liegt vor, wenn es zu einer möglichen Grundrechtsverletzung keines weiteren Vollzugsaktes mehr bedarf. Hier erlischt die Fahrerlaubnis automatisch, ohne dass ein weiterer Vollzugsakt erforderlich ist.

F ist selbst, gegenwärtig und unmittelbar betroffen und somit beschwerdebefugt.

VI. Rechtswegerschöpfung, Grundsatz der Subsidiarität

1. *Rechtswegerschöpfung = gegen Parlamentsgesetz kein Rechtsweg*

2. Grundsatz der Subsidiarität

In diesen Fällen hat das BVerfG den Grundsatz der Subsidiarität entwickelt. Danach ist eine Verfassungsbeschwerde auch dann unzulässig, wenn es dem Bürger zumutbar und möglich ist, fachgerichtlichen Inzident-Rechtsschutz in Anspruch zu nehmen. Hier könnte F überlegen, ob er vorsätzlich gegen das AgfAG verstößt und damit eine Strafverfolgung provoziert. Sollte der F dann wegen Fahrens ohne Fahrerlaubnis verurteilt werden, könnte er gegen die strafgerichtliche Verurteilung vorgehen und gegen das letztinstanzliche Urteil eine Verfassungsbeschwerde führen. Die Provokation einer strafgerichtlichen Verurteilung ist einem Bürger allerdings nicht zumutbar, sodass der Grundsatz der Subsidiarität nicht zur Unzulässigkeit der Verfassungsbeschwerde führt.

VII. *Frist, § 93 Abs. 3 BVerfGG (+)*

Die Verfassungsbeschwerde ist zulässig.

Fall 30: Verfassungsbeschwerde, Beschwerdefähigkeit, Beschwerdebefugnis (nach BVerfGE 30, 173 [Mephisto])

Der Schriftsteller Klaus Mann verfasste 1936 im Exil das Buch „Mephisto – Roman einer Karriere". Der Roman schildert den Aufstieg des hochbegabten Schauspielers Hendrik Höfgen, der seine politische Überzeugung verleugnet, um im Pakt mit den NS-Machthabern eine künstlerische Karriere zu machen. Unschwer erkennbar diente als Vorbild für die Romanfigur des Hendrik Höfgen der 1963 verstorbene Schauspieler und Generalintendant Gustav Gründgens (G). Der Adoptivsohn und Alleinerbe Gründgens verlangte aufgrund zahlreicher Unwahrheiten im Jahre 1964 in einem gegen den Verleger angestrengten Zivilprozess aus § 1004 BGB den Ausspruch eines Verbots, den Roman zu vervielfältigen, zu vertreiben und zu veröffentlichen. Der Adoptivsohn berief sich auf das dem verstorbenen Gustav Gründgens zustehende Persönlichkeitsrecht aus Art. 2 Abs. 1 i.V.m. Art. 1 Abs. 1 GG.

Könnte der Adoptivsohn gegen eine negative letztinstanzliche Entscheidung mit einer Verfassungsbeschwerde vorgehen?

Der Adoptivsohn könnte gegen eine letztinstanzliche Entscheidung mit einer Verfassungsbeschwerde vorgehen, wenn diese zulässig ist.

I. Zuständigkeit des BVerfG, Art. 93 Abs. 1 Nr. 4 a GG, § 13 Nr. 8 a BVerfGG (+)

II. Beschwerdefähigkeit, § 90 Abs. 1 BVerfGG

Gemäß § 90 Abs. 1 BVerfGG kann „jedermann" die Verfassungsbeschwerde erheben. Dies ist jede grundrechtsfähige Person. Fraglich ist, ob der Verstorbene G noch Träger von Grundrechten sein kann.

Nach der Rechtsprechung des BVerfG würde es mit dem verfassungsverbürgten Verbot der Unverletzlichkeit der Menschenwürde, das allen Grundrechten zugrunde liegt, unvereinbar sein, wenn der Mensch, dem Würde kraft seines Personseins zukommt, in diesem allgemeinen Achtungsanspruch nach seinem Tode herabgewürdigt und erniedrigt werden dürfte. Dementsprechend endet die durch Art. 1 Abs. 1 GG aller staatlichen Gewalt auferlegte Verpflichtung, dem einzelnen Schutz gegen Angriffe auf seine Menschenwürde zu gewähren, nicht mit dem Tode, sondern wirkt über den Tod hinaus (sog. **postmortales Persönlichkeitsrecht**). Aus diesem Grunde war 1964 der Ehrschutz zugunsten Gründgens noch anwendbar. G war beschwerdefähig.

Beachte: Das „postmortale Persönlichkeitsrecht" aus Art. 2 Abs. 1, Art. 1 Abs. 1 GG betrifft nur den „Würdeanteil", nicht hingegen andere Ausformungen des APR (z.B. wirtschaftliche Vorteile); anders im Zivilrecht nach der Rspr. des BGH (vgl. auch BVerfG, Beschl. v. 22.08.2006 – 1 BvR 1168/04).

III. Prozessfähigkeit

Problematisch könnte die Prozessfähigkeit sein. Die Prozessfähigkeit betrifft die Frage, ob sich eine natürliche Person selbstständig auf ihre Grundrechte berufen kann, also insbesondere selbst Verfahrenshandlungen vor dem BVerfG vornehmen kann. Entscheidend ist dabei die Grundrechtsmündigkeit der Person.

G kann als Verstorbener selbst nicht mehr Verfahrenshandlungen vor dem BVerfG vornehmen. Aus diesem Grunde ist es bei Bejahung der Grundrechtsfähigkeit des Verstorbenen logisch, das Recht der Geltendmachung dem Erben zu übertragen.[37]

37 So BVerfGE 30, 173 (Mephisto).

Die Prozessfähigkeit ist danach gegeben.

IV. *Tauglicher Beschwerdegegenstand, § 90 Abs. 1 BVerfGG = Urteils-Verfassungsbeschwerde gegen die letztinstanzlich erfolglose Entscheidung (+)*

V. Beschwerdebefugnis, § 90 Abs. 1 BVerfGG

1. Möglichkeit einer Grundrechtsverletzung

Der Beschwerdeführer müsste gemäß § 90 Abs. 1 BVerfGG auch behaupten können, in einem seiner Grundrechte verletzt zu sein, d.h., es muss zumindest möglich sein, dass er in seinen Grundrechten verletzt ist.

Vorliegend kommt eine Verletzung des APR, Art. 2 Abs. 1, 1 Abs. 1 GG in Betracht. Das ist jedoch nur dann möglich, wenn das Zivilgericht bei der Anwendung des § 1004 BGB die Grundrechte zu beachten hatte.

Grundrechte sind in erster Linie Abwehrrechte des Bürgers gegen den Staat, Art. 1 Abs. 3 GG. Die mögliche Verletzung beruht hier nicht auf einem staatlichen Verhalten, sondern auf einer privatrechtlichen Betätigung des Verlegers, sodass die Verletzung durch einen Akt öffentlicher Gewalt ausgeschlossen sein könnte. Diese Frage wird unterschiedlich beurteilt.

Für die unmittelbare Geltung der Grundrechte im Privatrechtsverkehr spricht, dass auch „bei den privatrechtlichen Ansprüchen nicht andere als staatliche Gewalt in Form von Geboten und Verboten vorliegt". Auch Privatrecht ist staatlich gesetztes Recht. Die Richter handeln bei der Entscheidung von Zivilrechtsstreitigkeiten hoheitlich und sind durch Art. 1 Abs. 3 GG den Grundrechten unterworfen.[38]

Dagegen geht die heute h.M. von einer nur mittelbaren Drittwirkung der Grundrechte aus. Die Grundrechte enthalten nicht nur subjektiv-öffentliche Abwehrrechte, sondern auch objektive Wertentscheidungen, die für alle Bereiche des Rechts gelten. Daraus ergibt sich, dass weder zivilrechtliche Rechtsvorschriften in Widerspruch zu den Grundrechten stehen dürfen, noch Grundrechte bei der Auslegung und Fortbildung zivilrechtlicher Vorschriften durch die Gerichte unberücksichtigt bleiben dürfen. Die Grundrechte wirken mittelbar auf das Privatrechtsverhältnis der Bürger untereinander, da der Richter bei der Auslegung unbestimmter Rechtsbegriffe und Generalklauseln sowie bei der richterlichen Rechtsfortbildung Grundrechte zu beachten hat.

Danach können Grundrechte eine mittelbare Drittwirkung im Zivilrecht haben, wenn bei der Verwendung unbestimmter Rechtsbegriffe oder Generalklauseln im Zivilrecht eine sog. Einbruchstelle für die Grundrechtsanwendung bei Auslegung der gesetzlichen Tatbestandsmerkmale besteht.

Eine solche Einbruchstelle ergibt sich vorliegend über die analoge Anwendung des § 1004 BGB auf das allgemeine Persönlichkeitsrecht, sodass das Zivilgericht das APR des G zu beachten hatte. Eine mögliche Grundrechtsverletzung ist gegeben.

2. *Eigene, gegenwärtige und unmittelbare Betroffenheit (+)*

VI. *Rechtswegerschöpfung, § 90 Abs. 2 BVerfGG (+)*

VII. *Frist, § 93 Abs. 1 BVerfGG (+)*

Die Verfassungsbeschwerde ist zulässig. Der Adoptivsohn könnte gegen eine letztinstanzliche Entscheidung mit einer Verfassungsbeschwerde vorgehen.

---

38 So noch Schwabe, Die sog. Drittwirkung, 1971.

Fall 31: Verfassungsbeschwerde, Grundsatz der Subsidiarität
(Abwandlung zu Fall 19)

Unternehmer U erwirbt für 200.000 € mehrere Grundstücke, die – romantisch gelegen – in die noch völlig unberührte Wald- und Wiesenlandschaft „Ruhrweiher" am Rande eines kleinen Sees in Nordrhein-Westfalen eingebettet sind. U möchte dort ein exklusives Naturhotel errichten. Geplant ist insbesondere, dass „gut betuchte" Gäste in dem Hotel einen Entspannungs- und Wellnessurlaub verbringen können. Noch bevor U seine Pläne verwirklichen kann, stellt die Landesregierung durch eine formell rechtmäßige Verordnung das ganze Gebiet unter Naturschutz.

Nach der VO ist es insbesondere verboten, das Gebiet außerhalb der Straßen und Wege zu betreten, zu zelten, in dem See zu baden oder diesen sonst zu nutzen. U meint, er sei in seinem Eigentumsgrundrecht verletzt, da er seine Grundstücke nunmehr nicht wie geplant nutzen könne.

Wäre eine direkt erhobene Verfassungsbeschwerde gegen die VO zulässig?

Anmerkung: *Gehen Sie davon aus, dass in NRW eine Regelung i.S.v. § 47 Abs. 1 Nr. 2 VwGO nicht besteht.*

Fraglich ist, ob die Verfassungsbeschwerde zulässig ist.

I. *Zuständigkeit des BVerfG gemäß Art. 93 Abs. 1 Nr. 4 a GG, § 13 Nr. 8 a BVerfGG (+)*

II. *Beteiligtenfähigkeit nach § 90 Abs. 1 BVerfGG (+)*

III. *Tauglicher Beschwerdegegenstand, § 90 Abs. 1 BVerfGG:*

Landes-Rechtsverordnung = Gesetz im materiellen Sinne (+)

IV. *Beschwerdebefugnis, § 90 Abs. 1 BVerfGG*

1. *Möglichkeit einer Grundrechtverletzung*

U ist möglicherweise in seinem Grundrecht aus Art. 14 GG verletzt.

2. Eigene, gegenwärtige, unmittelbare Betroffenheit

U ist durch die Rechtsverordnung selbst und gegenwärtig betroffen.

Fraglich ist hingegen, ob der U auch unmittelbar betroffen ist. Dies ist bei Rechtsnormen, die noch von der Verwaltung vollzogen werden müssen, nicht gegeben. Die Naturschutz-VO enthält jedoch ein Verbot, welches automatisch und ohne weitere Vollzugsakte der Verwaltung gilt. Es handelt sich um eine sog. **„self-executing-Norm"**, sodass der U auch unmittelbar betroffen ist.

self-executing-Norm: Eine Rechtsnorm, die nicht mehr von der Verwaltung umgesetzt werden muss, sondern „sich selbst vollzieht".

U ist daher beschwerdebefugt.

V. Rechtswegerschöpfung, Grundsatz der Subsidiarität

1. Rechtswegerschöpfung

Gemäß § 90 Abs. 2 S. 1 BVerfGG muss vor Erhebung der Verfassungsbeschwerde zunächst der Rechtsweg erschöpft sein. Fraglich ist, ob es vor den Fachgerichten eine Rechtsschutzmöglichkeit gegen die landesrechtliche Rechtsverordnung gibt. In Betracht kommt ein abstraktes Normenkontrollverfahren vor dem OVG gemäß § 47 Abs. 1 Nr. 2 VwGO. Diese Möglichkeit ist allerdings nur gegeben, wenn der Landesgesetzgeber dies bestimmt hat. Entsprechend der Anmerkung zum Fall hat der Gesetzgeber in NRW davon keinen Gebrauch gemacht, sodass ein Rechtsweg gegen die VO selbst nicht gegeben ist.

2. Grundsatz der Subsidiarität

Nach dem vom BVerfG entwickelten Grundsatz der Subsidiarität der Verfassungsbeschwerde ist eine Rechtssatz-Verfassungsbeschwerde trotz des nicht vorhandenen Rechtsweges unzulässig, wenn es dem Beschwerdeführer zumutbar und möglich ist, zunächst vor den Fachgerichten die Norm **inzidenter** überprüfen zu lassen. Vorliegend kommen dafür zwei Möglichkeiten in Betracht: Zum einen könnte U gegen das Verbot verstoßen und dann auf eine entsprechende Verbotsverfügung durch die zuständige Behörde warten. Dann könnte er gegen die Verbotsverfügung im Rahmen einer Anfechtungsklage vor den Verwaltungsgerichten klagen. Diese Möglichkeit ist aber nur zumutbar, wenn das Verbot nicht straf- oder bußgeldbewehrt ist. Zum anderen kommt eine Feststellungsklage vor den Verwaltungsgerichten gemäß § 43 VwGO in Betracht. Damit könnte U feststellen lassen, ob die Verbote aus der VO auch für ihn gelten, also ob auch er nicht berechtigt ist, den Wald, den See usw. zu nutzen.

Aus diesem Grunde wäre eine Verfassungsbeschwerde zum jetzigen Zeitpunkt unzulässig.

2. Teil: Staatsorganisationsrecht

1. Staatsprinzipien

Fall 32: Demokratieprinzip aus Art. 20 Abs. 2 GG – Wahlwerbung auf Staatskosten
(nach BVerfGE 44, 125)

In den Wochen vor der letzten Bundestagswahl ließ die Bundesregierung in Tageszeitungen und Zeitschriften aus Haushaltsmitteln finanzierte Anzeigenserien veröffentlichen, in denen Leistungen der Bundesregierung unter Anführung schlagwortartig umrissener Fakten und unter Hinweis auf unbegründete pessimistische Stimmen der Opposition hervorgehoben wurden. Weiterhin gab die Bundesregierung ebenfalls im Rahmen der Öffentlichkeitsarbeit Bücher, Broschüren, Faltblätter und ähnliche Publikationen mit unterschiedlichem Inhalt und unterschiedlicher Zielsetzung heraus, teilweise in einer Auflage von mehr als 1 Mio. Exemplaren. Die Publikationen wurden zum großen Teil den Regierungsparteien sowie deren Untergliederungen zur Verbreitung überlassen.

Sind die Maßnahmen der Bundesregierung mit dem Demokratieprinzip vereinbar?

Die Maßnahmen der Bundesregierung können unvereinbar sein mit dem Demokratieprinzip.

Das Demokratieprinzip wird im Wesentlichen abgeleitet aus Art. 20 Abs. 1 und Abs. 2 GG.

Aus Art. 20 Abs. 1 GG ergibt sich zunächst, dass die Bundesrepublik Deutschland ein **demokratischer** Bundesstaat ist.

Aus Art. 20 Abs. 2 GG ergibt sich, dass die Staatsgewalt vom Volke ausgehen und von diesem u.a. in Wahlen ausgeübt werden soll. Dies bedeutet, dass primär das Volk bestimmen soll, wer in seinem Namen die Staatsgewalt ausübt und welchen Inhalt die Tätigkeit der von ihm gewählten staatlichen Organe haben soll. Umgekehrt soll ausgeschlossen werden, dass die derzeitigen Träger der Staatsgewalt maßgeblich bestimmen, welche Personen mit welchem Inhalt die Staatsgewalt ausüben. Kurz gesagt: Die politische Willensbildung in einer Demokratie soll „von unten nach oben" (vom Volk zu den Staatsorganen) und nicht umgekehrt erfolgen.

Gegen diese Maßgaben wird u.a. dann verstoßen, wenn die Bundesregierung unter dem Deckmantel der Öffentlichkeitsarbeit nichts anderes wie Wahlwerbung für die Regierungsparteien und für die eigene Wiederwahl betreibt. Dabei kommt noch hinzu, dass Öffentlichkeitsarbeit der Bundesregierung mit allgemeinen Haushaltsmitteln finanziert wird, also mit Steuern, die von Bürgern aller Parteien gezahlt worden sind.

Andererseits ist aber auch nicht jede Öffentlichkeitsarbeit der Bundesregierung in Wahlkampfzeiten generell unzulässig, sodass in jedem Fall abzugrenzen ist zwischen der zulässigen Öffentlichkeitsarbeit auch in Wahlkampfzeiten einerseits und der unzulässigen Wahlwerbung auf Staatskosten andererseits.

Dabei geht das BVerfG davon aus, dass die Grenzen zulässiger Öffentlichkeitsarbeit überschritten sind, wenn Informationskampagnen ohne aktuellen Anlass erfolgen, nach Form, Auflage und Inhalt reklamehaft wirken und sich in reinen Arbeits-, Leistungs- oder Erfolgsberichten erschöpfen und erkennbar nur dem Ziel der Regierung dienen, im Amt zu bleiben. Schließlich ist auch die zeitliche Nähe der streitigen Informationskampagne zur Wahl von Bedeutung.

Schon dem äußeren Erscheinungsbild nach sowie aufgrund von Inhalt und Auflage handelt es sich bei der hier zu prüfenden Informationskampagne eher um eine reklameartige Werbung als um sachliche Öffentlichkeitsarbeit. Die Bundesregierung umreißt nach dem Sachverhalt ihre Leistungen lediglich unter Anführung schlagwortartig umrissener Fakten und unter Hinweis auf unbegründete pessimistische Stimmen der Opposition.

Des Weiteren ist ein aktueller Anlass für die Erfolgsberichte der Bundesregierung nicht ersichtlich. Schließlich ist auch von Bedeutung, dass die Informationskampagne nur wenige Wochen vor der nächsten Bundestagswahl erfolgt.

Damit liegt eine unzulässige Wahlwerbung auf Staatskosten vor und keine zulässige Öffentlichkeitsarbeit, sodass Art. 20 Abs. 1, Abs. 2 GG (Demokratieprinzip, Willensbildung „von unten nach oben“) verletzt ist.

Fall 33: Art. 20 Abs. 1, Abs. 2 GG – Volksabstimmungen und repräsentative Demokratie

Innerhalb der Regierungskoalition ist umstritten, auf welche Weise die längst überfällige Gesundheitsreform durchzuführen sei. Zuletzt stehen noch zwei Modelle zur Wahl (Modell A und B).

Die zuständige Bundesministerin fragt, ob man nicht durch Volksbefragung verbindlich ermitteln könne, welches der beiden Modelle in der Bevölkerung favorisiert werde.

Die Bundeskanzlerin hält das Modell A für vorzugswürdig und fragt, ob nicht per Volksentscheid geklärt werden könne, ob das Modell A die Zustimmung der Mehrheit in der Bevölkerung findet.

Eine Gruppe von Abgeordneten hält das Modell B für vorzugswürdig und fragt, ob nicht über ein Volksbegehren eine entsprechende Entscheidung des Bundestages erreicht werden könne.

Ein Jurist der Bundestagsverwaltung meint, alle drei Maßnahmen seien verfassungswidrig wegen Verstoßes gegen den Grundsatz der repräsentativen Demokratie, abgeleitet aus dem Demokratieprinzip.

Hat er Recht?

A. Nach Art. 20 Abs. 2 S. 1 GG geht die Staatsgewalt vom Volke aus. Damit ist aber noch nicht entschieden, inwieweit das Volk an der Ausübung der Staatsgewalt beteiligt werden soll. Es sind dabei grundsätzlich zwei Möglichkeiten denkbar.

In einer mittelbaren oder repräsentativen Demokratie entscheidet das Volk grundsätzlich nur über die Zusammensetzung der Repräsentationsorgane (insbesondere Bundestag), die dann ihrerseits die Staatsgewalt im Namen des Volkes ausüben (vgl. auch Art. 38 Abs. 1 S. 2 GG, wonach die Abgeordneten des Deutschen Bundestages Vertreter des ganzen Volkes sind).

In einer unmittelbaren oder plebiszitären Demokratie entscheidet das gesamte Staatsvolk durch Abstimmungen im Einzelfall über anstehende politische Entscheidungen, insbesondere über Gesetzesvorhaben. Überwiegend wird dabei die Volksabstimmung oder das Plebiszit als Oberbegriff angesehen für die Unterfälle der Volksbefragung, des Volksentscheids und dem Volksbegehren.

B. Dem Grundgesetz ist nach wohl h.A. das Prinzip der repräsentativen oder mittelbaren Demokratie zu entnehmen, sodass Volksabstimmungen außerhalb der ausdrücklich geregelten Fälle in Art. 29 und Art. 118 S. 2 GG unzulässig sind und gegen das Demokratieprinzip aus Art. 20 Abs. 1, Abs. 2 GG verstoßen.

Zur Begründung wird zunächst der **Wortlaut von Art. 20 Abs. 2 S. 2 GG** herangezogen, wonach die Möglichkeit von Abstimmungen erst **nach** der Möglichkeit von Wahlen vorgesehen ist und außerdem angeordnet wird, dass die Staatsgewalt vom Volke durch besondere Organe der Gesetzgebung ausgeübt werden soll (und nicht direkt vom Volke).

Des Weiteren wird ein **Gegenschluss aus Art. 29 und Art. 118 S. 2 GG** herangezogen, wo ausdrücklich in bestimmten Fällen Volksabstimmungen vorgesehen sind und damit in übrigen Fällen nicht.

Außerdem werden geltend gemacht ein Widerspruch zur Weisungsfreiheit von Abgeordneten gemäß **Art. 38 Abs. 1 S. 2 GG** und die ausführliche Regelung über das Gesetzgebungsverfahren in **Art. 76 und 77 GG**, die überflüssig wären, wenn das Volk im Wesentlichen direkt bzw. unmittelbar alle Gesetze erlassen könnte.

Schließlich wird noch hingewiesen auf die angeblich schlechten Erfahrungen mit thematisch unbeschränkten Volksabstimmungen zur Weimarer Zeit (sog. **historisches Argument**).

Die vorgeschlagenen Volksabstimmungen sind (ohne entsprechende Grundgesetzänderung) allesamt verfassungswidrig wegen Verstoßes gegen den Grundsatz der repräsentativen Demokratie, im Wesentlichen abgeleitet aus Art. 20 Abs. 1, Abs. 2 GG.

Fall 34: Demokratieprinzip aus Art. 20 Abs. 1, 2, 39 GG – Verlängerung der Wahlperiode

Anlässlich der Finanzkrise diskutiert die Bundesregierung eine Verlängerung der Wahlperiode. Um gesetzliche Reformvorhaben künftig auch in Krisenzeiten unter geringerem Zeitdruck durchführen zu können, soll das Parlament nicht mehr nur für vier Jahre, sondern für fünf Jahre gewählt werden.

Daher beschließt der Bundestag mit einer Mehrheit von 2/3 der Abgeordneten und einstimmiger Zustimmung des Bundesrates ein Gesetz zur Änderung des Art. 39 Abs. 1 S. 1 GG, wonach der Bundestag auf fünf Jahre gewählt wird. Die verlängerte Wahlperiode soll erstmals für die 17. Legislaturperiode nach der Bundestagswahl am 27.09.2009 gelten.

Ist ein solches Änderungsgesetz verfassungsgemäß?

Das Änderungsgesetz zum GG müsste formell und materiell verfassungsgemäß sein.

A. Formelle Verfassungsmäßigkeit (+), insbesondere Mehrheit von 2/3 der Mitglieder des Bundestages und der Stimmen des Bundesrates.

B. Materielle Verfassungsmäßigkeit

In materieller Hinsicht könnte die Änderung des Art. 39 Abs. 1 S. 1 GG gegen die Sperre des Art. 79 Abs. 3 GG verstoßen. Danach ist eine Änderung des GG unzulässig, die die im Art. 20 GG niedergelegten Grundsätze berührt. Durch eine Verlängerung der Wahlperiode könnte das Demokratieprinzip aus Art. 20 Abs. 1, 2 GG berührt sein.

sog. Ewigkeitsgarantie

I. Inhalt des Demokratieprinzips

Die Bundesrepublik Deutschland ist gemäß Art. 20 Abs. 1 GG ein demokratischer Rechtsstaat, in dem alle Staatsgewalt vom Volke ausgeht, Art. 20 Abs. 2 S. 1 GG. Die Demokratie ist nach Art. 20 Abs. 2 S. 2 GG repräsentativ ausgestaltet und wird vom Volk in Wahlen und Abstimmungen (sowie durch die Organe der Gesetzgebung, der vollziehenden Gewalt und der Rechtsprechung) ausgeübt. In einer Demokratie gilt der Wille der Mehrheit, wobei aber die Mehrheit die Minderheit nicht unterdrücken darf, sondern ein effektiver Minderheitenschutz gewährleistet sein muss. Insofern gibt es in einer Demokratie nur eine Herrschaft auf Zeit. Dies bedeutet auch, dass die Legitimation und Kontrolle parlamentarischer Repräsentation durch freiheitliche Wahlen in regelmäßigen Zeitabständen elementare, von (Art. 39 Abs. 1 S. 1 GG) erfasste Bestandteile des Demokratieprinzips sind. Die Verlängerung der Wahlperiode auf fünf Jahre betrifft damit das Demokratieprinzip, Art. 20 Abs. 1, 2 GG.

II. Eingriff in den unantastbaren Kernbereich

1. Fraglich ist, ob eine solche Verlängerung der Wahlperiode auf fünf Jahre im Sinne des Art. 79 Abs. 3 GG die Grundsätze des Art. 20 GG berührt.

Die Bestimmung schafft einen Ausgleich zwischen der grundsätzlichen Entwicklungsoffenheit der Verfassung und der Sicherung eines änderungsfesten Kerns, der die fundamentalen verfassungsrechtlichen Leitaussagen vor einer Aushöhlung schützt. Ausgeschlossen sein soll ein Widerspruch verfassungsändernder Gesetze gegen die in Art. 20 GG niedergelegten „Grundsätze". Die Verlängerung der Wahlperiode auf fünf Jahre ist demnach verfassungswidrig, wenn dadurch in den unantastbaren Kernbereich der Demokratie eingegriffen wird und nicht eine sachgerechte Modifizierung der Demokratie erfolgt.

2. In Art. 38 Abs. 1 S. 2 GG ist verankert, dass die Abgeordneten des Bundestages den Volkswillen weisungsunabhängig und nach eigener Überzeugung umsetzen. Die demokratische Kontrolle der Repräsentanten reduziert sich daher auf den Akt der periodischen Neuentscheidung. In der repräsentativen Demokratie muss die Besetzung des Parlaments deshalb von Zeit zu Zeit erneuert werden, um die grundsätzliche Übereinstimmung von Volk und Volksvertretung zu sichern und dem Willen des Volkes Geltung zu verschaffen. Dies ist insbesondere vor dem Hintergrund zu werten, dass dem Souverän auf Bundesebene keine sonstige direkte Einwirkungsmöglichkeit eingeräumt ist.

3. Auf der anderen Seite dient das im GG verankerte Prinzip der repräsentativen Demokratie der Arbeitsfähigkeit und effektiven Meinungsbildung im Parlament. Auch dies ist (Kern-)Bestandteil der Demokratie. Dazu gehört, dass für eine gewisse Zeit der Repräsentant sich ungestört von Wahlkampfaufwand seinen Aufgaben widmen kann.

4. Eine zeitliche Begrenzung ergibt sich aus der Kontrollmöglichkeit durch das Volk einerseits und der Gewährleistung einer effektiven Arbeit des Parlamentes andererseits. Die historische wie die internationale Schwankungsbreite liegt zwischen drei und sechs Jahren.

Bei den Überlegungen, welche Dauer einer Wahlperiode angemessen ist, sind die Erfordernisse der Arbeitsfähigkeit und der Verantwortlichkeit des Parlaments zu beachten. Der Zeitraum muss so bemessen sein, dass einerseits die legislatorische Arbeit und die Kontrollaufgabe gegenüber der Exekutive durch zu häufige Neuwahlen nicht behindert werden, andererseits jedoch die Notwendigkeit einer regelmäßigen Erneuerung der demokratischen Legitimation durch einen Wahlakt der Bürger beachtet wird. Zwar wird die vierjährige Wahlperiode gelegentlich als „gelungener Kompromiss" zwischen den unterschiedlichen, bei der Entscheidung über die Wahlperiode zu berücksichtigenden Anforderungen angesehen. Aber auch durch eine fünfjährige Wahlperiode wird die Balance zwischen der Arbeitsfähigkeit des Parlaments und der erforderlichen regelmäßigen Legitimierung durch die Wählerinnen und Wähler ausreichend gewahrt. Langfristige Projekte können besser verwirklicht werden, wenn der Bundestag unabhängig vom Wahlkampf arbeiten kann und sich die Legislativ- und Regierungstätigkeit nicht von parteipolitischen Erwägungen leiten lässt. Zudem ist zu berücksichtigen, dass die Durchführung einer Bundestagswahl mit finanziellen Aufwendungen für den Staat verbunden ist, die durch eine Verlängerung der Wahlperiode reduziert werden können.

Damit ist eine allgemeine Verlängerung der Wahlperiode auf fünf Jahre zulässig. Das Änderungsgesetz zu Art. 39 Abs. 1 S. 1 GG ist verfassungsgemäß.[39]

---

39 Vgl. auch LVerfG M-V NVwZ 2008, 1343.

Fall 35: Art. 20 Abs. 3 GG – Rechtsstaatsprinzip, Verbot der unzulässigen Rückwirkung

Zur Sanierung der Staatsfinanzen, aber auch, um dringend anstehende Reformvorhaben finanzieren zu können, soll die Mehrwertsteuer um 3 Prozentpunkte erhöht werden.

Unterstellen Sie, dass der Bundestag auch formell rechtmäßig das Änderungsgesetz zu den einschlägigen steuerrechtlichen Vorschriften erlässt; das Änderungsgesetz wird im März 2009 im Bundesgesetzblatt verkündet und soll bereits zum 01.01.2009 in Kraft treten.

Ist das Änderungsgesetz mit dem Verbot der unzulässigen Rückwirkung aus dem Rechtsstaatsprinzip des Art. 20 Abs. 3 GG vereinbar?

Abwandlung: *Wie ist die Rechtslage zu beurteilen, wenn durch das Änderungsgesetz die Einkommensteuer geändert wird?*

A. Lösung des Ausgangsfalles:

Fraglich ist die Vereinbarkeit des Änderungsgesetzes mit dem Rückwirkungsverbot des Rechtsstaatsprinzips, abgeleitet aus Art. 20 Abs. 3 GG.

I. Das Parlamentsgesetz ist das wichtigste rechtsstaatliche Element, auf das der Bürger sein Verhalten ausrichten muss und ausrichten darf. Es schafft einen Vertrauenstatbestand und gewährt Rechtssicherheit. Das Vertrauen auf den Fortbestand von gesetzlichen Regelungen wird enttäuscht und dadurch die Rechtssicherheit beeinträchtigt, wenn der Gesetzgeber rückwirkend bereits bestehende Belastungen erhöht oder rückwirkend erstmalig eine Belastung von bisher belastungsfreien Tatbeständen regelt. Das Vertrauen des Bürgers auf den Fortbestand der bisher bestehenden gesetzlichen Rechtslage kann jedoch unterschiedlich groß sein, sodass unterschieden werden muss zwischen der grundsätzlich zulässigen unechten Rückwirkung und der grundsätzlich unzulässigen echten Rückwirkung.

II. Im Ausgangsfall ist dabei zwischen zwei Zeiträumen zu unterscheiden, nämlich zwischen dem Zeitraum von Januar bis März 2009 und dem Zeitraum ab März 2009.

1. Januar bis März 2009

Hier könnte eine **echte Rückwirkung** des Gesetzes vorliegen. Eine echte Rückwirkung ist gegeben, wenn der Gesetzgeber nachträglich ändernd in einen bereits abgeschlossenen Lebenssachverhalt eingreift und der im Gesetz geregelte Lebenssachverhalt dadurch nachträglich belastend geregelt wird.

Die echte Rückwirkung wird vom 2. Senat und Teilen der Literatur auch **Rückbewirkung von Rechtsfolgen** genannt. Inhaltlich unterscheiden sich diese Begriffe aber nicht.

Durch das Änderungsgesetz wird nachträglich die Mehrwertsteuer um 3% erhöht, und zwar auch für umsatzsteuerpflichtige Lebenssachverhalte, die vor der Verkündung des Änderungsgesetzes liegen. Hat z.B. jemand ein Kfz im Februar des Jahres mit einer Mehrwertsteuer von 19% gekauft, müsste er nun noch 3% auf den Kaufpreis nachzahlen. Das Änderungsgesetz enthält demnach eine nachträglich belastende Regelung für die Monate Januar bis März 2009.

Damit sind die Voraussetzungen einer echten Rückwirkung gegeben.

Die echte Rückwirkung ist wegen des im Vergleich erheblich höheren Vertrauenstatbestandes der Normadressaten grundsätzlich unzulässig.

Sie ist ausnahmsweise dann zulässig, wenn das Vertrauen der Normadressaten in den Fortbestand der alten Rechtslage nicht schutzwürdig ist, insbesondere weil er mit einer neuen Regelung rechnen musste oder weil zwingende Gründe des gemeinen Wohls vorliegen.

Wegen der Gründe für die Mehrwertsteuererhöhung (Sanierung der Staatsfinanzen, Finanzierung von dringend anstehenden Reformen) könnte möglicherweise von einem zwingenden Grund des Gemeinwohls auszugehen sein. Allerdings würde auch eine Erhöhung der Mehrwertsteuer für die Zukunft dem Staat Geldmittel zufließen lassen, sodass die Staatsfinanzen dann (etwas später) saniert werden könnten. Aus diesem Grunde reichen die rein fiskalischen Erwägungen nicht aus, um die echte Rückwirkung zu rechtfertigen. Die Normadressaten mussten auch nicht mit einer Mehrwertsteuererhöhung rechnen, sodass eine unzulässige Rückwirkung vorliegt.

Damit ist im Ausgangsfall ein Verstoß gegen das Rechtsstaatsprinzip des Art. 20 Abs. 3 GG gegeben.

B. Lösung der Abwandlung:

Im Gegensatz zur Mehrwertsteuer handelt es sich bei der Einkommensteuer um eine sog. Jahressteuer. D.h., dass die Bemessungsgrundlage für die vom Bürger zu entrichtende Einkommensteuer das Einkommen des gesamten Kalenderjahres ist.

Das Änderungsgesetz wird im März 2009 verkündet. Zu diesem Zeitpunkt ist noch nicht klar, wie hoch das Jahreseinkommen des Normadressaten sein wird. Es könnte demnach eine **unechte Rückwirkung** des Gesetzes vorliegen.

Die unechte Rückwirkung wird vom 2. Senat und Teilen der Literatur auch **tatbestandliche Rückanknüpfung** genannt. Inhaltlich unterscheiden sich diese Begriffe aber nicht.

Voraussetzung für eine unechte Rückwirkung ist, dass ein Lebenssachverhalt bei Verkündung des Gesetzes noch nicht abgeschlossen ist, das Gesetz aber gleichwohl auf in der Vergangenheit beruhende Umstände zurückgreift. Der in dem Änderungsgesetz geregelte Lebenssachverhalt umfasst steuerpflichtige Vorgänge in dem jeweiligen Kalenderjahr, also hier das Kalenderjahr 2009. Dieser Lebenssachverhalt ist bei Verkündung des Gesetzes im März 2009 noch nicht abgeschlossen gewesen.

Der Lebenssachverhalt wird nachträglich belastend geregelt, indem das Vertrauen der Steuerpflichtigen aus den ersten Monaten des Jahres 2009, nicht mit einer erhöhten Einkommensteuer belastet zu werden, enttäuscht wird. Damit sind die Voraussetzungen einer unechten Rückwirkung erfüllt.

Die unechte Rückwirkung ist im Gegensatz zur echten Rückwirkung grundsätzlich zulässig und nur dann ausnahmsweise unzulässig, wenn das Vertrauen der Normadressaten in den Fortbestand der alten Rechtslage die öffentlichen Interessen an der neuen belastenden Rechtslage eindeutig überwiegt. Anhaltspunkte dafür sind aus dem Sachverhalt nicht ersichtlich, sodass die in der Abwandlung vorliegende unechte Rückwirkung zulässig ist.

2. Bundestag

Fall 36: Bundestagswahl

Das Bundesverfassungsgericht hat in seinem Urteil vom 03.07.2008 das BWahlG (teilweise) für verfassungswidrig erklärt und den Gesetzgeber aufgefordert, bis zum 30.06.2011 eine verfassungsgemäße Neuregelung zu schaffen. In der Entscheidung stellte das Bundesverfassungsgericht fest, dass die Regelungen in § 7 Abs. 3 S. 2 i.V.m. § 6 Abs. 4 u. 5 BWG gegen Art. 38 Abs. 1 S. 1 GG verstoßen, soweit hierdurch ermöglicht wird, dass ein Zuwachs an Zweitstimmen zu einem Verlust an Sitzen der Landesliste oder ein Verlust an Zweitstimmen zu einem Zuwachs an Sitzen der Landesliste führen kann (sog. negatives Stimmgewicht oder inverser Erfolgswert).

Stellen Sie sich vor, dass bei der nächsten Bundestagswahl 44 Mio. Zweitstimmen abgegeben werden. Davon in NRW 9 Mio., in Hessen 3 Mio. und in Hamburg 1 Mio. Gehen Sie weiter davon aus, dass die CDU NRW 3.111.478 Zweitstimmen, die SPD NRW 2.678.956 Zweitstimmen erhalten haben. Daneben hat die CDU NRW 40 Wahlkreise (mit der 1. Stimme) gewonnen und die SPD NRW 37 Direktmandate erzielt.

Stellen Sie das Wahlsystem der BRD nach dem neuen BWahlG dar und berechnen Sie, wie viele Bundestagsabgeordnete über die Landesliste der CDU NRW sowie der SPD NRW in den Bundestag einziehen.

Das Wahlsystem in der BRD ist im GG nicht niedergelegt. Vielmehr bestimmt Art. 38 Abs. 3 GG, dass das Nähere ein Bundesgesetz bestimmt, das Bundeswahlgesetz (BWahlG). Allerdings sind durch die Wahlrechtsgrundsätze des Art. 38 Abs. 1 S. 1 GG gewisse Vorgaben gemacht.

Gemäß § 1 Abs. 1 BWahlG besteht der Bundestag aus 598 Abgeordneten. Diese werden nach den Grundsätzen einer mit der Personenwahl verbundenen Verhältniswahl gewählt, § 1 Abs. 1 S. 2 BWG.

Die Hälfte der Abgeordneten (299) werden über die Erststimme nach Kreiswahlvorschlägen gewählt, § 1 Abs. 2, § 4 und § 5 BWahlG. Dies sind die sog. Direktmandatsträger. Es handelt sich um die Personenwahl im Mehrheitswahlsystem, d.h., dass derjenige gewählt wird, der die meisten Stimmen im Wahlkreis auf sich vereinigt.

Über die Zweitstimme werden die Landeslisten gewählt. Die wesentlichste Änderung im neuen BWahlG besteht darin, dass **heute** zunächst die Sitzverteilung auf die Länder, und erst in einem zweiten Schritt auf die Landeslisten vorgenommen wird, während **früher** – genau gegenläufig, zunächst die Zweitstimmen auf die Parteien und dann auf die Länder verteilt wurden.

Die nachfolgende Darstellung beschreibt den Ablauf.

1. In einem ersten Schritt wird gemäß § 6 Abs. 1 S. 1 BWahlG n.F. die Anzahl der Sitze ermittelt, die von der Gesamtzahl der Sitze (598 Abgeordnete) auf jedes Land entfällt. Diese Berechnung erfolgt nach dem **Divisorverfahren** nach **Sainte-Lague/Schepers**, § 6 Abs. 1 S. 1, Abs. 2 BWahlG.

Zum Fall: Bei der Bundestagswahl werden 44 Mio Zweitstimmen abgegeben. Davon in NRW 9 Mio, in Hessen 3 Mio und in Hamburg 1 Mio. Nun werden zunächst die 598 Sitze des Bundestages auf die einzelnen Bundesländer verteilt. Dafür ist ein **Zuteilungsdivisor** zu bestimmen (§ 6 Abs. 2 S. 6 BWahlG n.F.).

44 Mio Zweitstimmen : 598 Abgeordnete = 73.578,59531

Mit diesem Zuteilungsdivisor werden die Sitze auf die Bundesländer verteilt

NRW: 9 Mio : 73.578,59531 = 122,32; abgerundet 122 Sitze

Hessen: 3 Mio : 73.578,59531 = 40,77; aufgerundet 41 Sitze

Hamburg: 1 Mio : 73.578,59531 = 13,59; aufgerundet 14 Sitze

2. In einem zweiten Schritt werden die für jedes Bundesland so ermittelten Sitze (wieder im Divisorverfahren nach Sainte-Lague/Schepers) gemäß § 6 Abs. 2 BWahlG n.F. auf die einzelnen Parteien verteilt.

Zum Fall: Wenn in NRW 122 Sitze zu verteilen sind und die CDU NRW 3.111.478 Zweitstimmen, die SPD NRW 2.678.956 Zweitstimmen erhalten haben, ergibt sich folgende Berechnung:

Zuteilungsdivisor: 9 Mio (Zweitstimmen NRW) : 122 Sitze = 73.770,4918

CDU: 3.111.478 : 73.770,4918 = 42,18; abgerundet 42 Sitze

SPD: 2.678.956 : 73.770,4918 = 36,31; abgerundet 36 Sitze.

Dies bedeutet, dass die CDU NRW mindestens 42 Abgeordnete, die SPD NRW mindestens 36 Abgeordnete in den Bundestag entsendet.

3. Wie früher werden von dieser Zahl die von der Partei in dem Bundesland errungenen Direktmandate abgerechnet, und die restlichen Sitze werden aus der Landesliste besetzt (§ 6 Abs. 4 BWahlG). Erringt eine Partei mehr Direktmandate als ihr nach der Verhältniswahl zustehen, so verbleiben ihr diese Sitze (§ 6 Abs. 5 BWahlG). Es können also auch heute noch **Überhangmandate** entstehen.

Zum Fall: Hat also die CDU NRW 40 Wahlkreise gewonnen, schickt sie diese 40 gewählten Bewerber in den Bundestag und **noch zwei Bewerber aus der Liste.** Gewinnt die SPD 37 Direktmandate, stehen ihr 37 Sitze zu. Da der SPD NRW nach dem Verhältnis aber eigentlich nur 36 Sitze zustünden, entsteht **ein Überhangmandat** für die SPD.

4. Eine Neuerung zu der alten Rechtslage sieht § 6 Abs. 2 a BWahlG n.F. vor. Bei der Verteilung der Sitze auf die Landeslisten aus den Sitzkontingenten der Länder (oben 2.) können **Erfolgswertunterschiede** dadurch entstehen, dass sich unterschiedlich hohe Zahlen von nicht mehr zu einem Mandat führenden **Reststimmen** kumulieren (Rundungsverluste). Daher werden sog. „**Mehrsitze**" vergeben, wenn die Erfolgswertabweichung im Wahlgebiet bezogen auf die Zahl der Zweitstimmen, die in den 16 Ländern nicht zu einem Sitz geführt haben, größer ist als die Stimmenzahl, die im Bundesdurchschnitt für einen Sitz erforderlich war.

Beispiel: Im Bundesdurchschnitt sind 73.578 Stimmen für ein Mandat erforderlich (44 Mio Zweitstimmen : 598 Abg.). In NRW sind 9 Mio Zweitstimmen abgegeben worden und 122 Sitze entstanden, also 73.770 Stimmen pro Mandat erforderlich. Die CDU hat in NRW 3.111.478 Zweitstimmen erhalten und damit 42 Sitze errungen. Die CDU NRW brauchte also im Durchschnitt 74.082 Stimmen pro Mandat. Die CDU NRW hat daher einen positiven Abweichungswert von 74.082 – 73.770 = 312 Stimmen. Wenn die Summe der positiven Abweichungswerte aller CDU Landeslisten sich auf insgesamt 37.421 Stimmen summiert, würde folgende Berechnung erfolgen:

37.421 Stimmen : (Bundesdurchschnitt) 73.578 Stimmen = 0,508 = aufgerundet 1 Mehrsitz für die CDU. Dieser eine Mehrsitz wird der Landesliste der CDU mit den meisten Reststimmen zugeteilt, wobei Überhangmandate mit diesen Zusatzmandaten verrechnet werden.

Anmerkung: *Durch den Verzicht auf Listenverbindungen wird die Häufigkeit des Auftretens eines negativen Stimmgewichts reduziert, aber nicht völlig ausgeschlossen, wobei verschiedene Faktoren kumulativ zusammenwirken müssen, damit der Effekt auftritt. Unter anderem aus diesem Grunde wird auch die Neuregelung teilweise für verfassungswidrig gehalten. Es sind bereits Verfassungsbeschwerden angekündigt (z.B. durch den Verein „MEHR DEMOKRATIE“) sowie Normenkontrollanträge (SPD, Bündnis 90/Die Grünen), sodass wohl das Bundesverfassungsgericht „das letzte Wort“ haben wird.*

Fall 37: Bundestagswahl – Überhangmandate

Sind die im vorherigen Fall entstandenen Überhangmandate verfassungsgemäß?

Die Überhangmandate könnten gegen den Grundsatz der Gleichheit der Wahl aus Art. 38 Abs. 1 S. 1 GG verstoßen.

1. Die Wahlrechtsgleichheit ist strenger als der allgemeine Gleichheitssatz (Art. 3 Abs. 1 GG), bei dem jeder sachliche Grund eine Abweichung rechtfertigen kann. Dem Gesetzgeber bleibt hier nur ein eng bemessener Spielraum für Differenzierungen, die stets eines besonderen rechtfertigenden, zwingenden Grundes bedürfen.

Unabdingbar ist, dass jede abgegebene Stimme gleich gezählt wird (gleicher Zählwert), was nach dem BWG der Fall ist.

Darüber hinaus muss jede Stimme grundsätzlich auch den gleichen Einfluss auf das Wahlergebnis haben (gleicher Erfolgswert).

2. Durch Überhangmandate könnte ein Verstoß gegen den Grundsatz der Gleichheit der Wahl vorliegen, da der Erfolgswert derjenigen Wählerstimmen überhöht ist, die nicht nur das Zweitstimmenmandat tragen, sondern zusätzlich das Überhangmandat.

Darüber hinaus wird der gleiche Erfolgswert im Gesamtergebnis beeinträchtigt, da eine Partei mit Überhangmandaten relativ gesehen weniger Zweitstimmen pro Mandat benötigt als eine Partei ohne Überhangmandate.

Ob daher ein Verfassungsverstoß vorliegt, ist streitig.

a) Die eine Meinung bejaht, jedenfalls bei einer Vielzahl von Überhangmandaten, einen Verstoß gegen die Wahlrechtsgleichheit des Art. 38 GG. Der Gesetzgeber sei verpflichtet, das Wahlrecht systemkonform auszugestalten. Habe er sich, wie der Bundesgesetzgeber, für ein Verhältniswahlrecht entschieden, so dürfe er dies zwar modifizieren, aber nicht durch eine Kombination mit Elementen der Mehrheitswahl praktisch außer Kraft setzen. Überhangmandate seien für den spezifischen Charakter der personalisierten Verhältniswahl auch nicht zwingend notwendig.

Überhangmandate werden weder durch die Mehrheitswahl noch durch die Verhältniswahl vergeben, sondern entstehen durch eine sog. Unterverteilung der Sitze auf Landesebene. Würde eine Verrechnung von Erst- und Zweitstimmen auf Bundesebene, also bei der sog. Oberverteilung, erfolgen, gäbe es keine Überhangmandate, da von 598 nur 299 Sitze abgezogen würden.

Nach dieser Auffassung steht diese Systementscheidung nicht im Ermessen des Gesetzgebers nach Art. 38 Abs. 3 GG. Die ausgleichslose Einräumung von Überhangmandaten führt zur Ungleichheit des Erfolgswertes der Stimmen und verstößt daher gegen Art. 38 Abs. 1 S. 1 GG, Gleichheit der Wahl.

Dies hat gleichzeitig einen Verstoß gegen die Chancengleichheit der Parteien aus Art. 21 Abs. 1 i.V.m. Art. 38 Abs. 1 S. 1 GG zur Folge.

Ergäben sich aufgrund des Wahlergebnisses Überhangmandate, so könnte die Beeinträchtigung der Wahlgleichheit z.B. dadurch ausgeglichen werden, dass anderen Parteien entsprechende **Ausgleichsmandate** zuerkannt werden (wie dies bei Landtagswahlen, z.B. gemäß § 33 Abs. 4 S. 1, 2 LWahlG NW, üblich ist). Eine andere Möglichkeit wäre, die Überhangmandate nicht auf der Grundlage der einzelnen Landeslisten zu ermitteln, sondern nach dem gesamten Listenkontingent, sodass einer Partei nur die um die Überhangmandate verringerte Zahl von Listensitzen zugeteilt würde.[40]

b) Nach anderer Auffassung ist ein ungleicher Erfolgswert nur dann zulässig, wenn der Zweck des Wahlverfahrens dies zwingend erfordert. Das BVerfG hat hierbei die Rechtfertigung für Überhangmandate bislang in den Besonderheiten der personalisierten Verhältniswahl gesehen, die mit dem GG solange vereinbar ist, als die Wahlkreise im Rahmen des Möglichen annähernd gleich groß sind und Überhangmandate nur eine unerhebliche Veränderung des Stimmengewichts bewirken.

Ausgangspunkt ist zunächst das als verfassungsgemäß angesehene Wahlsystem einer personalisierten Verhältniswahl mit Erststimmen auf einen Kandidaten und Zweitstimmen auf eine Parteilandesliste. Die zahlreichen Überhangmandate aus 1994 und 1998 machen entgegen vorangegangener Wahlen das Mehrheitswahlsystem bei der Erststimme im Vergleich zum Verhältniswahlsystem bei der Zweitstimme besonders deutlich. Da auch ein stärker ausgeprägtes Mehrheitswahlsystem wie in anderen Staaten mit dem Grundsatz einer Wahlgleichheit vereinbar wäre, ist nicht einzusehen, warum die Überhangmandatsregelung im Allgemeinen verfassungswidrig sein soll. Insoweit besteht mangels Regelung im GG ein **gesetzgeberisches Ermessen**, welches Wahlsystem unter Wahrung der Wahlrechtsgrundsätze des Art. 38 Abs. 1 S. 1 GG eingeführt wird (vgl. Art. 38 Abs. 3 GG).

Der Grundsatz der Gleichheit der Wahl gebietet nicht die ausschließliche Regelung eines Verhältniswahlsystems.

Darüber hinaus hat auch jeder Wähler die gleiche **Chance**, durch seine Stimmausübung ein Überhangmandat, natürlich nur im Ergebnis mit zahlreichen anderen Wählern zusammen, zu erzeugen.

Des Weiteren besagt der Grundsatz der Gleichheit der Wahl auch nicht, dass ein Mandat bei allen Parteien die gleiche Stimmenanzahl ausmachen muss. Dies ist schon wegen der unterschiedlich großen Wahlkreise und insbesondere der unterschiedlich hohen Sitzzahl, die jedes Bundesland, orientiert an den Einwohnerzahlen des Bundeslandes, in den Bundestag entsendet, nicht gewährleistet.

Der rechnerische Unterschied von 4.000 Stimmen ist in Anbetracht der erforderlichen Gesamtstimmenzahl i.H.v. 65.000 bzw. 69.000 Stimmen pro Sitz auch nicht so erheblich, dass eine übermäßige Veränderung der Stimmengewichte vorliegt.

Ob Ausgleichsmandate gewährt werden, ist eine gesetzgeberische Entscheidung im Rahmen des Wahlsystems, die vom Bundesgesetzgeber ermessensfehlerfrei getroffen wurde.

---

40 4 Richter des BVerfG NJW 1997, 1553, Limbach, Graßhoff, Sommer und Hassemer.

Die Regelung von Überhangmandaten ist daher nach dieser Auffassung verfassungsgemäß.[41]

Anmerkung: Da die Entscheidung mit 4 : 4 Stimmen getroffen wurde, gilt das GG nach § 15 Abs. 3 S. 3 BVerfGG als nicht verletzt und das Verfahren als nicht begründet.

Demzufolge ist das System der Überhangmandate, welches auf das verfassungsgemäße Wahlsystem der personalisierten Verhältniswahl zurückzuführen ist, verfassungsgemäß.

Anmerkung: Durch Urteil des Bundesverfassungsgerichts vom 03.07.2008 – 2 BvC 1/07, 2 BvC 7/07 – verletzt § 7 Abs. 3 S. 2 i.V.m. § 6 Abs. 4 und 5 BWG Art. 38 Abs. 1 S. 1 GG, soweit hierdurch ein sogenanntes **negatives Stimmgewicht** ermöglicht wird. Das bedeutet, dass ein Zuwachs an Zweitstimmen zu einem Verlust an Sitzen der Landeslisten führen kann bzw. ein Verlust an Zweitstimmen zu einem Zuwachs an Sitzen der Landeslisten führen kann. Dies ändert allerdings nichts an der generellen Zulässigkeit von Überhangmandaten.

Da nach dem neuen BWahlG (vgl. Fall 36) Überhangmandate weiterhin entstehen können, ist grundsätzlich auch weiterhin die Frage nach der (generellen) Verfassungsmäßigkeit von Überhangmandaten interessant. Wie in der Anmerkung zu Fall 36 aber bereits angedeutet, dürften zum Wahlrecht noch weitere Entscheidungen des BVerfG ergehen.

---

41 4 Richter des BVerfG NJW 1997, 1553, Kruis, Kirchhof, Winter und Jentsch.

Fall 38: Chancengleichheit der Parteien
(Abwandlung von Fall 32)

Die Oppositionsparteien A und B sind der Auffassung, dass durch die unzulässige Wahlwerbung auf Staatskosten der Bundesregierung (s. oben Fall 32) die Regierungsparteien in unzulässiger Weise Wahlwerbung auch auf Staatskosten betreiben können und damit ein Verstoß gegen die Chancengleichheit der Parteien vorliege.

Haben die A- und B-Partei Recht?

Die Informationskampagne der Bundesregierung könnte als unzulässige Wahlwerbung auf Staatskosten gegen die Chancengleichheit der Parteien verstoßen.

A. Die Chancengleichheit der Parteien wird, sofern sie im Zusammenhang mit Bundestags- oder Landtagswahlen verletzt sein kann, überwiegend abgeleitet aus Art. 21 Abs. 1 i.V.m. Art. 38 Abs. 1 S. 1 GG.[42]

Außerhalb von Bundestagswahlen wird die Chancengleichheit der Parteien abgeleitet aus Art. 21 Abs. 1 i.V.m. Art. 3 Abs. 1 GG (so z.B. bei der unterschiedlichen steuerlichen Begünstigung von Parteispenden).[43]

B. Gemäß Art. 21 Abs. 1 S. 1 GG wirken die Parteien bei der politischen Willensbildung des Volkes mit. Gemäß § 1 Abs. 2 ParteienG tun sie das u.a. dadurch, dass sie sich durch Aufstellung von Bewerbern an den Wahlen in Bund, Ländern und Gemeinden beteiligen. Aus Art. 38 Abs. 1 S. 1 GG, passive Wahlrechtsgleichheit, folgt weiterhin, dass insbesondere auch die Wahlbewerber aller Parteien von allen staatlichen Stellen gleichbehandelt werden müssen. Ungleichbehandlungen der Wahlbewerber und der ihnen nahe stehenden Parteien sind nur ausnahmsweise aus zwingenden staatspolitischen Gründen zulässig (sog. formaler Gleichbehandlungsgrundsatz).

C. Fraglich ist, ob hier eine entsprechende Ungleichbehandlung gegeben ist, die nicht aus zwingenden staatspolitischen Gründen zulässig ist.

Anmerkung: Sofern die Informationskampagne der Bundesregierung als zulässige Öffentlichkeitsarbeit anzusehen war, ist die Chancengleichheit der Parteien nicht verletzt. Fraglich ist dann bereits, ob überhaupt eine Ungleichbehandlung von Regierungs- und Oppositionsparteien vorliegt. Jedenfalls liegt dann ein zwingender staatspolitischer Grund für eine mögliche Ungleichbehandlung vor („Regierungsbonus").

I. Durch die unzulässige Wahlwerbung der Bundesregierung werden die Oppositionsparteien ungleich behandelt im Vergleich zu den Regierungsparteien, weil Letztere zur Finanzierung des Wahlkampfes nicht nur die Parteikasse, sondern auch allgemeine Haushaltsmittel in Anspruch nehmen können.

II. Ein zwingender staatspolitischer Grund für diese Ungleichbehandlung ist nicht ersichtlich.

Damit verstößt die unzulässige Wahlwerbung der Bundesregierung auf Staatskosten gegen die Chancengleichheit der Parteien. Die A- und die B-Partei haben Recht.

---

42 BVerfGE 44, 144.

43 BVerfGE 85, 264, 312.

Fall 39: Art. 38 Abs. 1 S. 1 GG – Allgemeinheit der Wahl, personelle Gewaltenteilung

Gemäß § 5 Abs. 1 S. 1 AbgeordnetenG ruhen die Rechte und Pflichten aus dem Dienstverhältnis eines in den Bundestag gewählten Beamten mit Dienstbezügen vom Tage der Annahme der Wahl für die Dauer der Mitgliedschaft.

Der Bundesbeamte B, der sich für ein Mandat im Deutschen Bundestag bewirbt, möchte auch nach seiner möglichen Wahl in den Bundestag weiterhin als Beamter tätig sein und weiter Dienstbezüge erhalten.

Er fragt, ob § 5 Abs. 1 S. 1 AbgG mit dem Grundsatz der Allgemeinheit der Wahl, abgeleitet aus Art. 38 Abs. 1 S. 1 GG, vereinbar ist.

Es könnte ein Verstoß gegen die Allgemeinheit der Wahl aus Art. 38 Abs. 1 S. 1 GG gegeben sein.

Allgemeinheit der Wahl i.S.v. Art. 38 Abs. 1 S. 1 GG bedeutet, dass grundsätzlich allen Deutschen ab 18 Jahren uneingeschränkt die Möglichkeit offen steht, zu wählen (aktives Wahlrecht) und gewählt zu werden (passives Wahlrecht). Einschränkungen des aktiven oder passiven Wahlrechts bzw. Ungleichbehandlungen in diesem Bereich sind nur ausnahmsweise zulässig aus zwingenden staatspolitischen Gründen (formeller oder strenger Gleichbehandlungsgrundsatz bei der Allgemeinheit der Wahl).

Der Grundsatz der Allgemeinheit der Wahl wird wie ein besonderes Gleichheitsrecht geprüft.

I. Feststellung einer Ungleichbehandlung

B als Beamter muss im Fall der Wahl in den Bundestag entscheiden, ob er das Mandat annimmt und damit das einstweilige Ruhen seiner Rechte und Pflichten aus dem beamtenrechtlichen Dienstverhältnis bewirkt, also damit u.a. auch den Verlust der Dienstbezüge.

Andere Wahlkandidaten, die in den Bundestag gewählt werden, insbesondere Freiberufler, können auch nach Annahme des Mandates weiterhin ihrem Beruf nachgehen.

Damit liegt eine Ungleichbehandlung im Rahmen des passiven Wahlrechts vor.

II. Rechtfertigung der Ungleichbehandlung

Einschränkungen der Allgemeinheit der Wahl bzw. eine Ungleichbehandlung in diesem Bereich sind nur ausnahmsweise dann zulässig, wenn sie aus zwingenden staatspolitischen Gründen notwendig sind.

Zweck der gesetzlichen Regelung in § 5 Abs. 1 S. 1 AbgeordnetenG ist die Verhinderung einer Interessenkollision, die entstehen könnte, wenn der Bundesbeamte B gleichzeitig der Bundesexekutive, also der Bundesverwaltung, angehört und dem Bundestag, also der Bundeslegislative. Das könnte zu einer Verletzung des Grundsatzes der Gewaltenteilung führen aus Art. 20 Abs. 3 GG (Rechtsstaatsprinzip), der grundsätzlich davon ausgeht, dass die drei Gewalten (Judikative, Exekutive und Legislative) nicht nur funktionell, sondern auch personell streng getrennt werden müssen, um die gegenseitige Kontrollfunktion zu wahren (sog. personelle Gewaltenteilung oder Inkompatibilität oder Unvereinbarkeit von Amt und Mandat). Dieser Normzweck findet seinen Ausdruck und seine Bestätigung auch in Art. 137 Abs. 1 GG, wo es u.a. heißt: „Die Wählbarkeit von Beamten und Richtern im Bund, in den Ländern und den Gemeinden kann gesetzlich beschränkt werden." Der Grundsatz der personellen Gewaltenteilung wiegt eindeutig höher als die Allgemeinheit der Wahl bzw. das Recht auf uneingeschränkte passive Wählbarkeit, sodass die Ungleichbehandlung aus zwingenden staatspolitischen Gründen gerechtfertigt ist.

§ 5 Abs. 1 S. 1 AbgeordnetenG ist mit Art. 38 Abs. 1 S. 1 GG vereinbar.

Fall 40: Art. 38 Abs. 1 S. 1 GG – Unmittelbarkeit der Wahl

Gemäß § 4 BWG hat jeder Wähler bei Bundestagswahlen zwei Stimmen, eine Erststimme für die Wahl eines Wahlkreisabgeordneten (Direktmandat) und eine Zweitstimme für die Wahl einer Landesliste (Listenmandat). Gemäß § 27 Abs. 1 S. 1 BWG können Landeslisten nur von Parteien eingereicht werden, welche die Landeslisten parteiintern nach näherer Vorgabe der §§ 27 ff. BWG erstellen und insbesondere auch festlegen, in welcher Reihenfolge die Kandidaten aufgestellt werden. Die Rangfolge der Kandidaten ist von großer Wichtigkeit; denn je höher der Listenplatz, desto eher besteht die Chance, über ein Listenmandat in den Bundestag einzuziehen. Damit entscheidet letztlich allein die Partei, welche Chancen ein Kandidat hat, insbesondere aufgrund seines Listenplatzes in den Bundestag einzuziehen.

Ist die oben beschriebene Systematik des Bundeswahlgesetzes mit dem Grundsatz der Unmittelbarkeit der Wahl aus Art. 38 Abs. 1 S. 1 GG vereinbar?

I. Eingriff in Schutzbereich

Die Unmittelbarkeit der Wahl wird wie ein Freiheitsrecht geprüft.

1. Der Grundsatz der Unmittelbarkeit der Wahl aus Art. 38 Abs. 1 S. 1 GG garantiert als besonderes Freiheitsrecht, dass grundsätzlich keine weitere Entscheidungsinstanz zwischen Wählerstimme einerseits und Ermittlung der Abgeordnetensitze für den Bundestag andererseits zulässig ist; mit anderen Worten soll der Wähler bei Ausübung der Staatsgewalt durch Wahlen zum Bundestag (vgl. Art. 20 Abs. 2 GG) grundsätzlich allein bestimmen können, welche Partei und welche Abgeordneten in den Bundestag gewählt werden.

2. Die Systematik der §§ 4 und 27 BWG sieht, wie im Sachverhalt dargestellt, vor, dass allein die Partei darüber entscheidet, welcher Kandidat aufgestellt werden soll und in welcher Reihenfolge auf der Liste. Damit tritt eine selbstständige Zwischenursache zwischen die Abgabe der Wählerstimme einerseits und die Ermittlung der Abgeordnetensitze andererseits, sodass ein Eingriff in den Schutzbereich von Art. 38 Abs. 1 S. 1 GG, Unmittelbarkeit der Wahl, vorliegt.

II. Verfassungsrechtliche Rechtfertigung

Ein Eingriff in den Schutzbereich des Grundrechtes auf Unmittelbarkeit der Wahl ist dann gerechtfertigt, wenn die genannten Vorschriften des Bundeswahlgesetzes verfassungsmäßige Konkretisierung des Gesetzesvorbehaltes in Art. 38 Abs. 3 GG sind.

Fraglich ist allein die Verhältnismäßigkeit der gesetzlichen Systematik. Diese Voraussetzung ist, ähnlich wie bei der Allgemeinheit oder Gleichheit der Wahl, ausnahmsweise nur dann erfüllt, wenn der Eingriff in den Schutzbereich des Wahlgrundrechtes aus zwingenden staatspolitischen Gründen erforderlich ist.

Zwingende staatspolitische Gründe sind alle Werte mit Verfassungsrang, insbesondere die Grundrechte und die Verfassungsprinzipien.

Der Eingriff ist erforderlich und angemessen, wenn der Wert mit Verfassungsrang schwerer wiegt als der Grundsatz der Unmittelbarkeit der Wahl aus Art. 38 Abs. 1 S. 1 GG.

Als staatspolitischer Grund bzw. Wert mit Verfassungsrang kommt hier Art. 21 GG in Betracht. Danach wirken die Parteien bei der politischen Willensbildung des Volkes mit. Diese Mitwirkung erfolgt gemäß § 1 Abs. 2 ParteiG, der Art. 21 Abs. 1 S. 1 GG konkretisiert, u.a. dadurch, dass die Parteien sich durch Aufstellung von Bewerbern an den Wahlen in Bund, Ländern und Gemeinden beteiligen. Durch beide genannten Vorschriften wird deutlich, dass die Beteiligung an Wahlen durch Aufstellung der Bewerber jedenfalls auch Sache der Parteien ist und nicht ausschließlich Sache des Volkes bzw. des einzelnen Wählers. Dieser Normzweck der §§ 4 und 27 BWG wiegt auch schwerer als der Grundsatz der Unmittelbarkeit der Wahl, sodass der Eingriff in den Schutzbereich dieses Grundrechtes gerechtfertigt und damit rechtmäßig ist.

Die Systematik des Bundeswahlgesetzes ist deshalb mit dem Grundsatz der Unmittelbarkeit der Wahl aus Art. 38 Abs. 1 S. 1 GG vereinbar.

Fall 41: Art. 38 Abs. 1 S. 1 GG – aktive Wahlrechtsgleichheit

Gemäß § 6 Abs. 6 S. 1 BWG werden bei der Verteilung der Sitze auf die Landeslisten grds. nur Parteien berücksichtigt, die mindestens 5 v.H. der im Wahlgebiet abgegebenen gültigen Zweitstimmen erhalten haben. Dieser Grundsatz hat zur Folge, dass Zweitstimmen für Parteien, die unter 5% bleiben, verloren sind bzw. keinen Erfolgswert haben.

Wähler W steht der kleinen K-Partei nahe, die regelmäßig die 5%-Sperrklausel bei Bundestagswahlen nicht erreicht. Er fragt, ob § 6 Abs. 6 S. 1 BWG mit Art. 38 Abs. 1 S. 1 GG, der Gleichheit der Wahl, vereinbar ist.

Der Grundsatz der Wahlrechtsgleichheit schützt grds. nicht nur die Gleichbehandlung aller Wahlkandidaten bei Wahlen zum Bundestag (zur sog. passiven Wahlrechtsgleichheit vgl. oben Fall 39), sondern soll auch bewirken, dass grds. alle Wähler mit ihren Stimmen den gleichen Einfluss auf das Wahlergebnis haben können (sog. aktive Wahlrechtsgleichheit, Grundsatz des gleichen Erfolgswertes). Wie auch bei der passiven Wahlrechtsgleichheit sind Ungleichbehandlungen von Wählerstimmen nur ganz ausnahmsweise zulässig aus zwingenden staatspolitischen Gründen.

I. Feststellung einer Ungleichbehandlung von verschiedenen Wählerstimmen

Nach dem Wortlaut von § 6 Abs. 6 S. 1 BWG werden bei der Verteilung der Sitze auf die Landeslisten Parteien immer berücksichtigt, wenn sie mindestens 5 v.H. der im Wahlgebiet abgegebenen gültigen Zweitstimmen erhalten haben, d.h., sofern der Wähler seine Zweitstimme für eine solche Partei abgegeben hat, hat seine Stimme vollen Erfolgswert, weil die von ihm gewählte Partei entsprechend dem Verhältnis ihrer Zweitstimmen in dem jeweiligen Bundesland an der Sitzverteilung im Bundestag teilnimmt.

Überhaupt keinen Erfolgswert haben dagegen grundsätzlich Zweitstimmen der Wähler für solche Parteien, die unter der 5%-Sperrklausel bleiben. Diese Parteien nehmen nicht an der Sitzverteilung im Bundestag teil.

Damit liegt zunächst eine Ungleichbehandlung von Zweitstimmen vor.

II. Sachliche Rechtfertigung

Eine Ungleichbehandlung des Erfolgswertes von Wählerstimmen ist nur ausnahmsweise zulässig, wenn zwingende staatspolitische Gründe vorliegen (sog. formeller oder strenger Gleichbehandlungsgrundsatz im Bereich der Wahlrechtsgleichheit von Art. 38 Abs. 1 S. 1 GG). Grund für die 5%-Sperrklausel ist die Verhinderung von Splitterparteien, die möglicherweise eine effektive parlamentarische Arbeit im Bundestag behindern oder zumindest verzögern können. Dieser Zweck der 5%-Sperrklausel wird u.a. auch begründet mit den angeblich schlechten Erfahrungen mit Splitterparteien in der Weimarer Zeit (sog. historisches Argument). Die Funktionsfähigkeit des Bundestages wird im Wesentlichen abgeleitet aus Art. 20 Abs. 2 GG, wonach die Staatsgewalt vom Volke durch besondere Organe der Gesetzgebung (effektiv) ausgeübt werden soll. Da dieser Aspekt höher wiegt als das Recht des Wählers auf vollen Erfolgswert seiner Stimme, besteht ein zwingender staatspolitischer Grund für die Ungleichbehandlung im vorliegenden Fall.

§ 6 Abs. 6 S. 1 BWG ist mit der Gleichheit der Wahl aus Art. 38 Abs. 1 S. 1 GG vereinbar.

Fall 42: Art. 3 Abs. 1, Art. 21 GG – aktive Wahlrechtsgleichheit, Europawahl

(Abwandlung zu Fall 41)
nach BVerfG v. 09.11.2011 – 2 BvC 4/10 u.a.)

Nach § 2 Abs. 7 Europawahlgesetz(EuWG) gilt auch für die Wahlen zum Europäischen Parlament in Deutschland eine 5%-Sperrklausel. Danach werden nur Parteien berücksichtigt, die mindestens 5 v.H. der im Wahlgebiet abgegebenen gültigen Stimmen erhalten haben. Dieser Grundsatz hat zur Folge, dass die Stimmen für Parteien, die unter 5% bleiben, verloren sind bzw. keinen Erfolgswert haben.

Wähler W steht der kleinen K-Partei nahe, die regelmäßig die 5%-Sperrklausel bei Europawahlen nicht erreicht. Er fragt, ob § 2 Abs. 7 EuWG mit Art. 3 Abs. 1 GG i.V.m. Art. 21 GG vereinbar ist.

Die 5%-Sperrklausel im Europawahlrecht gemäß § 2 Abs. 7 EuWG könnte gegen den **Grundsatz der Gleichheit der Wahl** verstoßen.

I. Der Grundsatz der Gleichheit der Wahl ergibt sich **für die Wahl der Abgeordneten des Europäischen Parlaments** aus **Art. 3 Abs. 1 GG**. Hergeleitet aus dem Demokratieprinzip (Art. 20 Abs. 2 GG) und Art. 3 Abs. 1 GG verlangt der Grundsatz, dass alle Wahlberechtigten das aktive Wahlrecht formal gleich ausüben können. Daraus ergibt sich, dass bei der Verhältniswahl ein gleicher Zählwert der Stimmen zwingend ist, aber auch, dass jeder Wahlberechtigte mit seiner Stimme die gleiche Erfolgschance (gleicher Erfolgswert) haben muss.

Anders als bei einer Bundestagswahl kann für die Europawahl der Grundsatz der Gleichheit **nicht** aus Art. 38 Abs. 1 S. 1 GG hergeleitet werden. Art. 38 GG gilt **nur** für den Bundestag!

II. Durch die 5%-Sperrklausel im Europawahlrecht gemäß § 2 Abs. 7 EuWG wird der gleiche Zählwert von Stimmen nicht betroffen. Wenn jedoch ein Wähler seine Stimme für eine Partei abgibt, die an der 5%-Sperrklausel scheitert, dann hat die Stimme dieses Wählers keinen Erfolg (Erfolgswert 0), während die Stimme eines Wählers, der eine andere Partei wählt, mit seiner Stimme einen Erfolg (Abgeordnetensitz) herbeiführt. Daher führt die 5%-Sperrklausel zu einem **ungleichen Erfolgswert** der Stimmen.

III. Der Grundsatz der Gleichheit der Wahl unterfällt jedoch keinem absoluten Differenzierungsverbot. Allerdings folgt aus dem formalen Charakter des Grundsatzes der Wahlgleichheit, dass dem Gesetzgeber bei der Ordnung des Wahlrechts nur ein eng bemessener Spielraum für Differenzierungen verbleibt. Differenzierungen bedürfen zu ihrer Rechtfertigung stets eines besonderen, sachlich legitimierten, **„zwingenden" Grundes**.[44]

Fraglich ist demzufolge, ob für die Ungleichbehandlung der Wählerstimmen ein zwingender sachlicher Grund gegeben ist, der geeignet und erforderlich ist, um den Zweck der Ungleichbehandlung zu rechtfertigen.

1. Ein solcher zwingender sachlicher Grund könnte darin zu sehen sein, dass ohne eine Sperrklausel auch viele kleine Parteien in das Parlament einziehen, sodass es zu einer Zersplitterung des Parlaments käme. Dadurch könnte eine Regierungsbildung erschwert oder sogar unmöglich gemacht werden. Bei der Europawahl 2009 waren in Deutschland acht Abgeordne-

44 BVerfG a.a.O., Rdnr. 87.

tensitze von der Sperrklausel betroffen, die auf nicht berücksichtigte kleine Parteien entfallen wären. Im Europäischen Parlament sind gegenwärtig über 160 Parteien aus 27 Mitgliedstaaten vertreten. Schon diese Zahlen sprechen dafür, dass ein Wegfall der 5%-Hürde in Deutschland nicht zu einer „problematischen" Zersplitterung des Europäischen Parlaments führen würde.

2. Das größte Problem bei einem zersplitterten Parlament besteht darin, dass für die Regierungsbildung und für die Handlungsfähigkeit der Regierung stabile Mehrheitsverhältnisse im Parlament erforderlich sind. Dieses ist das Hauptargument zur Rechtfertigung der 5%-Sperrklausel für die Wahl des Deutschen Bundestages. Eine vergleichbare Interessenlage besteht auf europäischer Ebene nach den europäischen Verträgen nicht.[45] Das Europäische Parlament wählt keine Unionsregierung, die auf seine fortlaufende Unterstützung angewiesen wäre. Ebenso wenig ist die Gesetzgebung der Union von einer gleichbleibenden Mehrheit im Europäischen Parlament abhängig, die von einer stabilen Koalition bestimmter Fraktionen gebildet würde und der eine Opposition gegenüberstünde.

Der Gesichtspunkt der Zersplitterung des Parlaments ist nach alldem kein zwingender sachlicher Grund und damit nicht in der Lage, die Ungleichbehandlung der Wählerstimmen in ihrem Erfolgswert zu rechtfertigen.

3. Ein zwingender sachlicher Grund für die Ungleichbehandlung könnte sich auch daraus ergeben, dass durch den Wegfall der 5%-Sperrklausel die nationalen „deutschen" Kontingente in den (großen) Fraktionen des Europäischen Parlaments kleiner werden und damit der Einfluss der Bundesrepublik Deutschland im Europäischen Parlament abnimmt.

Aber unabhängig von der Frage, ob die Wahrung nationaler Interessen im Rahmen von Europawahlen überhaupt einen legitimen Ansatz für Differenzierungen darstellen kann, darf der Gesetzgeber größere Parteien nicht allein deshalb bevorzugen, weil sie ihre Auffassungen auf europäischer Ebene voraussichtlich mit größerer Aussicht auf Erfolg als kleine Parteien einbringen können.[46]

Ein besonderer, zwingender sachlicher Grund ist für die durch die 5%-Sperrklausel ausgelöste Ungleichbehandlung der Wählerstimmen demzufolge nicht gegeben. § 2 Abs. 7 EuWG verstößt daher gegen Art. 3 Abs. 1 i.V.m. Art. 21 Abs. 1 GG und ist somit verfassungswidrig.

---

45 BVerfG a.a.O., Rdnr. 118.

46 BVerfG a.a.O., Rdnr. 128.

Fall 43: Art. 38 Abs. 1 S. 2 GG – Freies Mandat von Abgeordneten

Der Abgeordnete A ist neu in den Bundestag gewählt worden und will sich über die für ihn geltenden Vorschriften sowie über seine Rechte und Pflichten im Bundestag informieren. Beim Durchlesen der Geschäftsordnung des Bundestages stößt er auf folgende Vorschriften:

Gemäß § 37 kann einem Abgeordneten unter bestimmten Voraussetzungen das Wort entzogen werden.

Gemäß § 38 kann ein Mitglied des Bundestages wegen gröblicher Verletzung der Ordnung für einen oder mehrere Sitzungstage ausgeschlossen und aus dem Saal verwiesen werden.

Gemäß § 76 Abs. 1 i.V.m. § 75 Abs. 1 a können Gesetzentwürfe nur von einer Fraktion (§ 10 Abs. 1 GOBT) oder von 5 v.H. der Mitglieder des Bundestages wirksam eingereicht werden.

A meint, dass diese Vorschriften in der Geschäftsordnung des Bundestages unvereinbar sind mit der Freiheit des Mandates aus Art. 38 Abs. 1 S. 2 GG.

I. Gemäß Art. 38 Abs. 1 S. 2 GG sind die Abgeordneten des Deutschen Bundestages Vertreter des ganzen Volkes, an Aufträge und Weisungen nicht gebunden und nur ihrem Gewissen unterworfen. Aus diesem zunächst sehr allgemein formulierten Grundsatz des freien Mandates haben Rspr. und Lit. u.a. folgende konkrete Rechte des Abgeordneten entwickelt: das Teilnahmerecht, das Rederecht und das Antragsrecht.

Diese Rechte sind natürlich, ähnlich wie bei Grundrechten, nicht schrankenlos garantiert, sondern unterliegen im Rahmen der Verhältnismäßigkeit gewissen Einschränkungen, die letztlich aus Verfassungsgrundsätzen hergeleitet werden.

II. Als Einschränkung kommt hier in Betracht das sog. Effektivitätsprinzip. Es wird im Wesentlichen aus dem Demokratieprinzip (Art. 20 Abs. 2 GG) abgeleitet und besagt Folgendes: Der Bundestag ist ein großes Kollegialorgan und die Rechte der Abgeordneten sind im Wesentlichen organschaftliche Mitgliedschaftsrechte, die aus Gründen der Effektivität und Handlungsfähigkeit des Bundestages eingeschränkt werden müssen.

Überträgt man diese Grundsätze auf die o.g. Vorschriften der Geschäftsordnung des Bundestages, so liegt auf der Hand, dass aus Gründen der effektiven parlamentarischen Arbeit das Rederecht (§ 37), das Teilnahmerecht (§ 38) und auch das Antragsrecht (§ 76 Abs. 1) unter den dort genannten strengen Voraussetzungen Einschränkungen unterliegen müssen.

Damit sind die genannten Vorschriften der Geschäftsordnung des Bundestages mit Art. 38 Abs. 1 S. 2 GG vereinbar.

Fall 44: Durchsuchung beim Mitarbeiter eines Abgeordneten
(nach BVerfG NJW 2003, 3401)

Der Bundestag hatte zur Überprüfung von Parteispenden einen Untersuchungsausschuss eingesetzt. Ihm gehörten u.a. der Abgeordnete A sowie 12 weitere Abgeordnete (W 1–12) der S-Fraktion an. Während der Arbeit des Ausschusses erschienen in einer Zeitung vertrauliche Mitteilungen aus dem Ausschuss, welche die Staatsanwaltschaft in München veranlasste, gegen Regierungsdirektor R ein Ermittlungsverfahren wegen des Verdachts des Geheimnisverrates einzuleiten. R ist Beamter bei der Bundestagsverwaltung und war als solcher der Arbeitsgruppe der S-Fraktion im Ausschuss als Mitarbeiter zugewiesen.

Auf Ersuchen der Staatsanwaltschaft ordnete der Ermittlungsrichter die Durchsuchung der Diensträume des R im Bundestag sowie seiner Privatwohnung zum Zwecke der Sicherstellung von Beweismitteln an. Die Durchsuchung wurde durchgeführt, nachdem auch der Bundestagspräsident seine Genehmigung erteilt hatte. Der Entscheidung des Bundestagspräsidenten war eine kurzfristige Mitteilung an die Arbeitsgruppe sowie die notwendige Abstimmung im zuständigen Ausschuss vorausgegangen. Es wurden zahlreiche Dokumente aus dem Ausschuss sichergestellt, auch solche, die R mit nach Hause genommen hatte.

A sowie W 1–12 haben gegen den Bundestagspräsidenten Organklage erhoben. Dieser habe nicht ohne Genehmigung des Plenums die Genehmigung zur Durchsuchung der Diensträume erteilen dürfen. Der Bundestagspräsident wendet u.a. ein, dass inzwischen eine neue Legislaturperiode andauert und die Abgeordneten W 11 und W 12 nicht mehr im Bundestag vertreten seien.

Wie wird das BVerfG über das zulässige Organstreitverfahren entscheiden?

Anmerkung: Zwar werden hier die Räume des Mitarbeiters durchsucht, aber der Abgeordnete hat im Bundestag eine Herrschaftsmacht auch über Schriftstücke in den Räumen seiner Mitarbeiter, sodass die Durchsuchung auch die Rechte der Abgeordneten betreffen kann.

Der Antrag von A und W 1–12 ist begründet, wenn die Genehmigung des Bundestagspräsidenten betreffend Durchsuchung und Beschlagnahme in den Diensträumen des R gegen die Rechte der Antragsteller aus Art. 38 Abs. 1 S. 2 i.V.m. Art. 47 GG sowie aus Art. 40 Abs. 2 S. 2 GG verstößt.

I. Ermächtigungsgrundlage

Rechtsgrundlage für die Genehmigung des Bundestagspräsidenten ist Art. 40 Abs. 2 S. 2 GG.

II. Formelle Rechtmäßigkeit

1. Der Bundestagspräsident ist zuständig gemäß Art. 40 Abs. 2 S. 2 GG.

2. Eine vorherige Anhörung der betroffenen Abgeordneten wird aufgrund des Wortlauts von Art. 40 Abs. 2 S. 2 GG auch vom BVerfG nicht für erforderlich gehalten. Insbesondere bestehe keine Pflicht, die Entscheidung der Abgeordneten über die Ausübung des ihnen möglicherweise zustehenden Zeugnisverweigerungsrechtes vor der Genehmigungserteilung einzuholen.

III. Materielle Rechtmäßigkeit

1. Vorliegen der Tatbestandsvoraussetzungen der Ermächtigungsgrundlage

a) Dem Bundestagspräsidenten lag ein richterlicher Durchsuchungs- und Beschlagnahmebeschluss vor.

b) Weitere Voraussetzungen sind, jedenfalls nach Auffassung des BVerfG, nicht zu prüfen, vielmehr soll sich die Prüfung des Bundestagspräsidenten auf eine reine Evidenzkontrolle im Hinblick auf offenkundige Verletzungen von Rechten des Bundestages oder der möglicherweise betroffenen Abgeordneten beschränken.

2. Allg. Rechtmäßigkeitsanforderungen, insbesondere keine Ermessensfehler

Im Rahmen der Genehmigungserteilung steht dem Bundestagspräsidenten ein Ermessen zu. Die Kriterien für die Ermessensausübung ergeben sich aus dem Normzweck von Art. 40 Abs. 2 S. 2 GG. Diese Vorschrift ergänzt die Parlamentsautonomie nach außen und vervollständigt den Schutz der Arbeit des Bundestages vor möglichem Druck durch andere Hoheitsträger. Er dient in erster Linie dem Schutz der räumlichen Integrität des Bundestages. Daneben schützt diese Norm aber auch die Autorität des Bundestagspräsidenten sowie die der Abgeordneten als Teile des Parlaments. Er stellt damit eine funktionelle Ergänzung zum persönlichen Schutz der Abgeordneten aus Art. 46 GG dar.

Da es sich bei der Genehmigungsentscheidung des Bundestagspräsidenten um eine funktionelle Ergänzung zum Immunitätsrecht handelt, kann der Schutz des einzelnen Abgeordneten hier keine größere Wirkung entfalten als der durch Art. 46 Abs. 2 GG vermittelte Schutz. Der Genehmigungsvorbehalt nach Art. 46 Abs. 2 GG dient vornehmlich dem Parlament als Ganzem und gewährt dem einzelnen Abgeordneten nur einen Anspruch darauf, dass sich das Parlament bei der Entscheidung über die Aufhebung der Immunität nicht von sachfremden und willkürlichen Motiven leiten lässt. Abgeordnete haben daher nur insoweit einen Anspruch gegen den Bundestagspräsidenten auf Berücksichtigung von Beschlagnahmeprivilegien nach Art. 47 S. 2 GG, als die von ihm zu genehmigende Durchsuchung und Beschlagnahme – für ihn erkennbar – Teil einer ungerechtfertigten Verfolgung der Abgeordneten durch die Exekutive ist.

Anhaltspunkte für sachfremde Erwägungen der Strafverfolgungsorgane oder des Bundestagspräsidenten selbst sind im vorliegenden Fall nicht ersichtlich, sodass die Ermessensbetätigung ordnungsgemäß gewesen ist.

Die Genehmigungsentscheidung des Bundestagspräsidenten verstößt nicht gegen Art. 38 Abs. 1 S. 2 GG i.V.m. Art. 47 S. 2 GG bzw. gegen Art. 40 Abs. 2 S. 2 GG.

Der zulässige Antrag im Organstreitverfahren ist damit unbegründet.

Fall 45: Untersuchungsausschuss

Stellen Sie sich vor, dass 198 Abgeordnete des Bundestages (aus verschiedenen Fraktionen) einen Antrag an den Bundestag gestellt haben, einen Untersuchungsausschuss einzusetzen, der folgendes Thema untersuchen soll:

Haben Mitglieder der Bundesregierung Kenntnisse davon gehabt, dass die CIA im Rahmen der Terrorabwehr potentielle El-Kaida-Mitglieder per Flugzeug – auch mit Zwischenlandungen auf deutschen Flughäfen – in andere Länder verbracht hat?

Der Bundestagspräsident nahm den Antrag in die Tagesordnung auf und stellte den Antrag zur Abstimmung.

Der Bundestag lehnte mit der Mehrheit der Mitglieder die Einsetzung des Untersuchungsausschusses ab.

Die Abgeordneten sind empört und wendeten sich an das BVerfG.

Mit Erfolg?

In Betracht kommt ein Organstreitverfahren vor dem BVerfG. Dieses hat Erfolg, wenn es zulässig und begründet ist.

A. Zulässigkeit

I. *Zuständigkeit des BVerfG, Art. 93 Abs. 1 Nr. 1 GG, § 13 Nr. 5 BVerfGG (+)*

II. Beteiligtenfähigkeit von Antragsteller und Antragsgegner, § 63 BVerfGG

1. Dann müssten die 198 Abgeordneten des Bundestages beteiligtenfähig sein. Der Zusammenschluss der Abgeordneten ist ein Teil des Bundestages. Fraglich ist, ob diesen Abgeordneten auch eigene Rechte aus dem GG zustehen.

Nach Art 44 Abs. 1 GG kann ein Viertel der Mitglieder des Bundestages einen Untersuchungsausschuss (UA) beantragen; sie haben damit ein eigenes Recht aus dem GG.

Als sog. Quorum oder Minderheit sind die Abgeordneten damit beteiligtenfähig.

2. *Bundestag (+)*

III. *Antragsgegenstand, § 64 Abs. 1 BVerfGG (+), Weigerung des Bundestages ist rechtserhebliches Unterlassen*

IV. Antragsbefugnis, § 64 Abs. 1 BVerfGG

Die Abgeordneten müssten geltend machen können, durch die Nichteinsetzung des Untersuchungsausschusses in einem Recht aus dem GG möglicherweise verletzt zu sein.

Hier könnte der Bundestag aus Art. 44 Abs. 1 GG die Pflicht gehabt haben, auf Antrag der Abgeordneten einen Untersuchungsausschuss einzusetzen, sodass ein verfassungsrechtliches Recht verletzt worden sein könnte. Damit sind die 198 Abgeordneten antragsbefugt.

V. *Frist: 6 Monate, § 64 Abs. 3 BVerfGG (+)*

Damit ist der Organstreit zulässig.

B. Begründetheit

Der Organstreit ist begründet, soweit die gerügte Unterlassung des Bundestages gegen eine Vorschrift des GG verstößt und den Antragsteller in einem Recht aus dem GG verletzt.

Hier könnte die Nichteinsetzung des UA gegen Art. 44 Abs. 1 GG verstoßen.

Nach Art. 44 Abs. 1 GG hat der Bundestag das Recht und auf Antrag eines Viertels der Mitglieder die Pflicht, einen Untersuchungsausschuss einzusetzen (sog. Mehrheits- oder Minderheitsenquete).

Es müssten die Voraussetzungen der Pflicht vorliegen.

***I.** Formelle Voraussetzungen*

***1.** Formell ordnungsgemäßer Antrag eines Viertels der Mitglieder des Bundestages (+)*

***2.** Bundestag ist für die Einsetzung von Ausschüssen zuständig (+)*

II. Materielle Voraussetzungen

Fraglich ist, ob das beantragte UA-Thema verfassungsrechtlich zulässig ist. Für den Fall, dass die zu klärenden Fragen nicht in die Befassungskompetenz eines UA des BTags fallen, hätte der BTag zu Recht die Einsetzung des UA verweigert.

1. Fraglich ist, welche UA-Themen zulässig sind.

Eine ausdrückliche Regelung im GG besteht nicht. Nach Art. 44 Abs. 1 GG „erhebt der UA die erforderlichen Beweise". Daraus ergibt sich, dass das UA-Thema nur auf Tatsachenfeststellung gerichtet sein darf. Ein Recht zur Bildung von Werturteilen oder die Abgabe allgemein politischer Auffassungen ist nicht Aufgabe eines UA.

Hier soll geklärt werden, ob Mitglieder der Bundesregierung Kenntnisse davon gehabt, dass die CIA im Rahmen der Terrorabwehr potentielle El-Kaida-Mitglieder per Flugzeug – auch mit Zwischenlandungen auf deutschen Flughäfen – in andere Länder verbracht hat. Die Erforschung von Kenntnissen ist auf Feststellung von Tatsachen gerichtet, sodass diese Voraussetzung erfüllt ist.

***2.** Bestimmtheit des UA-Themas (+)*

***3.** Öffentliches Interesse (durch die Beantragung von Mitgliedern des BTags regelmäßig der Fall) (+)*

4. Außerdem muss es sich um ein Thema handeln, das in die Bundesuntersuchung fällt und nicht in Kompetenzen anderer Gewalten eingreift. Es sollen Kenntnisse von Mitgliedern der Bundesregierung untersucht werden. Damit handelt es sich um ein Thema einer **Bundes**untersuchung.

Damit ist das UA-Thema zulässig. Der Bundestag hatte die Pflicht, den UA einzusetzen. Art. 44 Abs. 1 GG ist verletzt.

Der Organstreit ist demzufolge auch begründet, der Antrag der Abgeordneten wird Erfolg haben.

3. Bundesregierung

Fall 46: Richtlinienkompetenz

Die Bundeskanzlerin überlegt, ob es wegen der anhaltenden Diskussionen um die Energieerzeugung nicht sinnvoll wäre, den sog. Atomkonsens dahingehend abzuändern, dass die Laufzeiten der AKWs verlängert werden. Dadurch würde die BRD auch unabhängiger von Öl- und Gasimporten. Außerdem hätten Vorkommnisse in jüngerer Zeit deutlich gemacht, dass eine Abhängigkeit von den Lieferanten zu Schwierigkeiten führen könnte.

Der Bundesumweltminister ist da ganz anderer Ansicht. Der Ausstieg aus der Kernenergie sei beschlossene Sache. Zudem sei nicht einwandfrei geklärt, ob deutsche Atomkraftwerke wirklich sicher seien, zumindest bezüglich der älteren AKW's.

Die Bundeskanzlerin weist daraufhin den Bundesumweltminister an,

1. mit den Energieversorgern Möglichkeiten zu entwickeln und Sondierungsgespräche zu führen hinsichtlich der möglichen Verlängerung der Laufzeiten der Atomkraftwerke,

2. das AKW Neckarwestheim, das als letztes verbliebenes Kraftwerk im Jahr 2021 abgeschaltet werden sollte, mit einer Laufzeit bis zum Jahre 2030 zu genehmigen.

Der Bundesminister hat Zweifel, ob diese Weisungen verfassungsrechtlich zulässig sind und fragt, ob er daran gebunden sei.

A. Erste Weisung

Der Bundesminister ist an die Weisung nicht gebunden, wenn diese verfassungswidrig ist.

Ein Weisungsrecht der Bundeskanzlerin könnte sich aus Art. 65 S. 1 GG ergeben. Danach bestimmt der Bundeskanzler die Richtlinien der Politik und trägt dafür die Verantwortung. Die Richtlinien kann der Bundeskanzler dabei auch durch Weisungen an seine Minister vorgeben.

Fraglich ist allerdings, wie weit diese **Richtlinienkompetenz** des Bundeskanzlers reicht. Richtlinien der Politik sind die grundlegenden und richtungsbestimmenden politischen Entscheidungen im Bereich der Regierung. Der Bundeskanzler verwirklicht diese in erster Linie durch Leitentscheidungen, die in seinem politischen Ermessen stehen.

Diese Kompetenz findet ihre Grenze jedoch in dem **Ressortprinzip** des Art. 65 S. 2 GG. Danach leitet jeder Minister seinen Geschäftsbereich innerhalb der vorgegebenen Richtlinien eigenständig und unter eigener Verantwortung.

Vorliegend ist demnach fraglich, ob die Anweisung, mit den Energieversorgern über mögliche Verlängerungen der Laufzeiten zu verhandeln, noch in die Richtlinienkompetenz fällt oder schon einen Eingriff in die Ressortzuständigkeit darstellt.

Hier geht es um die politisch diskutierte Frage, ob angesichts der Abhängigkeit der BRD in der Energieversorgung von anderen Ländern eine Aufrechterhaltung des Betriebes der vorhandenen Atomkraftwerke sinnvoll ist oder nicht. Dies ist insbesondere in dem Spannungsfeld zu Natur- und Umweltschutz zu betrachten. Dabei ist zu berücksichtigen, dass die Bundeskanzlerin dem Minister nicht eine gezielte Maßnahme in einem bestimmten Einzelfall vorgibt. Vielmehr wird hier eine generelle Ausrichtung der deutschen Energiepolitik deutlich gemacht. Insbesondere soll der Minister zunächst sondieren, ob es überhaupt möglich ist, die Laufzeiten der AKW's in Zusammenarbeit mit den Betreibern zu verlängern.

Es verbleibt dem Minister noch ein erheblicher Spielraum bezüglich der Gestaltung der Verhandlungen. Demnach handelt es sich um eine zulässige Richtlinienentscheidung der Kanzlerin, die nicht in die Ressortzuständigkeit des Ministers eingreift.

Die Weisung ist mithin verfassungsgemäß. Der Minister ist an die erste Weisung gebunden.

B. Zweite Weisung

Fraglich ist, ob Entsprechendes auch für die zweite Weisung gilt. Hier gibt die Bundeskanzlerin genau vor, dass die Laufzeit eines Kraftwerkes bis in das Jahr 2030 verlängert werden soll. Es handelt sich demnach nicht um eine generelle Leitentscheidung, sondern um eine gezielte Einzelfallweisung.

Eine solche **Detailweisung** könnte bereits vom Wortsinn her nicht mehr von der **Richtlinienkompetenz** erfasst sein. Das Wort Richtlinie erfordert, dass dem Minister ein eigener Gestaltungsspielraum verbleibt. Andererseits ist jedoch zu beachten, dass der Bundeskanzler umfassend die politische Verantwortung für die Handlungen der Regierung übernimmt, und damit auch für Entscheidungen der Minister. So steht z.B. bei politischen Fehlern der Minister auch immer sofort der Kanzler in der politischen Diskussion. Um dieser politischen Verantwortung gerecht zu werden, muss er auch die umfassende Befugnis zur Lenkung der Politik innehaben. Aus diesem Grunde ist es gerechtfertigt, dem Kanzler auch das Recht zuzugestehen, Einzelmaßnahmen durch seine Richtlinienkompetenz durchzusetzen.

Daher steht der Kanzlerin das Recht zu, brisante und bedeutsame Einzelfragen zu regeln. Die Grenze ist dort erreicht, wo dieses Recht zu einem „Gängeln" in Routineangelegenheiten missbraucht wird.

Die Kanzlerin weist den Minister an, das AKW Neckarwestheim über die avisierte Laufzeit hinaus bis zum Jahre 2030 zu genehmigen. Dabei handelt es sich um eine Frage von hochpolitischer Brisanz. Angesichts der Diskussionen und dem bereits erfolgten Atomausstieg kann eine solche Entscheidung der Regierung und insbesondere der Kanzlerin großen politischen Schaden zufügen. Damit überschreitet die Weisung noch nicht die Richtlinienkompetenz und ist demnach zulässig.

Der Minister ist demzufolge auch an die zweite Weisung gebunden.

Fall 47: Misstrauensvotum, Entlassung eines Ministers

Ein Nachrichtenmagazin hat darüber berichtet, dass die Staatsanwaltschaft gegen einen amtierenden Bundesminister ein Ermittlungsverfahren eingeleitet hat. Der Minister X soll unter dem Verdacht stehen, illegale Spenden für seine Partei angenommen zu haben. Der Minister wurde daraufhin im Bundestag scharf angegriffen. Die erregte Debatte gipfelte in dem Antrag, ihm das Misstrauen auszusprechen. Der Antrag wurde zur Abstimmung gestellt und vom Bundestag angenommen. Daraufhin erklärte der Bundeskanzler, er sehe sich nun gezwungen, die Entlassung des Ministers beim Bundespräsidenten zu beantragen. Er begründete das einmal damit, dass er nach den bestehenden Koalitionsvereinbarungen zwischen den beiden Regierungsparteien verpflichtet sei, einen Minister zur Entlassung vorzuschlagen, der nicht mehr das Vertrauen des Parlaments genieße. Zum anderen sei die Entlassung aber auch politisch geboten, weil jeder Minister zu seiner Amtsführung das Vertrauen der Mehrheit des Parlaments brauche. Aufgrund des Vorschlages des Bundeskanzlers entließ der Bundespräsident den Minister.

Der frühere Minister X ist der Meinung, dass der Beschluss des Bundestages rechtswidrig sei. Es ist ein Rechtsgutachten über die Rechtmäßigkeit des Bundestagsbeschlusses zu erstatten.

I. Eine ausdrückliche Regelung der Frage, ob der Bundestag einem Bundesminister das Misstrauen aussprechen kann, enthält das Grundgesetz nicht.

Art. 67 GG regelt nur das Misstrauensvotum bzgl. des Bundeskanzlers.

II. Die Voraussetzungen, unter denen der Bundestag durch ein Misstrauensvotum die Ablösung der Bundesregierung erzwingen kann (Misstrauensvotum mit Abgangspflicht), regelt das Grundgesetz in Art. 67 GG. Art. 67 GG trägt dem Prinzip der parlamentarischen Demokratie Rechnung, wonach die Regierung grds. des Vertrauens der Parlamentsmehrheit bedarf.

Danach kann der Bundestag dem Bundeskanzler das Misstrauen aussprechen. Dies kann nur dadurch erfolgen, dass der Bundestag mit der Mehrheit seiner Mitglieder einen Nachfolger wählt **(konstruktives Misstrauensvotum)**. Als Folge der daraus resultierenden Erledigung des Amtes des Bundeskanzlers endigt auch das Amt der Bundesminister (vgl. Art. 69 Abs. 2, 2. Fall GG, § 9 Abs. 1 Nr. 1 BMinG). Das Misstrauen ist aber lediglich dem Minister ausgesprochen worden.

Schon aus dem Wortlaut des Art. 67 Abs. 1 S. 1 GG („nur“) lässt sich ableiten, dass der Bundestag förmlich und rechtsverbindlich zum Rücktritt zwingende Misstrauensvoten gegen die Bundesregierung als Kollegium oder gegen einen einzelnen Bundesminister nicht beschließen darf und dass im Falle der Zuwiderhandlung derartige Beschlüsse unwirksam sind. Das entspricht auch der Funktion der Vorschrift, die innere Stabilität der Bundesregierung zu gewährleisten. Zudem könnte der Bundestag sonst das Verfahren nach Art. 67 GG umgehen, indem er sämtliche Minister zum Rücktritt zwingt und dadurch dem Kanzler die Weiterführung seines Amtes praktisch unmöglich macht. Schließlich hätte ein Misstrauensvotum mit Abgangspflicht einer ausdrücklichen Regelung bedurft, zumal eine solche in der Weimarer Reichsverfassung enthalten war.

Somit wäre der hier zu beurteilende Beschluss des Bundestages rechtswidrig, wenn er unmittelbar und verbindlich den Rücktritt des Bundesministers X hätte herbeiführen wollen. Ob der Bundestagsbeschluss auf eine Abgangspflicht des Ministers X gerichtet war, ist seinem im Sachverhalt wiedergegebenen Inhalt aber nicht eindeutig zu entnehmen. Wenn es dort heißt, es werde der Antrag angenommen, „ihm das Misstrauen auszusprechen", so kann das nicht zwingend dahin verstanden werden, der Bundestag wolle damit unmittelbar die Wirkung der Amtsenthebung auslösen. Vielmehr könnte darin auch die Erklärung liegen, die Mehrheit des Parlaments billige politisch nicht mehr, dass dieser Minister im Amt ist.

Da ein Misstrauensvotum mit Abgangspflicht gegenüber dem Minister klar und eindeutig gegen die Verfassung verstoßen hätte, ist es nicht zulässig, den in seinem Wortlaut zweifelhaften Beschluss so auszulegen, dass er evident verfassungswidrig ist.

III. Demnach ist der Bundestagsbeschluss als lediglich politisch wirkendes Misstrauensvotum zu interpretieren **(schlichter Missbilligungsbeschluss)**. Auch dessen Zulässigkeitsvoraussetzungen regelt das GG nicht ausdrücklich.

1. Gegen die grundsätzliche Zulässigkeit eines schlichten Missbilligungsbeschlusses gegen einen Bundesminister kann zunächst wiederum Art. 67 Abs. 1 GG angeführt werden.

Dagegen spricht jedoch, dass diese Vorschrift lediglich die Fälle rechtsverbindlicher Ablösungsbeschlüsse regelt, nicht jedoch unverbindliche Missbilligungsbeschlüsse politischen Charakters. Zudem würde durch ein Verbot auch unverbindlicher parlamentarischer Misstrauenskundgebungen die Regierung nur formal geschützt werden; der sich in dem Beschluss ausdrückende politische Konflikt wäre dadurch nicht gelöst, sondern könnte nur nicht im Parlament zum Ausdruck gebracht werden.

Art. 67 Abs. 1 GG steht der Zulässigkeit parlamentarischer Missbilligungsbeschlüsse daher nicht entgegen.

2. Auch ein nicht rechtsverbindlicher, nur politisch wirkender Beschluss könnte in die Befugnisse des Bundeskanzlers nach Art. 64 Abs. 1 GG eingreifen und deshalb unzulässig sein.

Wie der Ablauf des hier zu beurteilenden Falles zeigt, kann der Bundeskanzler durch einen solchen Parlamentsbeschluss erheblichem Druck ausgesetzt werden und damit faktisch – insbes. zur Vermeidung eines konstruktiven Misstrauensvotums nach Art. 67 GG – gezwungen sein, den Minister zu entlassen.

Jedoch kann der Vorschrift des Art. 64 GG nicht entnommen werden, dass ein solcher politischer Druck unzulässig wäre. Diese Vorschrift beschränkt sich lediglich auf die Regelung des äußeren Verfahrens bei der Ernennung und Entlassung von Bundesministern. Da das GG dem Prinzip der parlamentarischen Demokratie folgt, ist es selbstverständlich, dass die Entscheidungen nach Art. 64 GG maßgeblich von den politischen Kräfteverhältnissen im Parlament bestimmt werden. Deshalb sind politische Einflussnahmen vonseiten des Parlaments auf die Entscheidungen nach Art. 64 GG nicht nur geduldet, sondern sogar erwünscht. Aus Art. 64 GG kann sich daher die Rechtswidrigkeit des Bundestagsbeschlusses nicht ergeben.

3. Somit findet sich im GG keine Vorschrift, die einen derartigen Beschluss verbietet. Da sich die Kompetenz des Bundestages auch auf die parlamentarische Kontrolle der Bundesminister erstreckt und das GG schlichte Missbilligungsbeschlüsse nicht verbietet, sind diese zulässig. Der Beschluss des Bundestages ist mithin rechtmäßig.

4. Bundespräsident

Fall 48: Art. 93 Abs. 1 Nr. 1 GG – Prüfungsrecht des Bundespräsidenten

Unterstellen Sie, dass der Bundestag formell und materiell ordnungsgemäß ein Bundesgesetz erlassen und auch den Bundesrat ordnungsgemäß beteiligt hat.

Als der Bundespräsident gemäß Art. 82 GG das Bundesgesetz ausfertigen soll, verweigert er dies mit folgenden Gründen:

1. Der Bund sei nicht zuständig gewesen; außerdem seien Vorschriften über das Gesetzgebungsverfahren im Grundgesetz nicht beachtet worden.

2. Das Bundesgesetz sei mit den Grundrechten und dem Rechtsstaatsprinzip nicht vereinbar.

3. Das Gesetz sei politisch und wahltaktisch äußerst unklug.

Der Bundestag macht geltend, dass er als Hauptgesetzgebungsorgan einen Anspruch darauf habe, dass die anderen Mitwirkungsorgane, also hier der Bundespräsident, ein Zustandekommen des Gesetzes nicht verfassungswidrig verhindern dürften und dass deshalb sein Recht auf Zustandekommen eines formell und materiell ordnungsgemäßen Gesetzes aus Art. 77 GG verletzt sei.

Der Bundestag fragt, wie er gerichtlich klären lassen kann, ob die Weigerung des Bundespräsidenten, das Gesetz auszufertigen, rechtswidrig ist und damit sein Gesetzgebungsrecht aus Art. 77 GG verletzt.

In Betracht kommt ein Organstreitverfahren beim BVerfG.

A. Zulässigkeit

I. Das BVerfG ist zuständig gemäß Art. 93 Abs. 1 Nr. 1 GG, § 13 Nr. 5 BVerfGG.

II. Die Beteiligtenfähigkeit des Bundestages als Antragsteller und des Bundespräsidenten als Antragsgegner ist gegeben gemäß § 63, 1. Halbs. BVerfGG.

III. Die Weigerung des Bundespräsidenten, ein ihm vorgelegtes Gesetz auszufertigen, ist zulässiger Antragsgegenstand gemäß § 64 Abs. 1 BVerfGG.

IV. Der Bundestag ist antragsbefugt gemäß § 64 Abs. 1 BVerfGG, weil durch die Weigerung des Bundespräsidenten möglicherweise sein Recht auf Gesetzgebung aus Art. 77 GG verletzt sein kann.

V. Von der Einhaltung der Antragsfrist gemäß § 64 Abs. 3 BVerfGG ist auszugehen.

B. Begründetheit des Antrages

Der Antrag des Bundestages ist begründet, wenn die Unterlassung der Ausfertigung des Bundesgesetzes durch den Bundespräsidenten rechtswidrig ist und damit gegen Art. 77 GG verstößt (vgl. § 67 BVerfGG).

I. Rechtmäßigkeit der Weigerung mit der Begründung, der Bund sei nicht zuständig gewesen und die Vorschriften des Grundgesetzes über das Gesetzgebungsverfahren seien nicht eingehalten worden

Mit dieser Begründung macht der Bundespräsident ein sog. formelles Prüfungsrecht geltend, d.h., er prüft das ihm vorgelegte Gesetz in Bezug auf die formelle Verfassungsmäßigkeit und weigert sich bei entsprechenden Zweifeln, das Gesetz auszufertigen.

Eine solche Weigerung ist dann verfassungswidrig, wenn der Bundespräsident entweder überhaupt kein formelles Prüfungsrecht hat (dazu unter 1.) oder wenn das Gesetz formell verfassungsmäßig ist (dazu unter 2.).

1. Formelles Prüfungsrecht des Bundespräsidenten

Gemäß Art. 82 Abs. 1 S. 1 GG fertigt der Bundespräsident die nach den Vorschriften dieses Grundgesetzes **zustande gekommenen** Gesetze aus. Insbesondere aus dieser Formulierung des Grundgesetzes wird, soweit ersichtlich, unstreitig ein formelles Prüfungsrecht des Bundespräsidenten bejaht.

2. Formelle Rechtswidrigkeit des Gesetzes

Laut Sachverhalt ist das Gesetz formell ordnungsgemäß zustande gekommen (Zuständigkeit des Bundes, ordnungsgemäßes Gesetzgebungsverfahren), sodass der Bundespräsident aus diesem Grunde jedenfalls nicht die Ausfertigung des Gesetzes verweigern durfte.

Schon aus diesem Grunde ist der Antrag des Bundestages im Organstreitverfahren begründet.

II. Weigerung der Ausfertigung wegen angeblicher Verletzung von Grundrechten und des Rechtsstaatsprinzips

Mit dieser Begründung macht der Bundespräsident das sog. materielle Prüfungsrecht geltend, d.h., er überprüft das ihm vorgelegte Gesetz in Bezug auf seine materielle Verfassungsmäßigkeit und verweigert bei entsprechenden Zweifeln die Ausfertigung.

Die Weigerung des Bundespräsidenten ist damit dann verfassungswidrig, wenn ihm entweder kein materielles Prüfungsrecht zusteht (dazu unter 1.) oder wenn das ihm vorgelegte Gesetz materiell verfassungsmäßig war (dazu unter 2.).

1. Umstritten ist, ob der Bundespräsident ein materielles Prüfungsrecht hat.

a) Nach teilweise vertretener Auffassung wird ein materielles Prüfungsrecht generell abgelehnt, weil der Bundespräsident ansonsten quasi ein Recht zur Normenkontrolle und **Normenverwerfung** hätte. Dies sei aber mit der enumerativen Aufzählung der Antragsberechtigten im Normenkontrollverfahren gemäß Art. 93 Abs. 1 Nr. 2 und Art. 103 Abs. 1 GG nicht vereinbar.[47] Außerdem habe der Bundespräsident, insbesondere wegen der Gegenzeichnungspflicht aus Art. 58 S. 2 GG, eine relativ **schwache Stellung** im Vergleich zu den anderen Verfassungsorganen, die es ihm nicht er-

---

47 Vgl. z.B. Erichsen Jura 1985, 424, 425 f.

laube, Akte des höchsten deutschen Verfassungsorgans, des Deutschen Bundestages, als verfassungswidrig zu verwerfen.

b) Nach wohl h.M. hat der Bundespräsident auch ein materielles Prüfungsrecht, jedenfalls bei eindeutigen bzw. **evidenten** materiellen Verfassungsverletzungen.[48]

c) Stellungnahme: Gegen die Mindermeinung spricht zunächst, dass der Bundespräsident – anders als bei der Normenkontrolle – kein geltendes Gesetz verwirft, sondern dessen Inkrafttreten verhindert. Des Weiteren ist darauf hinzuweisen, dass die im Vergleich zu anderen Verfassungsorganen relativ schwache Stellung des Bundespräsidenten kein eindeutiges Argument gegen ein materielles Prüfungsrecht ist. Insbesondere ist darauf hinzuweisen, dass auch der Bundespräsident, wie die drei Gewalten, gemäß Art. 1 Abs. 3 GG unmittelbar an die Grundrechte (materielles Verfassungsrecht) gebunden ist und deshalb nur solche Akte vollziehen darf, die mit der Verfassung generell im Einklang stehen.

Damit hat der Bundespräsident, jedenfalls nach h.M., auch ein materielles Prüfungsrecht.

2. Materielle Verfassungswidrigkeit des Bundesgesetzes

Laut Sachverhalt ist von der materiellen Verfassungsmäßigkeit des Bundesgesetzes auszugehen, sodass auch aus diesem Grunde die Weigerung des Bundespräsidenten, das Gesetz auszufertigen, verfassungswidrig ist.

III. Weigerung der Ausfertigung aus politischen und Zweckmäßigkeitserwägungen

Ein Recht zur politischen oder Zweckmäßigkeitskontrolle steht dem Bundespräsidenten jedenfalls im Rahmen des Gesetzgebungsverfahrens unstreitig nicht zu, sodass seine Weigerung, das Gesetz aus diesen Gründen auszufertigen, ebenfalls verfassungswidrig ist.

Der zulässige Antrag des Bundestages auf Feststellung der Rechtswidrigkeit der Weigerung der Ausfertigung durch den Bundespräsidenten ist begründet und damit erfolgreich.

48 Vgl. z.B. Ipsen, StaatsR I, Rdnr. 499; Degenhart, StaatsR I, Rdnr. 716; Jarass/Pieroth Art. 82 GG Rdnr. 3.

Fall 49: Ernennung von Bundesministern

Der Bundespräsident weigert sich, den vom Bundeskanzler vorgeschlagenen Außenminister S zu ernennen, da der Kandidat über keinerlei Fremdsprachenkenntnisse verfüge und in der Vergangenheit Ansichten vertreten habe, die ihn bei einigen mit der Bundesrepublik befreundeten Staaten diskreditieren. Ist diese Weigerung unzulässig?

Dies ist dann der Fall, wenn der Bundespräsident zur Ernennung der vom Bundeskanzler nach Art. 64 Abs. 1 GG vorgeschlagenen Personen verpflichtet ist, weil sich dann aus Art. 64 Abs. 1 GG ein Recht des Bundeskanzlers auf Ministerernennung herleiten lässt. Fraglich ist demnach, ob eine solche Verpflichtung des Bundespräsidenten besteht.

Diese Frage ist über eine Auslegung des Art. 64 Abs. 1 GG zu klären.

Der Wortlaut des Art. 64 Abs. 1 GG, nach dem der Bundeskanzler einen Kandidaten „vorschlägt", deutet zunächst auf einen (weiten) Ermessensspielraum des Bundespräsidenten hin. Das Wort „Vorschlag" in Art. 64 Abs. 1 GG legt – isoliert gesehen – die Unverbindlichkeit des vom Bundeskanzler unterbreiteten Vorschlages nahe.

Jedoch ist systematisch-teleologisch zu berücksichtigen, dass der Bundespräsident nicht befugt ist, den Bundeskanzler zu bestimmen, wie sich aus Art. 63 und Art. 67 GG ergibt. Dann wäre es aber systemwidrig, wenn er über Art. 64 Abs. 1 GG die Regierungsbildung beeinflussen könnte; wäre es anders, könnte der Bundespräsident einem – gegen seinen Willen gewählten – Kanzler die Regierungsbildung unter Umständen unmöglich machen (Missbrauchsargument).

Zu beachten ist ferner, dass Art. 64 Abs. 1 GG in engem Zusammenhang mit Art. 65 GG und der dort verankerten Richtlinienkompetenz des Bundeskanzlers steht, die voraussetzt, dass der Bundeskanzler solche Personen in sein Kabinett berufen kann, die uneingeschränkt sein politisches Vertrauen besitzen, zumal er nach Art. 67 GG die politische Verantwortung auch für die Bundesminister übernehmen muss, was er aber nur kann, wenn es dem Bundespräsidenten verwehrt ist, persönlich Einfluss zu nehmen.

Im Übrigen unterliegt der Bundespräsident auch keiner parlamentarischen Kontrolle, ist nicht vom Volk gewählt oder abrufbar. Hätte er bei der Ministerbestellung politische Befugnisse, würde somit das repräsentativ-demokratische parlamentarische System erheblich beeinträchtigt.

Aus diesen systematisch-teleologischen Erwägungen ergibt sich somit, dass der Bundespräsident nach Art. 64 GG verpflichtet ist, einen Bundesminister auf Vorschlag des Bundeskanzlers zu ernennen.

Aus dem Gesagten ergibt sich somit, dass der Bundespräsident grds. rechtlich verpflichtet ist, die vom Bundeskanzler vorgeschlagene Person zum Minister zu ernennen, sofern der Kandidat die rechtlichen Voraussetzungen hierfür erfüllt.

Dies heißt allerdings nicht, dass ihm jegliche politische Einflussnahme auf die Ministerernennung verwehrt wäre.

Hat er Bedenken gegen einen Kandidaten – auch aus politischen Gründen – so kann er diese selbstverständlich dem Bundeskanzler vortragen, der dann verpflichtet ist, sie zu prüfen und zu erörtern (Prinzip der Verfassungsorgantreue).

Die Weigerung des Bundespräsidenten ist daher nicht zulässig.

5. Gesetzgebung

Verfassungsmäßigkeit eines Bundesgesetzes

A. Formelle Verfassungsmäßigkeit

I. Gesetzgebungszuständigkeit des Bundes
- ausschließlich (Art. 71, 73 GG, „Bundesgesetz")
- konkurrierend (Art. 72, 74 GG)
- Sachzusammenhang, Annex, Natur der Sache

II. Ordnungsgemäßes Gesetzgebungsverfahren

1. Einleitungsverfahren
   - Gesetzesinitiative (BRegierung, BRat, Mitte des BTags)
   - Vorverfahren (Art. 76 Abs. 2, Abs. 3 GG)
2. Hauptverfahren, Art. 77 GG
   - Wirksamer **Gesetzesbeschluss**
   - Ordnungsgemäße Beteiligung des **Bundesrats**
     - bei **Einspruchsgesetzen** (rechtlicher Normalfall): Zustimmung, kein Antrag nach Art. 77 Abs. 2 GG, kein Einspruch oder Einspruch vom BTag überstimmt
     - bei **Zustimmungsgesetzen** (insbes. im Fall des Art. 84 GG): Zustimmung des Bundesrates zwingend, nicht ersetzbar
3. Abschlussverfahren, Art. 82 GG

B. Materielle Verfassungsmäßigkeit

I. Spezielle Anforderungen

z.B. bei Ermächtigung für RechtsVO Art. 80 GG

II. Grundsätze des Art. 20 GG, insbes.
- Demokratieprinzip
- Sozialstaatsprinzip
  - Bestimmtheitsgebot
  - Rückwirkung
  - Verhältnismäßigkeit

III. Kein Verstoß gegen Grundrechte

1. Schutzbereich betroffen
2. Eingriff
3. Verfassungsrechtliche **Rechtfertigung**
   - Verfassungsunmittelbare Schranke (z.B. Art. 9 Abs. 2 GG)
   - Gesetzesvorbehalt (z.B. Art. 2 Abs. 2 S. 3, 5 Abs. 2, 8 Abs. 2, 12 Abs. 1 S. 2 GG)
     - Schrankentatbestand
     - Anforderungen des Art. 19 GG
     - Verhältnismäßigkeit
   - Immanente Schranken (z.B. bei Art. 4, 5 Abs. 3 GG)

Fall 50: Gesetzgebungskompetenzen

§ 81b StPO lautet:

„Soweit es für die Zwecke der Durchführung des Strafverfahrens oder für die Zwecke des Erkennungsdienstes notwendig ist, dürfen Lichtbilder und Fingerabdrücke des Beschuldigten auch gegen seinen Willen aufgenommen und Messungen und ähnliche Maßnahmen an ihm vorgenommen werden."

Hat der Bund die Gesetzgebungskompetenz für diese Vorschrift?

A. Konkurrierende Gesetzgebung, Art. 74 Abs. 1 Nr. 1 GG

Nach Art. 74 Abs. 1 Nr. 1 GG erstreckt sich die konkurrierende Gesetzgebung des Bundes auf das gerichtliche Verfahren. Dazu gehört auch das unmittelbare Vorfeld des gerichtlichen Verfahrens, also z.B. auch die Aufklärung, Ermittlung und Verfolgung von Straftaten. Damit hat der Bund das konkurrierende Gesetzgebungsrecht für § 81b StPO, zumindest soweit Lichtbilder und Fingerabdrücke für die Zwecke der Durchführung des Strafverfahrens vorgenommen werden.

Problematisch ist aber der zweite Satzteil „oder für Zwecke des Erkennungsdienstes".

Der zweite Satzteil betrifft andere als repressive Zwecke, nämlich präventive erkennungsdienstliche Maßnahmen. Diese gehören zur Gefahrenabwehr, die gemäß Art. 70 GG eigentlich unter die Landesgesetzgebungskompetenz fällt. Aus diesem Grunde gibt es solche Maßnahmen (Lichtbilder, Fingerabdrücke) auch nach allen Landespolizeigesetzen. Lichtbilder und Fingerabdrücke „zum Zwecke des Erkennungsdienstes" gelangen nicht in die Ermittlungsakten, sondern in Materialsammlungen, die für Observationen und insbesondere Ermittlung unbekannter oder zukünftiger Straftäter dienen.

Der zweite Satzteil unterfällt demnach nicht der konkurrierenden Gesetzgebungskompetenz des Bundes aus Art. 74 Abs. 1 Nr. 1 GG.

B. Ungeschriebene Gesetzgebungskompetenzen

Neben den geschriebenen Kompetenztiteln aus den Art. 70 ff. GG (und teilweise aus anderen Normen des GG) sind verschiedene ungeschriebene Gesetzgebungskompetenzen anerkannt. Neben der Kompetenz des Bundes kraft **Natur der Sache** gibt es die **Annexkompetenz** und die Kompetenz kraft **Sachzusammenhangs**.

Kompetenz kraft Natur der Sache: eine Materie ist **begriffsnotwendig** durch den Bund zu regeln (z.B. Sitz der Bundesregierung, Bundessymbole)

Vorliegend könnte sich die Zuständigkeit des Bundes für den zweiten Satzteil aus Art. 74 Abs. 1 Nr. 1 GG i.V.m. der Kompetenz kraft Sachzusammenhangs ergeben.

Dem Bund kann ausnahmsweise trotz Fehlens einer ausdrücklichen Zuweisung im GG die Gesetzgebungszuständigkeit zustehen, soweit die zu regelnde Materie mit einem der in den Art. 73 ff. GG genannten Gebiete in **notwendigem und untrennlichem Sachzusammenhang** steht. Erforderlich ist, dass „eine dem Bund ausdrücklich zugewiesene Materie verständigerweise nicht geregelt werden kann, ohne dass zugleich eine nicht aus-

Annexkompetenz: Vorbereitung/Durchführung einer Materie, für die der Bund ausdrücklich nach Art. 73 ff. GG zuständig ist (Verfahren wird heute aus Art. 84 Abs. 1 S. 2 GG entnommen)

drücklich zugewiesene Materie mitgeregelt wird, wenn also ein Übergreifen in nicht ausdrücklich zugewiesene Materien unerlässliche Voraussetzung ist für die Regelung einer der Bundesgesetzgebung zugewiesenen Materie."[49]

Die Polizei hat gemäß § 163 StPO Straftaten zu erforschen. Häufig wird die Polizei dabei erst durch Lichtbilder und Fingerabdrücke erkennen können, ob es sich bei dem „Beschuldigten" um einen Straftäter handelt oder ob sich dieser noch nicht einer Straftat schuldig gemacht hat. Demnach kann die Polizei oftmals gar nicht zwischen präventiven und repressiven Maßnahmen unterscheiden. Somit besteht ein enger Sachzusammenhang zwischen den repressiven und den präventiven Maßnahmen i.S.d § 81b StPO.

Der Bund ist für die Regelung demnach insgesamt zuständig.

49 Vgl. BVerfGE 3, 407; 26, 256.

Fall 51: Gesetzgebungskompetenzen, Föderalismusreform

Der Bund hat ein Hochschulrahmengesetz (HRG), zuletzt geändert im Jahre 2004, erlassen. Das HRG beruhte auf dem Kompetenztitel des Art. 75 Abs. 1 Nr. 1 a GG a.F., wonach der Bund das Recht hatte, Rahmenvorschriften für die Gesetzgebung der Länder über die allgemeinen Grundsätze des Hochschulwesens zu erlassen. Das HRG enthielt u.a. Regelungen über die einzelnen Studiengänge und die jeweiligen Studienverläufe sowie die Zulassung zum Hochschulstudium, wie z.B. Vorschriften über die ZVS.

Das Land L plant Anfang 2008 den Erlass eines Hochschulfreiheitsgesetzes (HFG). Das Land hat jedoch wegen der bestehenden Regelungen im HRG Bedenken, ob es neue Regelungen überhaupt erlassen darf.

Könnte das Land L in den beiden oben genannten Bereichen Neuregelungen erlassen? Wenn nicht, unter welchen Voraussetzungen wäre eine Gesetzgebungskompetenz des Landes gegeben?

Das Land L kann in den beiden Bereichen Neuregelungen erlassen, wenn dem Land die Gesetzgebungskompetenz zusteht.

I. Regelungen bzgl. der Studiengänge/-verläufe

Nach Art. 70 Abs. 1 GG haben die Länder das Recht der Gesetzgebung, soweit das GG nicht dem Bund Gesetzgebungsbefugnisse verleiht.

1. Art. 70, 74 GG

Die Regelungen der Studiengänge und -verläufe sind nicht als Sachmaterie der ausschließlichen Gesetzgebung des Bundes gemäß Art. 73 GG normiert. Die konkurrierende Gesetzgebung des Bundes erstreckt sich gemäß Art. 74 Abs. 1 Nr. 33 GG auch auf die Hochschulzulassung und die Hochschulabschlüsse.

Darunter fallen jedoch nicht die geplanten Regelungen der Studiengänge und -verläufe. Damit steht dem Bund in diesem Bereich die Gesetzgebungskompetenz nicht zu, sodass eigentlich die Länder das Gesetzgebungsrecht haben.

2. Art. 125 a GG

Fraglich ist jedoch, ob sich daran etwas ändert, da dem Bund ursprünglich die Kompetenz für das HRG aus Art. 75 GG zustand. Nach Art. 125 a Abs. 1 S. 1 GG gilt Recht, das als Bundesrecht erlassen worden ist, aber wegen Aufhebung des Art. 75 GG nicht mehr erlassen werden könnte, als Bundesrecht fort.

Dieses Recht kann jedoch gemäß Art. 125 a Abs. 1 S. 2 GG durch Landesrecht ersetzt werden.

Damit kann das Land L im neuen HFG Regelungen über die Studiengänge und den Studienverlauf treffen.

II. Regelungen bzgl. der Hochschulzulassung

Hinsichtlich der Regelungen über die Hochschulzulassung besteht eine konkurrierende Gesetzgebungskompetenz des Bundes aus Art. 74 Abs. 1

Nr. 33 GG. Damit haben die Länder das Recht der Gesetzgebung nur, solange und soweit der Bund von seinem Gesetzgebungsrecht keinen Gebrauch gemacht hat, Art. 72 Abs. 1 GG. Wegen der bestehenden Regelungen im HRG könnte eine Gesetzgebungskompetenz der Länder demzufolge gesperrt sein.

Gemäß Art. 72 Abs. 3 S. 1 Nr. 6 GG können die Länder durch Gesetz abweichende Regelungen über die Hochschulzulassung treffen. Dies setzt allerdings bereits nach dem Wortlaut des Art. 72 Abs. 3 GG voraus, dass der Bund von seiner Gesetzgebungszuständigkeit Gebrauch gemacht hat. Fraglich ist, was in diesem Sinne unter „Gebrauchmachen" zu verstehen ist.

Die ursprünglichen Regelungen im HRG beruhten nicht auf dem Kompetenztitel des Art. 74 Abs. 1 Nr. 33 GG, sondern auf der Rahmengesetzgebungskompetenz des Art. 75 GG a.F. Diese alten Regelungen gelten gemäß Art. 125 b Abs. 1 S. 1 GG als Bundesrecht (automatisch) fort. Fraglich ist, ob bereits diese automatische Fortgeltung ein „Gebrauchmachen" im Sinne der Art. 72 Abs. 3, 125 b Abs. 1 GG darstellt. So wird z.B. im Bereich der Fortgeltung vorkonstitutionellen Rechts unter „Gebrauchmachen" auch verstanden, dass der nachkonstitutionelle Gesetzgeber die alten Regelungen unverändert fortbestehen lässt.

Die Länder können gemäß Art. 125 b Abs. 1 S. 3 GG auf den Gebieten des Art. 72 Abs. 3 S. 1 GG abweichende Regelungen treffen. Dies ist jedoch nur möglich, wenn entweder der Bund ab 01.09.2006 von seiner neuen Gesetzgebungszuständigkeit aus Art. 74 Abs. 1 Nr. 33 GG Gebrauch gemacht hat oder spätestens ab dem 01.08.2008. Diese Bezugnahme auf die neue Zuständigkeit ab dem 01.09.2006 macht deutlich, dass erst dann ein „Gebrauchmachen" vorliegt, wenn der Bund aufgrund des neuen Art. 74 Abs. 1 Nr. 33 GG neue Regelungen schafft.

Aus dem Sachverhalt ergibt sich nicht, dass der Bund die Regelungen der Hochschulzulassung nach dem 01.09.2006 geändert hat, sodass der Bund von seiner Gesetzgebungszuständigkeit aus Art. 74 Abs. 1 Nr. 33 GG noch gar keinen Gebrauch gemacht hat. Damit wäre eine Neuregelung durch das Land L in diesem Bereich erst ab dem 01.08.2008 möglich. Vor diesem Zeitpunkt fehlt dem Land L die Gesetzgebungskompetenz für eine Neuregelung des Hochschulzugangs, wenn nicht der Bund vorher Neuregelungen erlässt.

Fall 52: Gesetzgebungsverfahren – Initiative, Vorverfahren

Die Bundesregierung möchte einen Gesetzesentwurf in den Bundestag einbringen. Um die Sache zu beschleunigen, leitet das Kabinett den Entwurf direkt an den Bundestag, ohne zuvor die Stellungnahme des Bundesrates eingeholt zu haben. Der Bundesrat ist der Meinung, allein aus diesem Grunde wäre das Gesetz formell verfassungswidrig. Zu Recht?

***I.** Gesetzesinitiator, Art. 76 Abs. 1 GG = Bundesregierung (+)*

II. Vorverfahren, Art. 76 Abs. 2 GG

Fraglich ist, ob das Vorverfahren ordnungsgemäß durchgeführt wurde.

Gesetzesvorlagen der Bundesregierung werden zunächst gemäß Art. 76 Abs. 2 S. 1 GG dem Bundesrat zur Stellungnahme zugeleitet. In der Literatur umstritten ist die Frage, ob die Bundesregierung, um das Verfahren nach Art. 76 Abs. 2 GG zu umgehen, die Gesetzesinitiative dem Bundestag überlassen darf, indem sie einen von ihr ausgearbeiteten Gesetzentwurf zu diesem Zweck den sie tragenden Regierungsfraktionen im Bundestag überlässt.

Der Gesetzentwurf wird dann, wenn Fraktionen des Bundestages ihn übernehmen, zu einem solchen aus der Mitte des Bundestages, für den das Verfahren des Art. 76 Abs. 2 GG nicht gilt. Das Initiativrecht des Bundestages ist unbegrenzt und daher kann sich der Bundestag bereits im Stadium der Gesetzesinitiative die Gesetzentwürfe der Bundesregierung zu Eigen machen. Die Rechte des Bundesrates werden im Übrigen im zweiten Durchgang gewahrt. Seine Mitwirkung am Gesetzgebungsverfahren wird nicht beschränkt, sondern nur auf einen späteren Zeitpunkt verschoben.

Möglicherweise ergibt sich aber die Unzulässigkeit der Vorgehensweise aus dem Grundsatz der Organtreue. Dieser Grundsatz besagt, dass Staatsorgane untereinander zu rücksichtsvollem Umgang und einem Mindestmaß an Kooperation verpflichtet sind. Gerade für den Fall, dass die Bundesregierung durch gezielte Umgehung der Vorschrift des Art. 76 Abs. 2 S. 1 GG das Mitwirkungsrecht des Bundesrates verkürzt, könnte sie gegen den Grundsatz der Organtreue verstoßen haben. Aber auch hier gilt, dass die Bundesregierung juristisch korrekt gehandelt hat. Die sie stützende Regierungskoalition hat sich den Gesetzesentwurf zu Eigen gemacht und beim Bundestag eingebracht. Daher kann auch hier im Ergebnis nichts anderes gelten.

Politisch ergibt eine solche Vorgehensweise der Bundesregierung aus zwei Gründen Sinn. Bei eilbedürftigen Gesetzesvorlagen kann die Zeit eingespart werden, welche die Befassung des Bundesrates in Anspruch nimmt. Bei umstrittenen Gesetzesvorlagen wird verhindert, dass der Bundesrat, insbesondere ein Bundesrat, in dem die Opposition die Mehrheit hat, sich frühzeitig festlegt; auf diese Weise bleiben Kompromissmöglichkeiten im Vermittlungsverfahren erhalten.

Nach alldem wäre das Gesetz nicht allein aus diesem Grunde verfassungswidrig.

Fall 53: Gesetzgebung – Zustimmungsbedürftigkeit

Der Bundestag beschließt eine Änderung des schon vorhandenen Gentechnikgesetzes. Darin werden die Sicherheitsanforderungen an gentechnische Anlagen drastisch verschärft. Das ursprüngliche Gentechnikgesetz bedurfte der Zustimmung des Bundesrates, weil es Vorschriften über das Verfahren für die Genehmigung gentechnischer Anlagen enthält, das von Behörden der Länder durchzuführen ist (Art. 83, 84 Abs. 1, 1. Halbs. GG). Das Änderungsgesetz enthält keine neuen Vorschriften, die ein Zustimmungsrecht des Bundesrates begründen. Insbesondere enthält es keine Verfahrensvorschriften. Der Bundesrat hält das Änderungsgesetz gleichwohl für zustimmungsbedürftig, weil erstens schon das geänderte Gesetz zustimmungsbedürftig gewesen sei und weil durch die Änderung die politische Aussage des ursprünglichen Gesetzes wesentlich geändert worden sei.

Bedarf das Änderungsgesetz der Zustimmung des Bundesrates?

Ein Gesetz ist nicht allein deshalb zustimmungsbedürftig, weil es Belange der Länder berührt. Ein Gesetz bedarf der Zustimmung des Bundesrates, wenn es sich – und sei es nur mit einer Vorschrift – unter einen der Zustimmungsvorbehalte des Grundgesetzes subsumieren lässt.

Beachte: Während vor der „Föderalismusreform" gemäß Art. 84 Abs. 1 GG eine Zustimmungspflicht des Bundesrates immer ausgelöst wurde, wenn ein Bundesgesetz Verfahrensregelungen enthielt, kann der Bund nach Art. 84 Abs. 1 S. 2 GG **n.F.** Verfahrensvorschriften ohne Zustimmung des Bundesrates erlassen; in diesem Fall können die Länder davon abweichende Regelungen treffen. Nur im Ausnahmefall kann der Bund nach Art. 84 Abs. 1 S. 5 GG n.F. **mit Zustimmung des Bundesrates** das Verfahren ohne Abweichungsmöglichkeit regeln.

Für Änderungsgesetze gilt nichts anderes. Es ist deshalb zu prüfen, ob das Änderungsgesetz als solches zustimmungsbedürftig ist. Aus dem Sachverhalt geht hervor, dass der Auslöser des Art. 84 Abs. 1 GG, dass nämlich Verfahrensvorschriften enthalten sind, in Bezug auf das Änderungsgesetz nicht zum Zuge kommt. Bei isolierter Betrachtung ist das Änderungsgesetz also nicht zustimmungsbedürftig.

Fraglich ist jedoch, ob das Änderungsgesetz im Hinblick auf die Zustimmungsbedürftigkeit des ursprünglichen Gesetzes gemäß Art. 84 Abs. 1 GG zustimmungsbedürftig ist, obwohl es selbst keine Vorschriften enthält, die unter Art. 84 Abs. 1 GG fallen.

Fraglich ist daher, ob ein Gesetz, welches ein zustimmungsbedürftiges Gesetz ändert, selbst zustimmungsbedürftig ist. Dies ist streitig:

1. **Teilweise** wird vertreten, dass in Gedanken an die Mitverantwortung für das vorhandene Gesamtgesetz **jede Änderung zustimmungsbedürftig** ist.

2. Nach **h.M.** ist ein ÄnderungsG nur zustimmungsbedürftig, wenn besondere Voraussetzungen (bzw. einer von drei Fällen) vorliegen:

Dies ist der Fall, wenn das ÄnderungsG selbst neue Vorschriften enthält, die ihrerseits die Zustimmungsbedürftigkeit auslösen. Gleiches gilt, wenn von der Änderung solche Regelungen des geänderten Gesetzes betroffen sind, die seine Zustimmungsbedürftigkeit begründet hatten.

Die sog. Systemverschiebung

Daneben gehört dazu auch der Fall, dass ein Zustimmungsgesetz, was sowohl materiell-rechtliche Normen als auch Vorschriften über das Verfahren der Landesverwaltung (Art. 84 Abs. 1 GG) enthält, durch ein Gesetz geändert wird, das sich zwar auf die Regelung materiell-rechtlicher Fragen beschränkt, in diesem Bereich jedoch Neuerungen in Kraft setzt, die den nicht ausdrücklich geänderten Vorschriften über das Verwaltungsverfahren eine wesentlich andere Bedeutung und Tragweite verleiht.

Hier sind im ÄnderungsG keine zustimmungsbedürftigen Vorschriften betroffen.

Die Verschärfung der Sicherheitsanforderungen an gentechnische Anlagen führt auch zu keiner Veränderung im Verfahrensablauf bei der Genehmigung solcher Anlagen. Verfahrensregelungen ändern sich nicht in Inhalt und Tragweite dadurch, dass sie auf veränderte Genehmigungsvoraussetzungen angewandt werden. Insofern liegt auch keine Systemverschiebung vor.

Das Änderungsgesetz ist nicht zustimmungsbedürftig.

Fall 54: Gesetzgebungskompetenzen, -verfahren

Aufgrund der lang anhaltenden Diskussionen um die Unfallzahlen von Fahranfängern strebt die Bundesregierung im Oktober 2007 eine Novellierung des Straßenverkehrsgesetzes an. Insbesondere sollen Fahranfänger während der ersten beiden Jahre nur mit einem Elternteil zusammen Auto fahren dürfen. Nach Durchführung des Vorverfahrens, Art. 76 Abs. 2 GG, bringt die Bundesregierung den Gesetzentwurf in den Bundestag ein. Der Bundestag beschließt das Gesetz mit 68 Ja-Stimmen zu 65 Nein-Stimmen. Vier Abgeordnete enthalten sich der Stimme. Daraufhin leitet der Präsident des Bundestages das Gesetz dem Bundesrat zu.

Die Vertreter der Länder im Bundesrat sind mit dem Gesetz nicht einverstanden. Die Einhaltung dieser Vorschriften wäre mit dem wenigen Personal, welches den Ländern zur Verfügung steht, nicht nachprüfbar. Die Polizei hätte wichtigere Aufgaben.

Nachdem sich Bundesrat und Bundestag im Vermittlungsausschuss nicht auf eine gemeinsame Linie einigen konnten, versagt der Bundesrat dem Gesetz die Zustimmung. Der Bundestag ist der Auffassung, es handele sich um ein „Einspruchsgesetz", sodass das Gesetz nunmehr an den Bundespräsidenten zwecks Ausfertigung weitergeleitet werden könne. Hätte der Bundesrat Einspruch erheben wollen, so hätte er dies formal vornehmen müssen.

Nach der Gegenzeichnung durch die Bundesregierung wird das Änderungsgesetz zum StVG dem Bundespräsidenten zur Ausfertigung vorgelegt. Dieser fragt sich, ob das Gesetz formell verfassungsgemäß ist.

Bearbeitervermerk: Die Prüfung ist unter **allen** in Betracht kommenden rechtlichen Gesichtspunkten vorzunehmen.

Das Gesetz ist formell verfassungsgemäß, wenn dem Bund die Gesetzgebungskompetenz zusteht und das Gesetzgebungsverfahren ordnungsgemäß durchgeführt wurde.

I. *Gesetzgebungskompetenz*

1. *Sachmaterie = Straßenverkehr, Art. 74 Abs. 1 Nr. 22 GG (+), konkurrierende Gesetzgebung*

2. Art. 72 Abs. 2

Daneben müssten die Voraussetzungen des Art. 72 Abs. 2 GG gegeben sein. Danach hat der Bund u.a. auf dem Gebiet des Art. 74 Abs. 1 Nr. 22 GG das Gesetzgebungsrecht, wenn und soweit die Herstellung gleichwertiger Lebensverhältnisse im Bundesgebiet oder die Wahrung der Rechts- oder Wirtschaftseinheit im gesamtstaatlichen Interesse eine bundesgesetzliche Regelung erforderlich macht.

a) Herstellung gleichwertiger Lebensverhältnisse

Eine bundesgesetzliche Regelung zur Herstellung gleichwertiger Lebensverhältnisse ist erforderlich, wenn sich die Lebensverhältnisse in den einzelnen Ländern in **erheblicher, das bundesstaatliche Sozialgefüge be-**

einträchtigender Weise auseinander entwickelt haben oder sich eine derartige Entwicklung konkret abzeichnet.[50]

Ziel des Gesetzes ist, die Zahl der Unfallbeteiligungen von Fahranfängern dadurch zu verringern, dass ein Elternteil in den ersten beiden Jahren den Fahranfänger begleitet. Dieses Ziel kann jedoch auf unterschiedlichen Wegen erreicht werden. So ist z.B. auch der teilweise bereits eingeführte „Führerschein mit 17" denkbar, bei dem dann für ein Jahr eine Begleitperson bei dem Fahranfänger mitfahren muss. Unterschiedliche landesrechtliche Regelungen würden daher gleiche Ziele erreichen können. Das bundesstaatliche Sozialgefüge würde nicht soweit beeinträchtigt, dass differierende Regelungen nicht hingenommen werden könnten.

Eine bundesgesetzliche Regelung ist zur Herstellung gleichwertiger Lebensverhältnisse demnach nicht erforderlich.

b) Wahrung der Rechtseinheit

Zur Wahrung der Rechtseinheit ist eine bundesgesetzliche Regelung erforderlich, wenn die Gesetzesvielfalt auf Länderebene eine **Rechtszersplitterung** mit problematischen Folgen darstellt, die sowohl im Interesse der Länder wie auch des Bundes nicht hingenommen werden kann. Dabei ist zu bedenken, dass unterschiedliche Regelungen in den Ländern eine notwendige Folge des föderalistischen Systems in der Bundesrepublik Deutschland darstellen. Einheitliche Regelungen sind dann erforderlich, wenn die unterschiedliche rechtliche Behandlung desselben Lebenssachverhaltes unter Umständen erhebliche Unsicherheiten und Behinderungen für den länderübergreifenden Rechtsverkehr erzeugen kann.[51]

Problematisch könnte an unterschiedlichen Regelungen sein, dass ein Fahranfänger dann zwar in einem Bundesland ohne Begleitung fahren dürfte, aber nicht ohne Begleitung eine Landesgrenze „überfahren" dürfte. Dies würde jungen Fahranfängern aber z.B. über die Fahrschulausbildung bekannt sein und sie könnten sich darauf einstellen. Längere Fahrten über die Grenzen eines Bundeslandes hinweg müssten von den Fahranfängern geplant werden. Dies stellt aber keine solch problematische Folge einer „Rechtszersplitterung" dar, die eine bundesgesetzliche Regelung erforderlich macht. Dabei ist zu berücksichtigen, dass andere Länder entsprechende Regelungen erlassen würden, wenn sich die Maßnahme bewährt und die Unfallzahlen mit einer Beteiligung von Fahranfängern drastisch reduzieren würde.

Damit ist eine bundesgesetzliche Regelung auch zur Wahrung der Rechtseinheit nicht erforderlich. Mangels Gesetzgebungskompetenz des Bundes ist das Gesetz formell verfassungswidrig.

II. *Gesetzgebungsverfahren*

Im Rahmen der umfassenden rechtlichen Überprüfung ist gleichwohl weiter zu prüfen (vgl. Bearbeitervermerk).

1. *Gesetzesinitiative, Art. 76 Abs. 1 GG: Bundesregierung (+)*

2. *Vorverfahren, Art. 76 Abs. 2 GG (+)*

---

50 BVerfG NJW 2003, 41.

51 BVerfG a.a.O.

3. Gesetzesbeschluss

Gemäß Art. 77 Abs. 1 S. 1 GG werden die Bundesgesetze vom Bundestag beschlossen. Das Gesetz müsste im Bundestag mit der erforderlichen Mehrheit beschlossen worden sein.

a) Beschlussfähigkeit

Der Bundestag ist gemäß § 45 Abs. 1 GOBT beschlussfähig, wenn mehr als die Hälfte der Mitglieder im Sitzungssaal anwesend sind. Nach dem Abstimmungsergebnis waren 137 Abgeordnete anwesend. Dies ist weniger als die Hälfte (heute 598 + 24 Überhangmandate = 622). Allerdings gilt ein Gremium so lange als beschlussfähig, bis die Beschlussunfähigkeit positiv festgestellt wird. Dies wird u.a. in § 45 Abs. 2, Abs. 3 GOBT deutlich. Mangels gegenteiliger Hinweise war der Bundestag daher beschlussfähig.

b) Mehrheit

Zu einem Gesetzesbeschluss ist gemäß Art. 42 Abs. 2 S. 1 GG die Mehrheit der abgegebenen Stimmen erforderlich. Dabei werden Stimmenthaltungen nicht als abgegebene Stimmen gezählt. Das Gesetz ist demnach mit 68 zu 65 Stimmen beschlossen worden.

Das Gesetz ist vom Bundestag beschlossen worden.

4. Mitwirkung des Bundesrates

Die Mitwirkungsbefugnisse des Bundesrates hängen davon ab, ob es sich bei dem Gesetz um ein Zustimmungs- oder Einspruchsgesetz handelt.

a) Zustimmungsgesetz

Nach dem sog. „Enumerationsprinzip" liegt ein Zustimmungsgesetz nur dann vor, wenn das GG dies bestimmt. Alle Fälle der Zustimmungsbedürftigkeit sind im GG enumerativ aufgezählt.

Eine Zustimmungsbedürftigkeit ergibt sich vorliegend weder aus den Art. 83 ff. GG noch sonst aus dem GG. Daher handelt es sich um ein Einspruchsgesetz. Der Bundesrat hat allerdings formal keinen Einspruch eingelegt.

b) Umdeutung

Fraglich ist, wie sich der Umstand auswirkt, dass der Bundesrat „formal" keinen Einspruch eingelegt hat. Zu überlegen ist, ob die verweigerte Zustimmung in einen Einspruch umgedeutet werden kann.

Angesichts der Formenstrenge im Verfassungsrecht wird eine Umdeutung allgemein abgelehnt. Gegen eine Umdeutung spricht daneben der Wortlaut des § 30 Abs. 1 GOBRat, wonach sich die Erklärungen des Bundesrates „zweifelsfrei" ergeben müssen. Um seine Rechte zu wahren, muss der Bundesrat hilfsweise Einspruch einlegen. Damit wäre das Gesetz insofern mangels Einspruch des Bundesrates zustande gekommen, Art. 78 GG.

Das Gesetz ist wegen Verstoßes gegen Art. 70 ff. GG formell verfassungswidrig.

6. Ausführung von Bundesgesetzen – Verwaltung

Fall 55: Bundesauftragsverwaltung gemäß Art. 85 GG

Die Spalt AG, ein Betreiber eines Kernkraftwerkes, hat beim zuständigen Landesminister (LMin) einen Antrag auf wesentliche Veränderung des Betriebes seines Kernkraftwerkes gestellt.

Der Landesminister verzögert die Entscheidung, weil er erst noch ein neues Gutachten einholen will zu der Frage, ob die Voraussetzungen von § 7 Abs. 2 Nr. 3 AtomG erfüllt sind.

Könnte der Bundesminister für Umwelt, Naturschutz und Reaktorsicherheit (BMU) nach vorangegangener Anhörung des LMin und nach erfolgloser Androhung auf der Grundlage des Grundgesetzes eine Weisung an den LMin erteilen, vom Vorliegen der Voraussetzungen in § 7 Abs. 2 Nr. 3 AtomG auszugehen und die Genehmigung zu erteilen?

Welche Rechtmäßigkeitsvoraussetzungen sind dabei vom BMU zu beachten und welche Folgen hätte eine rechtmäßige Weisung des BMU?

Auszug aus dem AtomG (Sartorius I Nr. 835, erlassen mit Zustimmung des Bundesrates)

„§ 7: Genehmigung von Anlagen

(1) Wer eine ortsfeste Anlage zur Erzeugung, Bearbeitung oder Verarbeitung oder zur Spaltung von Kernbrennstoffen oder zur Aufarbeitung bestrahlter Kernbrennstoffe errichtet, betreibt oder sonst inne hat oder ihren Betrieb wesentlich verändert, bedarf der Genehmigung.

(2) Die Genehmigung darf nur erteilt werden, wenn ...

3. die nach dem Stand von Wissenschaft und Technik erforderliche Vorsorge gegen Schäden durch die Errichtung und den Betrieb der Anlage getroffen ist.

§ 22: Zuständigkeit der Landesbehörden

(1) Die übrigen Verwaltungsaufgaben nach dem 2. Abschnitt (Anmerkung des Verfassers: u.a. die gemäß § 7 AtomG) werden im Auftrage des Bundes durch die Länder ausgeführt ..."

A. Verfassungsmäßigkeit der Weisung vom BMU an den LMin

I. Ermächtigungsgrundlage

Gemäß Art. 30 GG ist die Ausübung der staatlichen Befugnisse und die Erfüllung der staatlichen Aufgaben Sache der Länder, soweit dieses Grundgesetz keine andere Regelung trifft oder zulässt. Diese Regelung ist eine Konkretisierung des sog. Trennungsprinzips aus Art. 20 Abs. 1 GG, Bundesstaatsprinzip, wonach grundsätzlich die Staatsgewalt des Bundes einerseits und die Staatsgewalt der Länder andererseits streng voneinander zu trennen sind und die Länder grundsätzlich eigenverantwortlich und ohne Einflussnahme des Bundes die ihnen zugewiesenen staatlichen Aufgaben erledigen.

Ein Eingriff in dieses Recht auf eigenverantwortliche Aufgabenwahrnehmung durch die Länder ist deshalb, vergleichbar mit Grundrechtseingriffen, nur dann zulässig, wenn dafür eine Ermächtigungsgrundlage vorhanden ist und die formellen und materiellen Voraussetzungen dieser Ermächtigungsgrundlage erfüllt sind.

Die somit erforderliche Ermächtigungsgrundlage für eine Weisung von Bundesminister an Landesminister könnte sich ergeben aus Art. 85 Abs. 3 GG.

Zunächst müsste Art. 85 Abs. 3 GG im vorliegenden Fall anwendbar sein. Dies ist gemäß Art. 85 Abs. 1 GG nur dann der Fall, wenn es hier um die Ausführung von Bundesgesetzen durch die Länder im Auftrage des Bundes geht, also ein Fall der Bundesauftragsverwaltung vorliegt.

1. Grundsätzlich werden Bundesgesetze von den Ländern als eigene Angelegenheit im Wege der sog. Bundesaufsichtsverwaltung durchgeführt gemäß Art. 83 und Art. 84 GG.

Bundesauftragsverwaltung ist nur dann ausnahmsweise zulässig, wenn diese für den betreffenden Sachbereich bzw. für ein bestimmtes Gesetz ausdrücklich im Grundgesetz angeordnet ist.

Im vorliegenden Fall könnte sich eine Ausnahme ergeben aus Art. 87 c GG. Danach können Gesetze, die aufgrund des Art. 73 Abs. 1 Nr. 14 GG ergehen, mit Zustimmung des Bundesrates bestimmen, dass sie von den Ländern im Auftrage des Bundes ausgeführt werden.

a) Das AtomG ist aufgrund des Art. 73 Abs. 1 Nr. 14 GG erlassen worden.

b) Laut Sachverhaltsangaben hat der Bundesrat seine Zustimmung erteilt.

c) In § 24 AtomG ist jedenfalls für den hier streitigen § 7 AtomG angeordnet, dass diese Vorschriften von den Ländern im Auftrage des Bundes ausgeführt werden.

2. Zwischenergebnis: Damit wird § 7 AtomG im Wege der Bundesauftragsverwaltung durch die Länder ausgeführt, sodass Art. 85 Abs. 3 GG für den hier zu entscheidenden Fall anwendbar ist.

II. Formelle Rechtmäßigkeit der Weisung

1. Der BMU ist als oberste Bundesbehörde zuständiger Weisungsgeber gemäß Art. 85 Abs. 3 S. 1 GG.

2. Der LMin ist als oberste Landesbehörde richtiger Weisungsadressat gemäß Art. 85 Abs. 3 S. 2 GG.

3. Als weitere ungeschriebene formelle Rechtmäßigkeitsvoraussetzung für eine Weisung verlangt das BVerfG, dass vor Erteilen der Weisung das Land angehört worden ist.

Diese Anforderung wird, wie alle weiteren formellen und materiellen Rechtmäßigkeitsvoraussetzungen einer Weisung, vom BVerfG hergeleitet aus Art. 20 Abs. 1 GG (Bundesstaatsprinzip, Gebot des länderfreundlichen Verhaltens als Unterfall des sog. Gebots des bundesfreundlichen Verhaltens im weiteren Sinne).

Laut Sachverhalt hat eine Anhörung des Landes vor Erteilung der Weisung stattgefunden.

4. Auch die gemäß Art. 20 Abs. 1 GG erforderliche Begründung mit hinreichender Abwägung der Interessen des Landes L ist laut Sachverhalt erfolgt.

Die Weisung des BMU an LMin ist formell verfassungsmäßig.

III. Materielle Verfassungsmäßigkeit der Weisung

Schließlich müssen auch die materiellen Rechtmäßigkeitsvoraussetzungen für eine Weisung, abgeleitet aus dem Bundesstaatsprinzip des Art. 20 Abs. 1 GG, erfüllt sein.

1. Die Weisung ist hinreichend bestimmt, sodass das Gebot der Weisungsklarheit durch die Weisung des BMU beachtet wurde.

2. Die Weisung war auch erforderlich bzw. verhältnismäßig, weil die vorher erfolgte Androhung einer Weisung erfolglos geblieben ist.

3. Schließlich ist die Weisung auch nicht rechtsmissbräuchlich erfolgt.

Ergebnis zu A: Die Weisung des BMU an den LMin gemäß Art. 85 Abs. 3 GG ist formell und materiell verfassungsmäßig.

Etwas anderes würde z.B. dann gelten, wenn der Bund die Anweisung zur Genehmigung eines Reaktortyps geben würde, der bekanntermaßen sehr störanfällig ist und damit große Gefahren für Leben und Gesundheit der Umgebung hervorrufen und zu einer evidenten Grundrechtsverletzung führen würde.

B. Rechtsfolgen der rechtmäßigen Weisung des BMU an den LMin

Die Wahrnehmungskompetenz verbleibt beim Land L. Jedoch geht die Sachkompetenz auf den anweisenden Bund im konkreten Fall über.

I. Wahrnehmungskompetenz bedeutet das Handeln und die Verantwortlichkeit nach außen, also im Verhältnis zum Bürger oder im Verhältnis zum Anlagenbetreiber.

II. Die Sachkompetenz betrifft die Zuständigkeit zur Sachverhaltsermittlung und rechtlichen Beurteilung zur Vorbereitung eines Verwaltungsaktes, insbesondere die Ausübung eines Wertungsspielraumes auf Tatbestandsseite und das Ausüben von Ermessen auf Rechtsfolgenseite.

Daraus ergibt sich im hier zu entscheidenden Fall, dass nach einer rechtmäßigen Weisung das Land bzw. die zuständige Landesbehörde verpflichtet ist, die Genehmigung gemäß § 7 AtomG zu erteilen und dass alle tatsächlichen und rechtlichen Fragen abschließend und verbindlich vom Bund geregelt werden. Das Land muss also die Weisung befolgen, auch wenn möglicherweise offensichtlich die Voraussetzungen von § 7 Abs. 2 Nr. 3 AtomG nicht erfüllt sind.

7. Verfahren vor dem BVerfG

Aufbauschema zum Organstreitverfahren

Art. 93 Abs. 1 Nr. 1 GG – § 13 Nr. 5 BVerfGG – §§ 63 ff. BVerfGG

A. Zulässigkeit

I. **Zuständigkeit:** Art. 93 Abs. 1 Nr. 1 GG, § 13 Nr. 5 BVerfGG; verfassungsrechtliche Streitigkeit

II. **Ordnungsgemäßer Antrag**, §§ 23 Abs. 1, 64 Abs. 2 BVerfGG (nur bei Anlass prüfen)

III. **Beteiligtenfähigkeit**, § 63 BVerfGG, **von Antragsteller und Antragsgegner**

- entweder: BPräs; BTag; BRat; BReg
- oder: *Teile dieser Organe*, die entweder im GG oder durch die GO des BTags oder des BRates mit eigenen Rechten ausgestattet sind (z.B. Abgeordnete, Fraktionen, Ausschüsse, Organpräsidenten, BKanzler, BMinister).
  PROBLEM: Parteien = kein Teil des BTages, aber am Verfassungsleben Beteiligte i.S.d. Art. 93 Abs. 1 Nr. 1 GG

IV. **Antragsbefugnis**, § 64 Abs. 1 BVerfGG

Antragsteller muss *geltend* machen (Möglichkeitstheorie), dass

- er selbst oder
- das Organ, dem er angehört (**Prozessstandschaft**; auch gegen den Willen des Organs),
- durch eine Maßnahme oder Unterlassung des Antragsgegners
- in Rechten/Pflichten (i.S.v. Kompetenzen) verletzt oder unmittelbar gefährdet wird. Erforderlich, dass Maßnahme rechtserheblich ist ([–] z.B. bei bloßer Rüge des BTagPräs).
- Die geltend gemachten Rechte müssen aus dem GG stammen! (Also immer einen Artikel zitieren; ggf. schon hier Auslegung betreiben).

  ⇨ **Rechte aus einer GO oder einfachgesetzlichen Regelungen reichen nicht.**

V. **Frist**, § 64 Abs. 3 BVerfGG: 6 Monate

B. Begründetheit

Der Antrag ist begründet, wenn

- die gerügte Maßnahme oder Unterlassung gegen eine Bestimmung des Grundgesetzes verstößt und
- den Antragsteller tatsächlich in seinen Rechten verletzt.

C. Tenor

Das BVerfG **stellt nur fest**, dass die Maßnahme oder Unterlassung des Antragsgegners gegen eine Bestimmung des GG (i.S.v. VerfassungsR) verstößt, § 67 S. 1 BVerfGG (= Feststellungstenor).

Fall 56: Organstreitverfahren durch den Bundestag

Der Bundestag hat gemäß Art. 76 ff. GG ein neues Bundesgesetz unter Beteiligung des Bundesrates beschlossen. Nachdem das Gesetz zustande gekommen ist (Art. 78 GG), wird es dem Bundespräsidenten zur Ausfertigung gemäß Art. 82 Abs. 1 GG vorgelegt. Der Bundespräsident weigert sich jedoch, das Gesetz auszufertigen. Er meint, das Gesetz sei formell verfassungswidrig.

Der Bundestag ist außer sich. Er fühlt sich in seinen Rechten aus dem GG verletzt. Schließlich sei nicht der Bundespräsident der Gesetzgeber. Drei Monate nach der Weigerung ruft der Bundestag das BVerfG an, um feststellen zu lassen, dass die Weigerung verfassungswidrig gewesen ist. Zulässig?

I. *Zuständigkeit des BVerfG, Art. 93 Abs. 1 Nr. 1 GG, § 13 Nr. 5 BVerfGG (+)*

II. *Beteiligtenfähigkeit, § 63 BVerfGG*

Bundestag als Antragsteller und Bundespräsident als Antragsgegner ausdrücklich genannt (+)

III. *Antragsgegenstand, § 64 Abs. 1 BVerfGG (+), Weigerung des Bundespräsidenten ist rechtserhebliches Unterlassen*

IV. Antragsbefugnis, § 64 Abs. 1 BVerfGG

Der Bundestag müsste geltend machen, dass er durch eine Maßnahme oder Unterlassung des Antragsgegners in einem durch das GG übertragenen Recht oder einer Pflicht verletzt oder unmittelbar gefährdet ist. Nach der geltenden Möglichkeitstheorie darf es nicht ausgeschlossen sein, dass ein Recht aus dem GG verletzt ist.

1. Als Recht des Bundestags kommt hier das Gesetzgebungsrecht aus Art. 77 Abs. 1 S. 1 GG in Betracht. Als Hauptgesetzgebungsorgan (demokratisch legitimiert) hat der Bundestag einen Anspruch darauf, dass die übrigen Mitwirkungsorgane ihre Mitwirkungsakte nur verfassungsgemäß ausüben, damit ein Zustandekommen des Gesetzes nicht verfassungswidrig verhindert wird. Das bedeutet nicht, dass jedes Organ (z.B. der Bundesrat) zustimmen muss, aber wohl, dass die verfassungsrechtlichen Mitwirkungspflichten erfüllt werden müssen.

2. In dieses Recht des Bundestags auf verfassungsgemäße Mitwirkung im Gesetzgebungsverfahren könnte eingegriffen worden sein durch eine Unterlassung (Weigerung der Ausfertigung) des Antragsgegners.

Damit ist eine Verletzung des Bundestages in seinen Rechten aus dem GG möglich. Der Bundestag ist antragsbefugt.

V. *Antragsfrist, § 64 Abs. 3 BVerfGG (+), innerhalb von 6 Monaten*

Der Antrag des Bundestages an das BVerfG ist demzufolge zulässig.

Fall 57: Organstreitverfahren durch eine Fraktion
(Abwandlung zu Fall 56)

Wie wäre es, wenn die das Gesetz befürwortende Fraktion C die Weigerung des Bundespräsidenten für eine Verletzung ihrer Rechte hält. Könnte auch die C-Fraktion zulässigerweise ein solches Verfahren durchführen, wenn die Mehrheit des Bundestages dagegen ist?

***I.** Zuständigkeit des BVerfG, Art. 93 Abs. 1 Nr. 1 GG, § 13 Nr. 5 BVerfGG (+)*

***II.** Beteiligtenfähigkeit, § 63 BVerfGG*

***1.** Bundespräsident als Antragsgegner ausdrücklich genannt (+)*

2. Fraglich ist allerdings, ob die Fraktion beteiligtenfähig ist. Dann müsste die Fraktion gemäß § 63 BVerfGG ein Teil des Bundestages sein und mit eigenen Rechten aus dem GG oder aus den Geschäftordnungen ausgestattet sein.

Bei einer Fraktion handelt es sich um einen freiwilligen Zusammenschluss von Abgeordneten (vgl. § 45 Abs. 1 AbgG i.V.m. § 10 GOBT), der zwar nicht durch das GG ausdrücklich, aber durch die GOBT mit eigenen Rechten (vgl. z.B. das Recht, Gesetzesinitiativen einzuleiten, § 76 GOBT) ausgestattet ist. Damit ist auch die C-Fraktion beteiligtenfähig im Organstreitverfahren.

***III.** Antragsgegenstand, § 64 Abs. 1 BVerfGG (+), Weigerung des Bundespräsidenten ist rechtserhebliches Unterlassen*

IV. Antragsbefugnis, § 64 Abs. 1 BVerfGG

Die Fraktion müsste geltend machen, dass sie oder das Organ, dem sie angehört, durch eine Maßnahme oder Unterlassung des Antragsgegners in einem durch das GG übertragenen Recht oder einer Pflicht verletzt oder unmittelbar gefährdet ist. Nach der geltenden Möglichkeitstheorie darf es nicht ausgeschlossen sein, dass ein Recht aus dem GG verletzt ist.

1. Eigene Rechte der Fraktion aus dem GG

Zunächst könnten Rechte der Fraktion als Antragsteller beeinträchtigt sein. Insoweit ist zunächst festzustellen, dass Fraktionen aus dem GG keine ausdrücklich geregelten Rechte haben. Es könnten sich aber aus den Staatsprinzipien und einigen Artikeln durch Auslegung einzelne Mitwirkungsbefugnisse im Bundestag ableiten lassen. Nach Art. 76 Abs. 1 GG werden Gesetzesinitiativen aus der Mitte des Bundestages eingebracht. Unter Zuhilfenahme des § 76 GOBT ergibt die Auslegung der Norm, dass damit zumindest auch eine Fraktion gemeint ist. Damit ergibt die Auslegung des Art. 76 Abs. 1 GG ein Gesetzesinitiativrecht der Fraktion aus dem GG. Fraglich ist aber, ob durch die Weigerung des Bundespräsidenten solche verfassungsrechtlichen Fraktionsrechte tangiert werden. Die Fraktion kann ihre Mitwirkungsbefugnisse ungehindert ausüben, obwohl sich der Bundespräsident weigert, das Gesetz auszufertigen. Auch steht der Fraktion kein Recht auf vollständigen Abschluss eines Gesetzgebungsverfahrens zu, da die Fraktion selbst kein Gesetzgebungsorgan ist. Eine Verletzung eigener (Fraktions-)Rechte kann sie hier daher nicht geltend machen.

2. Die Fraktion als Teil des Bundestags könnte aber im Wege der **Prozessstandschaft** Rechte des Bundestags als verletzt geltend machen.

a) Als Recht des Bundestags kommt hier das Gesetzgebungsrecht aus Art. 77 GG in Betracht (s.o. Fall 56).

b) Fraglich ist, ob eine Fraktion das Recht des Bundestags geltend machen kann.

aa) Zunächst ist anerkannt, dass eine Fraktion als ständig vorhandene Gliederung (funktionsähnlich) Rechte des Bundestags geltend machen kann.

bb) Problematisch ist jedoch, dass die C-Fraktion dies gegen den Willen der Mehrheit des Bundestages wahrnehmen will. Die Prozessstandschaft wurde vom Gesetzgeber auch zur Wahrung von Oppositionsrechten in das BVerfGG aufgenommen. Geschützt werden sollte die oppositionelle Minderheit. Aus diesem Grunde muss die Wahrnehmung von Rechten sogar gegen den Willen der Mehrheit des Bundestags möglich sein.

Prozessstandschaft: Befugnis, ein fremdes Recht im eigenen Namen geltend zu machen (während der Vertreter im fremden Namen handelt). Bei ihr fallen Rechtsinhaberschaft und Prozessführungsbefugnis auseinander.

3. In dieses Recht des Bundestags auf verfassungsgemäße Mitwirkung im Gesetzgebungsverfahren könnte eingegriffen worden sein durch eine Unterlassung (Weigerung der Ausfertigung) des Antragsgegners.

Die C-Fraktion ist somit antragsbefugt.

***V.** Antragsfrist, § 64 Abs. 3 BVerfGG (+), innerhalb von 6 Monaten*

Der Antrag der C-Fraktion an das BVerfG ist demzufolge zulässig.

Fall 58: Organstreitverfahren eines Abgeordneten
(Abwandlung zu Fall 56)

Wie wäre es, wenn der das Gesetz befürwortende Abgeordnete A die Weigerung des Bundespräsidenten für eine Verletzung seiner Rechte hält. Könnte auch der A zulässigerweise ein solches Verfahren durchführen, wenn die Mehrheit des Bundestages dagegen ist?

***I.** Zuständigkeit des BVerfG, Art. 93 Abs. 1 Nr. 1 GG, § 13 Nr. 5 BVerfGG (+)*

***II.** Beteiligtenfähigkeit, § 63 BVerfGG*

***1.** Bundespräsident als Antragsgegner ausdrücklich genannt (+)*

2. Fraglich ist allerdings, ob der Abgeordnete A beteiligtenfähig ist. Dann müsste er gemäß § 63 BVerfGG ein Teil des Bundestages sein und mit eigenen Rechten aus dem GG oder aus den Geschäftordnungen ausgestattet sein.

Der Abgeordnete ist Teil des Bundestages und hat eigene Rechte aus dem GG, wie z.B. das freie Mandat aus Art. 38 Abs. 1 S. 2 GG. Damit ist auch der Abgeordnete A beteiligtenfähig im Organstreitverfahren.

***III.** Antragsgegenstand, § 64 Abs. 1 BVerfGG (+), Weigerung des Bundespräsidenten ist rechtserhebliches Unterlassen*

IV. Antragsbefugnis, § 64 Abs. 1 BVerfGG

A müsste geltend machen, dass er oder das Organ, dem er angehört, durch eine Maßnahme oder Unterlassung des Antragsgegners in einem durch das GG übertragenen Recht oder einer Pflicht verletzt oder unmittelbar gefährdet ist. Nach der geltenden Möglichkeitstheorie darf es nicht ausgeschlossen sein, dass ein Recht aus dem GG verletzt ist.

1. Eigene Rechte des A aus dem GG

Durch die Weigerung des Bundespräsidenten, ein Gesetz auszufertigen, sind eigene Rechte des Abgeordneten A (Rede-, Antrags-, Abstimmungsrechte) nicht tangiert worden, sodass A insoweit nicht antragsbefugt ist.

2. Prozessstandschaft

Fraglich ist, ob ein Abgeordneter Rechte des Bundestags (hier aus Art. 77 GG, s.o.) im Wege der Prozessstandschaft geltend machen kann.

Die Prozessstandschaft ist eine Ausnahme von dem allgemeinen verfahrensrechtlichen Grundsatz, dass Verfahrensbeteiligte nur eigene Rechte geltend machen können; sie bedarf daher einer ausdrücklichen gesetzlichen Zulassung. Eine solche findet sich in §§ 63, 64 Abs. 1 BVerfGG; sie bezieht sich jedoch nur auf die Prozessstandschaft eines Organteils für das Gesamtorgan, berechtigt aber nicht den einzelnen Abgeordneten.[52]

Als Organteile in diesem Sinne sind nur die nach der Geschäftsordnung ständig vorhandenen Gliederungen des Bundestages, wie z.B. die Fraktionen, berufen, Rechte des Bundestages geltend zu machen. Der einzelne Abgeordnete ist keine solche „Gliederung" des Bundestages, wohl aber er-

52 BVerfGE 90, 286, 343; vgl. auch BVerfG JuS 2008, 74.

füllen die Fraktionen diese Voraussetzungen, weil der Bundestag als Gesamtheit durch sie und das in ihnen verkörperte politische Gliederungsprinzip erst kontinuierlich arbeitsfähig wird. Der Minderheitenschutz zielte auch bei Erlass des GG auf den Schutz der **organisierten** parlamentarischen Minderheit ab. Man wollte nicht „ganz kleinen Gruppen", sondern dem parlamentarischen Gegenspieler der Regierungsmehrheit den Rechtsweg zum BVerfG eröffnen.

Ein Abgeordneter kann folglich nicht im Wege der Prozessstandschaft Rechte des Bundestages geltend machen.

Der Antrag des Abgeordneten A an das BVerfG ist demzufolge unzulässig.

Fall 59: Organstreitverfahren – Antragsgegenstand
(nach BVerfGE 60, 374)

Der Bundestagsabgeordnete A ist Mitglied der oppositionellen F-Fraktion im Deutschen Bundestag. Während einer Debatte über die Regierungserklärung des Bundeskanzlers S zur Gesundheits- und Rentenreform wirft A dem S vor, er habe die Entwicklung der Altersvorsorge „wissentlich" falsch dargestellt. Die Absichten des Bundeskanzlers bedeuteten eine vorsätzliche Verletzung des GG. Wörtlich fügt A hinzu: „Und wenn der Kanzler dann erklärt, die Renten seien sicher, dann spricht er genauso die Wahrheit, als wenn er sagt, die Erde sei eine Scheibe." Diese Äußerung führte zu zustimmenden Zwischenrufen aus der F-Fraktion. Der Abgeordnete M aus der Regierungsfraktion rief jedoch laut „Heuchler, Dreckschleuder"!

Nachdem sich die nunmehr ausbrechenden Tumulte gelegt haben, erklärt der die Sitzung leitende Bundestagspräsident T:

„Meine Damen und Herren, ich rüge den Abgeordneten M wegen Verwendung nichtparlamentarischer Ausdrücke. Ich rüge ebenfalls den Abgeordneten A wegen seiner nichtparlamentarischen Ausdrücke im Zusammenhang mit der Regierungserklärung des Bundeskanzlers."

A meint, die Rüge sei verfassungswidrig. Sie beziehe sich auf den Inhalt seiner Äußerungen, und da sei er als Abgeordneter des Bundestages wohl frei zu sagen, was er wolle. A beantragt daher zwei Wochen später beim BVerfG die Feststellung, dass die Rüge des Bundestagspräsidenten ihn in seinen Rechten aus Art. 5 Abs. 1 S. 1 GG und Art. 38 Abs. 1 GG verletze. Wäre ein Organstreitverfahren vor dem BVerfG zulässig?

Der Antrag ist zulässig, wenn die Sachentscheidungsvoraussetzungen der Art. 93 Abs. 1 Nr. 1 GG, § 13 Nr. 5, §§ 63 ff. BVerfGG gegeben sind.

I. *Zuständigkeit des BVerfG, Art. 93 Abs. 1 Nr. 1 GG, § 13 Nr. 5 BVerfGG (+)*

II. *Beteiligtenfähigkeit*

1. *Antragsteller (+), Abgeordneter A ist Teil des Bundestages und hat eigene Rechte, z.B. aus Art. 38 Abs. 1 S. 2 GG*

2. *Antragsgegner (+), Bundestagspräsident ist Teil des Bundestages und hat eigene Rechte, z.B. aus Art. 40 Abs. 2 GG*

III. Antragsgegenstand

Tauglicher Antragsgegenstand eines Organstreitverfahrens kann gemäß § 64 Abs. 1 BVerfGG jede rechtserhebliche Maßnahme oder Unterlassung des Antragsgegners sein. Dagegen sind bloße Meinungsäußerungen keine rechtserheblichen Maßnahmen.

Fraglich ist, ob es sich bei der Rüge bereits um ein rechtserhebliches Verhalten oder lediglich um eine Meinungsäußerung des Bundestagspräsidenten handelt. Die Rüge eines Abgeordneten ist im GG bzw. in der GOBT nicht geregelt. Geregelt ist allerdings der Ordnungsruf, der nach §§ 36 S. 2, 37 GOBT zur Entziehung des Wortes führen kann und daher rechtserheblich ist. Nach allgemeiner Ansicht liegt ein Ordnungsruf allerdings nur dann vor, wenn der Bundestagspräsident erkennbar seine Maßnahme als solche bezeichnet oder zumindest den Begriff „Ordnung" verwendet.

Die Rüge hat eher einen präventiven, mahnenden Charakter und soll den Abgeordneten darauf hinweisen, dass sein Verhalten unparlamentarisch und unangemessen ist. Sie hat daher eher einen Hinweischarakter und stellt als solches noch kein rechtserhebliches Verhalten des Bundestagspräsidenten dar.

Mangels Rechtserheblichkeit ist die Rüge kein tauglicher Antragsgegenstand. Ein Organstreitverfahren vor dem BVerfG ist unzulässig.

Fall 60: Organstreitverfahren durch Parteien
(Abwandlung von Fall 32)

Die derzeit in der Opposition befindliche A-Partei fragt, ob sie im Rahmen eines Organstreitverfahrens vor dem BVerfG klären lassen kann, ob die Maßnahme der Bundesregierung (s. Fall 32) gegen die Chancengleichheit der Parteien verstößt.

A. Zulässigkeit eines Antrages der A-Partei an das BVerfG im Organstreitverfahren gemäß § 93 Abs. 1 Nr. 1 GG, §§ 13 Nr. 5, 63 ff. BVerfGG

I. Zuständigkeit

Das BVerfG ist zuständig gemäß Art. 93 Abs. 1 Nr. 1 GG i.V.m. § 13 Nr. 5 BVerfGG.

II. Beteiligtenfähigkeit von Antragstellerin und Antragsgegnerin

Klausurhinweis: Im Organstreitverfahren ist zunächst die Beteiligtenfähigkeit nach § 63, 1. und 2. Halbs. BVerfGG zu prüfen. Sofern danach eine Beteiligtenfähigkeit nicht besteht (wie z.B. bei Parteien), ist Art. 93 Abs. 1 Nr. 1 GG zu prüfen!

1. Beteiligtenfähigkeit der Bundesregierung als Antragsgegnerin

Die Bundesregierung ist beteiligtenfähig als Antragsgegnerin gemäß § 63, 1. Halbs. BVerfGG, weil sie dort ausdrücklich benannt ist.

2. Beteiligtenfähigkeit der A-Partei als Antragstellerin

a) Parteien sind nicht beteiligtenfähig gemäß § 63 BVerfGG, weil sie nicht ausdrücklich benannte Verfassungsorgane sind (1. Halbs.) und auch nicht teilrechtsfähige Teile dieser Organe (2. Halbs.).

b) Die Beteiligtenfähigkeit der A-Partei ergibt sich auch nicht aus Art. 93 Abs. 1 Nr. 1, 1. Halbs. GG, weil sie nicht oberstes Bundesorgan ist.

c) Die Beteiligtenfähigkeit könnte sich jedoch ergeben aus Art. 93 Abs. 1 Nr. 1, 2. Halbs. GG, wenn die A-Partei „andere Beteiligte ist, die durch dieses Grundgesetz mit eigenen Rechten ausgestattet ist".

Diese Voraussetzung ist jedoch bei Parteien nur dann erfüllt, sofern sie gerade um ihren verfassungsrechtlichen Status i.S.v. Art. 21 Abs. 1 S. 1 GG streiten, also um die Teilhabe an der politischen Willensbildung, welche in § 1 Abs. 2 ParteienG näher konkretisiert ist.

Anmerkung: Ein Organstreit von Parteien ist nicht möglich, wenn die Partei gerade nicht im Rahmen der Mitwirkung an der staatlichen Willensbildung betroffen wird, sondern vergleichbar dem Bürger als Grundrechtsträger.

Durch die unzulässige Öffentlichkeitsarbeit der Bundesregierung wird die A-Partei bei ihren Wahlkampfaktivitäten benachteiligt und damit im Rahmen des Prozesses der staatlichen Willensbildung i.S.v. Art. 21 Abs. 1 S. 1 GG i.V.m. § 1 Abs. 2 ParteienG; damit ist sie beteiligtenfähig.

III. Antragsbefugnis der A-Partei gemäß § 64 Abs. 1 BVerfGG

Die A-Partei ist nur dann antragsbefugt, wenn sie geltend machen kann, durch die unzulässige Wahlwerbung der Bundesregierung in einem ihr durch das Grundgesetz verliehenen Recht verletzt worden zu sein.

Hier ist eine Verletzung der Chancengleichheit der Parteien aus Art. 21 Abs. 1 GG i.V.m. Art. 38 Abs. 1 S. 1 GG möglich (vgl. auch oben Fall 38). Damit ist die A-Partei antragsbefugt.

IV. Wahrung der Antragsfrist gemäß § 64 Abs. 3 BVerfGG

Der Antrag der A-Partei im Organstreitverfahren muss binnen 6 Monaten nach Bekanntwerden der beanstandeten Maßnahme, also hier der unzulässigen Wahlwerbung der Bundesregierung, gestellt werden. Von der Fristwahrung ist auszugehen.

Beispiel: Klage der PDS gegen das Gesetz über das SED-Vermögen wegen möglicher Verletzung von Art. 14 Abs. 1, 19 Abs. 3 GG

Zwischenergebnis: Der Antrag der A-Partei im Organstreitverfahren beim BVerfG ist zulässig.

B. Der Antrag ist begründet, wenn die Maßnahme des Antragsgegners (hier die unzulässige Wahlwerbung der Bundesregierung) gegen eine Bestimmung des Grundgesetzes verstößt, vgl. § 67 BVerfGG.

Wie oben bereits ausführlich geprüft, verstößt die unzulässige Wahlwerbung der Bundesregierung gegen das Recht auf Chancengleichheit aus Art. 21 Abs. 1 i.V.m. Art. 38 Abs. 1 S. 1 GG, sodass der Antrag der A-Partei zulässig und begründet ist.

Aufbauschema zur abstrakten Normenkontrolle

Art. 93 Abs. 1 Nr. 2 GG – § 13 Nr. 6 BVerfGG – §§ 76 ff. BVerfGG

A. Zulässigkeit

I. **Zuständigkeit:** Art. 93 Abs. 1 Nr. 2 GG, § 13 Nr. 6 BVerfGG; verfassungsrechtl. Streitigkeit

II. **Ordnungsgemäßer Antrag**, § 23 Abs. 1 BVerfGG (nur bei Anlass prüfen)

III. **Beteiligtenfähigkeit**, § 76 BVerfGG
(Das Verfahren kennt nur einen **Antragsteller**.)
- Bundesregierung (Kabinettsbeschluss)
- Landesregierung
- 1/4 der Mitglieder des Bundestags (gesetzliche Mitgliederzahl)

IV. **Zulässiger Prüfungsgegenstand:** Überprüfung der
- Vereinbarkeit von Bundes*recht* mit dem GG
- Vereinbarkeit von Landes*recht* mit dem GG oder mit sonstigem Bundesrecht

  Zum Tatbestandsmerkmal *Recht*:
  - Es muss sich um Außenrechtsregelungen handeln (also keine Kontrolle von GOen oder Verwaltungsvorschriften); **Ausnahme:** Haushaltsgesetz.
  - Im Übrigen ist *Recht* (anders als bei Art. 100 GG) weit auszulegen: vor- und nachkonstitutionelles Recht; nicht nur (Bundes-/Landes-)Gesetze, sondern auch untergesetzliche Rechtsnormen (z.B. Verordnungen, Satzungen); auch verfassungsändernde Gesetze.
  - Norm muss mit Anspruch auf Geltung auftreten, also i.d.R. **Verkündung** erforderlich (keine vorbeugende Normenkontrolle). **Ausnahme** bei Vertragsgesetzen zu völkerrechtlichen Verträgen: Verfahren zulässig, sobald das Gesetzgebungsverfahren abgeschlossen ist, damit der Vertragsschluss noch verhindert werden kann.

V. **Antragsbefugnis**, § 76 BVerfGG
- Entweder: Antragsteller hält das Recht für nichtig;
- oder: Antragsteller hält das Recht für gültig, nachdem ein Gericht, eine Behörde oder ein anderes Staatsorgan die Rechtsnorm als unvereinbar mit dem GG oder mit Bundesrecht nicht angewendet hat.

PROBLEM: Soweit § 76 BVerfGG schärfere Anforderungen an die Antragsbefugnis stellt („für nichtig bzw. gültig halten") als Art. 93 Abs. 1 Nr. 2 GG, geht Art. 93 Abs. 1 Nr. 2 GG („Zweifel oder Meinungsverschiedenheiten") als höherrangige Norm vor (str.).

VI. **Frist:** keine

B. Begründetheit

Der Antrag ist begründet, wenn
- die bundesrechtliche Regelung mit dem GG unvereinbar ist.
- die landesrechtliche Regelung mit dem GG oder mit sonstigem Bundesrecht unvereinbar ist.

C. Tenor

Das BVerfG erklärt die Norm im Regelfall für nichtig (§ 78 S. 1 BVerfGG); ggf. stellt es aber nur die Unvereinbarkeit der Regelung mit dem GG fest (arg. ex § 79 Abs. 1 BVerfGG), so insbes. bei Verstößen gegen Art. 3 GG, soweit die Regelung Personen gleichheitswidrig von einer Begünstigung ausschließt.

Anmerkung: Die Entscheidung des BVerfG in Normenkontrollen hat gemäß § 31 Abs. 2 BVerfGG Gesetzeskraft.

Fall 61: Abstrakte Normenkontrolle – Beteiligtenfähigkeit
(nach BVerfG [20.04.2004 – 1 BvR 1748/99; 610/00; 905/00] DVBl. 2004, 705)

Der Bundestag hat nach einem ordnungsgemäßen Gesetzgebungsverfahren ein Gesetz zur „weiteren Umsetzung des Einstiegs in die ökologische Steuerreform" verabschiedet und zum 01.04.2010 in Kraft gesetzt. Das Gesetz sieht eine weitere Besteuerung von Strom bei Versorgungsunternehmen sowie eine Erhöhung der Mineralölsteuer vor. Durch die Verteuerung des Energieverbrauchs sollen Anreize gesetzt werden, um alternative Energien zu entwickeln und vermehrt einzusetzen. Mit den dadurch erhöhten Steuereinnahmen soll die Gesundheitsreform im Jahre 2010 gegenfinanziert werden.

Die gesetzlichen Bestimmungen sind so ausgestaltet, dass Unternehmen des „produzierenden Gewerbes" sowie der „Land- und Forstwirtschaft" Rückzahlungen bzw. Nachlässe erhalten, um die Konjunktur nicht noch stärker zu belasten bzw. um Härten zu vermeiden.

152 Abgeordnete sind davon überzeugt, dass das Gesetz gegen Art. 12, 14 und 3 GG verstößt. Wäre ein Verfahren vor dem BVerfG zulässig?

***I.** Zuständigkeit des BVerfG, Art. 93 Abs. 1 Nr. 2 GG, § 13 Nr. 6 BVerfGG (+)*

II. Beteiligtenfähigkeit, § 76 Abs. 1 BVerfGG

Dann müssten die 152 Abgeordneten des Bundestages beteiligtenfähig sein.

Gemäß § 76 Abs. 1 BVerfGG können den Antrag die Bundesregierung, eine Landesregierung oder ein Viertel der Mitglieder des Bundestages stellen. Der Bundestag besteht zur Zeit aus 622 Abgeordneten.

Die 152 Abgeordneten erreichen daher nicht die Mindestzahl des erforderlichen Viertels der Mitglieder des Bundestages (zur Zeit 156). Sie sind somit nicht beteiligtenfähig.

Eine abstrakte Normenkontrolle vor dem BVerfG ist demzufolge unzulässig.

Fall 62: Abstrakte Normenkontrolle – Antragsgegenstand
(Abwandlung zu Fall 61)

Wie wäre es, wenn 300 Abgeordnete des Bundestages den Antrag an das BVerfG stellen, während der Bundespräsident noch überlegt, ob er das Gesetz ausfertigen soll?

I. *Zuständigkeit des BVerfG, Art. 93 Abs. 1 Nr. 2 GG, § 13 Nr. 6 BVerfGG (+)*

II. *Beteiligtenfähigkeit, § 76 Abs. 1 BVerfGG (+), mehr als 1/4*

III. Antragsgegenstand, § 76 Abs. 1 BVerfGG

Das Gesetz müsste auch ein zulässiger Antragsgegenstand gemäß § 76 Abs. 1 BVerfGG sein. Danach kann Bundes- oder Landesrecht überprüft werden.

Beachte: Recht ist weit zu verstehen; anders bei Art. 100 GG (vgl. dort).

Erfasst werden davon alle Normen der Rechtsordnungen des Bundes und der Länder. Dazu gehören Verfassungsvorschriften ebenso wie formelle Gesetze (Parlamentsgesetze) und materielle Gesetze (auch Rechtsverordnungen, Satzungen).

Ausn.: die Haushaltsgesetze von Bund und Ländern

Einschränkend gilt aber, dass es sich um Normen mit Außenwirkung handeln muss.

Ausn.: Zustimmungsgesetz zu völkerrechtlichen Verträgen, Art. 59 GG

Zudem muss das Gesetz bereits „mit Geltungsanspruch" auftreten, d.h., es muss bereits verkündet sein. Eine vorbeugende Normenkontrolle ist daher unzulässig. Die 300 Abgeordneten des Bundestages möchten den Antrag an das BVerfG stellen, während der Bundespräsident noch überlegt, ob er das Gesetz ausfertigen soll. Das Gesetz ist folglich noch nicht verkündet, sodass das Gesetz noch nicht mit Geltungsanspruch auftritt.

Eine abstrakte Normenkontrolle ist zu diesem Zeitpunkt also noch unzulässig.

Fall 63: Abstrakte Normenkontrolle – Antragsbefugnis
(Abwandlung zu Fall 61)

Wie wäre es, wenn die 300 Abgeordneten des Bundestages den Antrag nach Verkündung stellen, aber nunmehr lediglich bezweifeln, dass das Gesetz verfassungsgemäß ist?

I. *Zuständigkeit des BVerfG, Art. 93 Abs. 1 Nr. 2 GG, § 13 Nr. 6 BVerfGG (+)*

II. *Beteiligtenfähigkeit, § 76 Abs. 1 BVerfGG (+)*

III. *Antragsgegenstand, § 76 Abs. 1 BVerfGG (+), nach Verkündung*

IV. Antragsbefugnis, § 76 Abs. 1 Nr. 1 BVerfGG

Nach § 76 Abs. 1 Nr. 1 BVerfGG muss der Antragsteller das Bundesrecht wegen seiner förmlichen oder sachlichen Unvereinbarkeit mit dem GG für nichtig halten. Dies bedeutet, dass der Antragsteller von der Verfassungswidrigkeit überzeugt sein muss.

Problematisch ist die Antragsbefugnis der Abgeordneten. Diese bezweifeln zwar die Verfassungsmäßigkeit, sind aber nicht davon überzeugt.

Allerdings ist der Wortlaut des Art. 93 Abs. 1 Nr. 2 GG weiter gefasst. Danach reichen Meinungsverschiedenheiten oder Zweifel aus. Während die herrschende Literatur § 76 Abs. 1 Nr. 1 BVerfGG aus diesem Grunde für teilnichtig hält bzw. § 76 Abs. 1 Nr. 1 BVerfGG verfassungskonform erweiternd auslegt, geht eine Mindermeinung davon aus, dass § 76 Abs. 1 Nr. 1 BVerfGG den Art. 93 Abs. 1 Nr. 2 GG in verfassungskonformer Weise einenge. Der Gesetzgeber besitze gemäß Art. 94 Abs. 2 S. 1 GG die Befugnis, die Verfassung und das Verfahren entgegen den Vorgaben des Art. 93 GG enger festzulegen. Vertreter dieser Auffassung beziehen sich dabei auf eine Entscheidung des BVerfG.[53] In dieser Entscheidung hat das BVerfG aber lediglich ausgedrückt, dass die Antragsbefugnis „**schon dann vorliegt**, wenn der Antragsteller von der Verfassungswidrigkeit überzeugt ist". Daraus kann nicht abgeleitet werden, dass der Antragsteller auch überzeugt sein **muss**.

Für die herrschende Literatur spricht, dass das BVerfG diesen Gedanken auf kein anderes Verfahren überträgt, sondern z.B. im Organstreitverfahren den (engeren) § 63 BVerfGG wegen des weiteren Art. 93 Abs. 1 Nr. 1 GG ebenfalls weiter versteht.

Damit reichen die Zweifel der Abgeordneten aus.

V. *Form, § 23 Abs. 1 BVerfGG (+)*

Das abstrakte Normenkontrollverfahren ist mithin zulässig.

---

53 BVerfG NJW 1998, 589.

Aufbauschema zum Bund-Länder-Streit

Art. 93 Abs. 1 Nr. 3 GG – §§ 13 Nr. 7 BVerfGG – §§ 68 ff. BVerfGG

A. Zulässigkeit

I. **Zuständigkeit:** Art. 93 Abs. 1 Nr. 3 GG, § 13 Nr. 7 BVerfGG; verfassungsrechtliche Streitigkeit

II. **Ordnungsgemäßer Antrag**, §§ 23 Abs. 1, 69, 64 Abs. 2 BVerfGG (nur bei Anlass prüfen)

III. **Beteiligtenfähigkeit**, § 68 BVerfGG, **von Antragsteller und Antragsgegner**

- für den Bund: BReg
- für das Land: LReg

IV. **Antragsbefugnis**, §§ 69, 64 Abs. 1 BVerfGG (wie im Organstreitverfahren!): Antragsteller muss geltend machen (Möglichkeitstheorie), dass

- er selbst oder
- das Organ, dem er angehört (**Prozessstandschaft**; auch gegen den Willen des Organs),
- durch eine Maßnahme oder Unterlassung des Antragsgegners
- in Rechten/Pflichten (i.S.v. Kompetenzen) verletzt oder unmittelbar gefährdet wird,
- die ihm durch das GG (i.S.v. VerfassungsR; also immer einen Artikel zitieren; ggf. schon hier Auslegung betreiben) übertragen sind.

  ⇨ **Rechte aus einer GO oder einfachgesetzlichen Regelungen reichen nicht.**

V. **Frist**, §§ 69, 64 Abs. 3 BVerfGG: 6 Monate

B. Begründetheit

Der Antrag ist begründet, wenn

- die gerügte Maßnahme oder Unterlassung gegen eine Bestimmung des Grundgesetzes verstößt und
- den Antragsteller tatsächlich in seinen Rechten verletzt.

C. Tenor

Das BVerfG stellt nur fest, dass die Maßnahme oder Unterlassung des Antragsgegners gegen eine Bestimmung des GG (i.S.v. VerfassungsR) verstößt, §§ 69, 67 S. 1 BVerfGG (= Feststellungstenor).

Fall 64: Bund-Länder-Streitverfahren gemäß Art. 93 Abs. 1 Nr. 3 GG

In Fall 55 (= Bundesauftragsverwaltung gemäß Art. 85 GG) fragt das betroffene Bundesland L, mit welchen gerichtlichen Verfahren und mit welchem Erfolg festgestellt werden kann, ob die Weisung des BMU rechtmäßig ist.

In Betracht kommt ein Antrag des Landes L im Bund-Länder-Streitverfahren beim Bundesverfassungsgericht.

A. Zulässigkeit

I. Die Zuständigkeit des BVerfG für ein Bund-Länder-Streitverfahren ergibt sich aus Art. 93 Abs. 1 Nr. 3 GG i.V.m. § 13 Nr. 7 BVerfGG.

II. Beteiligtenfähigkeit der Parteien gemäß § 68 BVerfGG

1. Beteiligtenfähig als Antragsteller ist hier die Landesregierung bzw. für diese der LMin.

2. Beteiligtenfähig als Antragsgegner ist die Bundesregierung bzw. für diese der BMU.

Klausurhinweis: Anders als bei der Verfassungsbeschwerde oder Anträgen im Normenkontrollverfahren ist nicht nur die Beteiligtenfähigkeit des Antragstellers zu prüfen, sondern auch die Beteiligtenfähigkeit des Antragsgegners!

III. Antragsbefugnis des Antragstellers

Gemäß §§ 69, 64 Abs. 1 BVerfGG muss der Antragsteller geltend machen, dass er durch eine Maßnahme des Antragsgegners in seinen ihm durch das Grundgesetz übertragenen Rechten verletzt oder unmittelbar gefährdet ist.

Bei einer rechtswidrigen Weisung des BMU sind möglicherweise Rechte des Landes L aus Art. 30, 84 und 20 Abs. 1 GG (Bundesstaatsprinzip, Gebot des länderfreundlichen Verhaltens) verletzt.

Damit ist die Antragsbefugnis des L gegeben.

IV. Antragsfrist

Die gemäß §§ 69, 64 Abs. 3 BVerfGG zu beachtende 6-Monatsfrist kann noch eingehalten werden.

Der Antrag des Landes L im Bund-Länder-Streitverfahren beim BVerfG ist zulässig.

Beachte: Die Anfechtungsfrist gemäß § 70 BVerfGG gilt nur in Fällen der sog. staatsrechtlichen Mängelrüge gemäß Art. 84 Abs. 4 GG, die hier nicht vorliegt!

B. Begründetheit des Antrages

Der Antrag des Landes L ist begründet, wenn die Weisung des Bundes (tatsächlich) die Rechte des Landes L aus Art. 30, 84 und 20 Abs. 1 GG verletzt hat (vgl. §§ 69, 67 Abs. 1 BVerfGG).

Die o.g. Rechte des Landes sind dann durch eine Weisung des Bundes gemäß Art. 85 Abs. 3 GG verletzt, wenn im konkreten Fall entweder überhaupt kein Weisungsrecht besteht oder wenn die Weisung aus formellen oder materiellen Gründen verfassungswidrig war.

Wie oben in Fall 55 bereits geprüft, hatte der Bund ein Weisungsrecht gemäß Art. 85 Abs. 3 GG und hat dieses auch formell und materiell verfassungsmäßig ausgeübt, sodass der zulässige Antrag des Landes L im Bund-Länder-Streitverfahren unbegründet ist.

Aufbauschema zur konkreten Normenkontrolle

Art. 100 Abs. 1 GG – § 13 Nr. 11 BVerfGG – §§ 80 ff. BVerfGG

A. Zulässigkeit

I. **Zuständigkeit:** Art. 100 Abs. 1 GG, § 13 Nr. 11 BVerfGG. Beachte: Geht es um die Verletzung der Verfassung eines Landes, so ist das Verfassungsgericht des Landes zuständig.

II. **Ordnungsgemäßer Antrag** = Gerichtsbeschluss durch das vorlegende Gericht, §§ 23 Abs. 1, 80 Abs. 2 BVerfGG (nur bei Anlass prüfen)

III. **Vorlagebefugnis**, Art. 100 GG: **jedes Gericht** (nicht der Rechtspfleger)

IV. **Zulässiger Vorlagegegenstand:** Überprüfung der Vereinbarkeit

- eines Bundesgesetzes mit dem GG
- eines Landesgesetzes mit dem GG oder mit sonstigem Bundesrecht

Zum Tatbestandsmerkmal *Gesetz*:
„Gesetz" ist nach dem Sinn und Zweck des Art. 100 GG eng auszulegen. Art. 100 GG soll den unter der Geltung des GG handelnden (nachkonstitutionellen) Gesetzgeber davor schützen, dass jedes beliebige Gericht selbstständig darüber entscheidet, ob es erlassene Gesetze anwenden will oder nicht. Die Entscheidung über die Gültigkeit der vom Gesetzgeber erlassenen Gesetze ist deshalb beim BVerfG „monopolisiert" (sog. Verwerfungsmonopol des BVerfG). Wegen dieses Schutzzwecks können gemäß Art. 100 GG nur Gesetze vorgelegt werden, die

1. förmliche Gesetze (keine untergesetzlichen Rechtsnormen, RVO, Satzung) **und**
2. nachkonstitutionelle Gesetze (= in Kraft getreten am/nach dem 24.05.1949 – vgl. Art. 145 Abs. 2 GG) sind.

Ausnahme: Vorkonstitutionelle Gesetze, sofern der Gesetzgeber sie „in seinen Willen aufgenommen hat" (z.B. Neuverkündung; maßgebliche Änderung [evtl. nur abschnittsweise, z.B. BGB]; Verweisungen).

V. **Vorlagevoraussetzungen**, Art. 100 GG

1. Das vorlegende Gericht muss von der Verfassungswidrigkeit überzeugt sein (Zweifel reichen nicht).
2. Das Gesetz muss im Verfahren des vorlegenden Gerichtes entscheidungserheblich sein.

VI. **Frist:** keine

B. Begründetheit

Der Antrag ist begründet, wenn

- das Bundesgesetz mit dem GG unvereinbar ist.
- das Landesgesetz mit dem GG oder mit sonstigem Bundesrecht unvereinbar ist.

C. Tenor

Das BVerfG erklärt die Norm im Regelfall für nichtig (§§ 82 Abs. 1 i.V.m. 78 S. 1 BVerfGG); ggf. stellt es nur die Unvereinbarkeit der Regelung mit dem GG fest (arg. ex § 82 Abs. 1 i.V.m. § 79 Abs. 1 BVerfGG), so insbesondere bei Verstößen gegen Art. 3 GG, soweit das Gesetz Personen gleichheitswidrig von einer Begünstigung ausschließt.

Fall 65: Konkrete Normenkontrolle
(Abwandlung zu Fall 21)

Stellen Sie sich vor, dass sich M gegen eine Wohnungsverweisung mit Rückkehrverbot, welche auf § 34a PolG beruht, vor dem Verwaltungsgericht mit einer Klage zur Wehr setzt.

Richter R, der über die Klage zu entscheiden hat, hält die Klage für begründet, da schon § 34a PolG völlig verfassungswidrig sei. Die Wohnungsverweisung und das Rückkehrverbot verstoßen seiner Ansicht nach gegen Art. 11 und 14 GG.

Kann R eine Überprüfung durch das BVerfG herbeiführen?

R kann eine Überprüfung des § 34a PolG durch das BVerfG herbeiführen, wenn eine konkrete Normenkontrolle zulässig ist.

I. *BVerfG zuständig nach Art. 100 Abs. 1 GG (+)*

II. *Ordnungsgemäßer Antrag (+), §§ 23, 80 Abs. 2 BVerfGG*

III. *Vorlagebefugnis (+), jedes Gericht*

IV. *Zulässiger Vorlagegegenstand, Art. 100 Abs. 1 GG (+), förmliches, nachkonstitutionelles Landesgesetz*

V. *Vorlagevoraussetzungen des Art. 100 Abs. 1 GG*

1. *Der Richter ist von der Verfassungswidrigkeit des Gesetzes überzeugt, da er es mit Grundrechten für unvereinbar hält.*

2. Das Gesetz müsste auch entscheidungserheblich für den Fall sein. Dies ist der Fall, wenn das Gericht bei einer Gültigkeit der Norm anders entscheiden würde als bei einer Ungültigkeit der Norm. Dabei ist die Auffassung des vorlegenden Gerichts grundsätzlich maßgeblich, es sei denn, dass die rechtliche Würdigung offensichtlich unhaltbar ist.

§ 34a PolG stellt die Ermächtigungsgrundlage für die Wohnungsverweisung dar. Sollte diese Norm verfassungswidrig sein, fehlt es an einer gesetzlichen Ermächtigungsgrundlage für die Verweisung. Wegen Verstoßes gegen den Grundsatz vom Vorbehalt des Gesetzes aus Art. 20 Abs. 3 GG wäre die Wohnungsverweisung damit rechtswidrig.

Die Verfassungsmäßigkeit des § 34a PolG ist demnach entscheidungserheblich im konkreten Fall.

Die konkrete Normenkontrolle ist zulässig. R kann eine Entscheidung des BVerfG herbeiführen.

STICHWORTVERZEICHNIS

Die Zahlen verweisen auf die Seiten.

Skripten zum Öffentlichen Recht

- **Staatsorganisationsrecht** — **2012 19,90 €**
  296 Seiten, 19 Fälle — ISBN: 978-3-86752-227-4
- **Grundrechte** — **2011 19,90 €**
  362 Seiten, 12 Fälle — ISBN: 978-3-86752-139-0
- **Europarecht** — **2011 19,90 €**
  218 Seiten, 16 Fälle — ISBN: 978-3-86752-207-6
- **Verwaltungsrecht AT 1** — **2011 19,90 €**
  224 Seiten, 27 Fälle — ISBN: 978-3-86752-203-8
- **Verwaltungsrecht AT 2** — **2010 19,90 €**
  264 Seiten, 20 Fälle — ISBN: 978-3-86752-153-6
- **VwGO** — **2011 19,90 €**
  311 Seiten, 32 Fälle — ISBN: 978-3-86752-202-1
- **Besonderes Ordnungsrecht (VerwR BT 1)** — **2012 19,90 €**
  188 Seiten, 24 Fälle — ISBN: 978-3-86752-175-8
- **Öffentliches Baurecht (VerwR BT 2)** — **2012 19,90 €**
  210 Seiten, 12 Fälle — ISBN: 978-3-86752-243-4
- **Umweltrecht** — **2009 19,90 €**
  212 Seiten, 18 Fälle — ISBN: 978-3-86752-092-8
- **Polizei- und Ordnungsrecht NRW** — **2011 19,90 €**
  262 Seiten, 11 Fälle — ISBN: 978-3-86752-176-5
- **Kommunalrecht NRW** — **2011 19,90 €**
  215 Seiten, 23 Fälle — ISBN: 978-3-86752-201-4
- **Bayerisches Kommunalrecht** — **2011 19,90 €**
  229 Seiten, 21 Fälle — ISBN: 978-3-86752-183-3

Stand: März 2012